Nomos Universitätsschriften

Recht

Band 462

Ralf Mohrhauser

Der Fernabsatz von Finanzdienstleistungen an Verbraucher

Nomos

Die Deutsche Bibliothek – CIP-Einheitsaufnahme

Die Deutsche Bibliothek verzeichnet diese Publikation in der Deutschen Nationalbibliografie; detaillierte bibliografische Daten sind im Internet über http://dnb.ddb.de abrufbar.

ISBN 3-8329-1703-9

1. Auflage 2006

Vorwort

Die vorliegende Arbeit hat im Wintersemester 2004/2005 dem Studiengang Wirtschaftsrecht der Fachhochschule Pforzheim als Diplomarbeit vorgelegen. Gesetzgebung, Rechtsprechung und Literatur konnten für die vorliegende publizierte Version bis Mai 2005 berücksichtigt werden.

An dieser Stelle möchte ich mich herzlich bei meinem betreuenden Professor Herrn Prof. Dr. Tobias Brönneke bedanken, der den Fortschritt meiner Arbeit stets mit Interesse und großem Vertrauen begleitet hat. Seinem Einsatz verdanke ich es, dass meine Diplomarbeit in dieser Form publiziert werden konnte.

Renningen, im Juli 2005

Ralf Mohrhauser

Inhaltsverzeichnis

Abkürzungsverzeichnis

Abl. EG	Amtsblatt der Europäischen Gemeinschaften
AuslInvG	Auslandinvestment-Gesetz
BB	Betrieb-Berater (Zeitschrift)
BGB	Bürgerliches Gesetzbuch in der seit dem 08.12.2004 geltenden Fassung
BGB-alt	Bürgerliches Gesetzbuch in der bis zum 07.12.2004 geltenden Fassung
BGB-InfoV	Verordnung über Informations- und Nachweispflichten nach bürgerlichem Recht in der seit 08.12.2004 geltenden Fassung
BGB-InfoV-alt	Verordnung über Informations- und Nachweispflichten nach bürgerlichem Recht in der bis zum 07.12.2004 geltenden Fassung
CR	Computer und Recht (Zeitschrift)
DB	Der Betrieb (Zeitschrift)
Die Bank	Die Bank: Zeitschrift für Bankpolitik und Bankpraxis (Zeitschrift)
DStR	Deutsche Zeitschrift für Steuerrecht (Zeitschrift)
DZWir	Deutsche Zeitschrift für Wirtschafts- und Insolvenzrecht (Zeitschrift)
endg.	endgültig
FFARL	Richtlinie 2002/65/EG des Europäischen Parlaments und des Rates vom 23. September 2002 über den Fernabsatz von Finanzdienstleistungen an Verbraucher und zur Änderung der Richtlinie 90/619/EWG des Rates und der Richtlinien 97/7/EG und 98/27/EG
FLF	Finanzierung, Leasing, Factoring (Zeitschrift)
InvG	Investmentgesetz
IPRax	Praxis des internationalen Privat- und Verfahrensrechts (Zeitschrift)
Jura	Juristische Ausbildung (Zeitschrift)
JZ	Juristen-Zeitung (Zeitschrift)
K&R	Kommunikation und Recht (Zeitschrift)
KAAG	Gesetz über Kapitalanlagegesellschaften
KByte	Kilobyte
Kreditwesen	Zeitschrift für das gesamte Kreditwesen (Zeitschrift)
MDR	Monatsschrift für Deutsches Recht (Zeitschrift)
MMR	Multimedia und Recht (Zeitschrift)
NJW	Neue Juristische Wochenschrift (Zeitschrift)
ÖBA	Österreichisches Bank-Archiv: Zeitschrift für das gesamte Bank- und Börsenwesen; Wien (Zeitschrift)
PDF	Portable Document Format
Rz.	Randzahl
SJZ	Schweizerische Juristen Zeitung (Zeitschrift)
Sparkasse	Sparkasse – Zeitschrift des Deutschen Sparkassen- und Giroverbandes (Zeitschrift)

VerbrKrG a.F.	Verbraucherkreditgesetz in der bis zum 31.12.2001 geltenden Fassung
VersR	Versicherungsrecht (Zeitschrift)
VuR	Verbraucher und Recht (Zeitschrift)
VW	Versicherungswirtschaft (Zeitschrift)
WM	Zeitschrift für Wirtschafts- und Bankrecht, Wertpapiermitteilungen Teil IV (Zeitschrift)
WRP	Wettbewerb in Recht und Praxis (Zeitschrift)
ZBB	Zeitschrift für Bankrecht und Bankwirtschaft (Zeitschrift)
ZGS	Zeitschrift für das gesamte Schuldrecht (Zeitschrift)
ZHR	Zeitschrift für das gesamte Handelsrecht und Wirtschaftsrecht (Zeitschrift)
ZIP	Zeitschrift für Wirtschaftsrecht (Zeitschrift)
ZVglRWiss	Zeitschrift für vergleichende Rechtswissenschaft (Zeitschrift)

Im Übrigen richten sich die verwendeten Abkürzungen nach Kirchner/Butz, Abkürzungsverzeichnis der Rechtssprache, 5. Auflage, Berlin 2003.

1. Einleitung

In den letzten Jahren hat sich ein nachhaltiger Wandel im Vertrieb von Finanzdienstleistungen[1] an Verbraucher vollzogen. Wurden früher Verträge wie beispielsweise über ein Girokonto typischerweise in einer Bankfiliale unter gleichzeitiger Anwesenheit beider Vertragspartner abgeschlossen, so beschaffen sich die Kunden heute in wesentlich größerem Maße Informationen auf elektronischem Weg und sind zunehmend bereit, Verträge im Wege der Fernkommunikation wie z.B. über das Internet abzuschließen.[2] Durch den gemeinsamen Binnenmarkt und die Vereinfachungen durch die Einführung des Euros wird erwartet, dass auch der grenzüberschreitende Absatz von Finanzdienstleistungen an Verbraucher merklich zunehmen wird.[3]

Es erscheint daher konsequent, dass die Kommission im Rahmen ihrer Bemühungen um einen reibungslos funktionierenden Binnenmarkt im Finanzdienstleistungsbereich nun mit der Richtlinie 2002/65/EG über den Fernabsatz von Finanzdienstleistungen an Verbraucher[4] auch in diesem überaus sensiblen Bereich einen einheitlichen Rechtsrahmen geschaffen hat.[5] Das Ziel dieser Richtlinie ist die europaweite Angleichung der Rechts- und Verwaltungsvorschriften für den Distanzvertrieb von Finanzdienstleistungen an Verbraucher, der beispielsweise über Internet, Telefon oder Brief erfolgt.

Mit der FFARL wird nun die Lücke gefüllt, die mit der Richtlinie 97/7/EG über den Verbraucherschutz bei Vertragsabschlüssen im Fernabsatz[6] entstanden ist, da diese sämtliche Finanzdienstleistungen aus ihrem Anwendungsbereich ausgeklammert hatte. Jener Richtlinie folgend nahm auch das deutsche Zivilrecht Finanzdienstleistungen gemäß § 312b Abs. 3 Nr. 3 BGB-alt aus dem Fernabsatzrecht aus.[7] Kern-

1 Zur Definition des Begriffs siehe unten Kapitel 4.1.2.1.

2 Ähnlich auch Kohte in: Derleder/Knops/Bamberger, Handbuch Bankrecht, § 7 Rz. 1.

3 So bereits die Kommission in ihrem Grünbuch „Finanzdienstleistungen: Wahrung der Verbraucherinteressen", KOM(96)209 endg. vom 22.05.1996, 14.

4 Richtlinie 2002/65/EG des Europäischen Parlaments und des Rates vom 23. September 2002 über den Fernabsatz von Finanzdienstleistungen an Verbraucher und zur Änderung der Richtlinie 90/619/EWG des Rates und der Richtlinien 97/7/EG und 98/27/EG, ABl. EG Nr. L 271 vom 09.10.2002, 16 (im Folgenden mit der Abkürzung „FFARL" bezeichnet).

5 Vgl. auch Erwägungsgrund 4 der FFARL.

6 Richtlinie 97/7/EG des Europäischen Parlaments und des Rates vom 20. Mai 1997 über den Verbraucherschutz bei Vertragsabschlüssen im Fernabsatz, ABl. EG Nr. L 144 vom 04.06.1997, 19 (im Folgenden als „allgemeine Fernabsatzrichtlinie" bezeichnet).

7 Das deutsche Recht sprach hier bisher allerdings abweichend von „Finanzgeschäften", da der europäische Begriff der „Finanzdienstleistungen" bereits in § 1 Abs. 1a Satz 2 KWG legaldefiniert ist und sich für den Regelungsgegenstand als zu eng erwies. Vgl. die Begründung für den Entwurf eines Gesetzes über Fernabsatzverträge und andere Fragen des Verbraucherrechts sowie zur Umstellung von Vorschriften auf Euro, BT-Drs. 14/2658, 32.

inhalt der FFARL sind nunmehr auch für den Bereich der Finanzdienstleistungen geltende umfassende Informationspflichten der Unternehmer gegenüber dem Verbraucher sowie ein vierzehntägiges Widerrufsrecht, welches den Verbraucher vor übereilten Entscheidungen schützen soll.

Die FFARL war gemäß ihrem Artikel 21 bis zum 09.10.2004 in nationales Recht umzusetzen. Hierzu hatte die Bundesregierung am 30.01.2004 einen Entwurf eines „Gesetzes zur Änderung der Vorschriften über Fernabsatzverträge bei Finanzdienstleistungen"[8] vorgelegt, welcher in der Fassung der BT-Drs. 15/2946 am 22.04.2004 dem Bundestag zur Beschlussfassung zugeleitet wurde und aufgrund der Beschlussempfehlung und dem Bericht des Rechtsausschusses[9] in dritter Lesung einstimmig angenommen wurde.[10] Das Gesetz trat am Tag nach seiner Verkündung im Bundesgesetzblatt zum 08.12.2004 mit rund zweimonatiger Verzögerung in Kraft.[11] Durch das Gesetz wird der schuldrechtliche Teil der umzusetzenden Vorschriften über den Finanzdienstleistungsvertrieb in die bestehenden Regelungen über Fernabsatzverträge in §§ 312b ff. BGB sowie in die BGB-InfoV integriert.[12] Für den Bereich des Versicherungsrechts wird durch Art. 6 des Gesetzes mit den §§ 48a ff. eine in sich geschlossene Parallelregelung in das VVG eingefügt.

Nachfolgend soll nach einem Überblick über die derzeitigen Vertriebsstrukturen im Finanzdienstleistungsbereich und die Bedeutung des Fernabsatzes für den Vertrieb von Finanzdienstleistungen die Entstehung und die Ziele der FFARL dargestellt werden. Anschließend wird neben der Erläuterung der entsprechenden Geset-

8 BR-Drs. 84/04.

9 BT-Drs. 15/3483.

10 Gesetzesbeschluss des Deutschen Bundestages vom 03.09.2004, BR-Drs. 644/04. Vgl. auch das Plenarprotokoll 15/118 vom 01.07.2004, 10759 (D). Aufgrund der im Gesetzgebungsverfahren – lediglich für den Fernabsatz von Waren relevanten – streitigen Frage betreffend die Kostentragung der Warenrücksendung im Falle des Widerrufs (§ 357 Abs. 2 Satz 2, 3 BGB), rief der Bundesrat im weiteren Verlauf Ende September den Vermittlungsausschuss an (vgl. dazu Stellungnahme des Bundesrates zum Gesetzentwurf, BR-Drs. 84/04 (Beschluss), 4; Gegenäußerung der Bundesregierung, BT-Drs. 15/2946, 38; Anrufung des Vermittlungsausschusses, BT-Drs. 15/3870, 1 f.; Beschlussempfehlung des Vermittlungsausschusses, BT-Drs. 15/4062, 2; Annahme der Beschlussempfehlung des Vermittlungsausschusses, BR-Drs. 815/04). Dieser Punkt war bereits im Gesetzgebungsverfahren zum Fernabsatzgesetz umstritten, vgl. zusammenfassend Brönneke in: Roßnagel, RMD, Teil 13, Vor §§ 312b ff. BGB Rz. 23 sowie Härting/Schirmbacher, MDR 2000, 917, 921 f. (insbesondere die dortige Fußnote 32). Ausführlich zu der nun erfolgten Neuregelung der Rücksendekosten im Fernabsatz siehe Rühl, EuZW 2005, 199 ff. sowie Vander, MMR 2005, 139, 142 ff. Zu möglichen praktischen Problemen der bisherigen Regelung vgl. den Aufsatz von Brönneke, MMR 2004, 127 ff.

11 Gesetz zur Änderung der Vorschriften über Fernabsatzverträge bei Finanzdienstleistungen vom 02.12.2004 (BGBl. I, 3102). Aufgrund der Verzögerung können Verbraucher unter Umständen Staatshaftungsansprüche gegenüber der Bundesrepublik wegen nicht fristgerechter Richtlinienumsetzung geltend machen. Vgl. zu den dahingehenden Anforderungen grundlegend EuGH, Slg. 1991, I-5357, 5413 ff. (Francovich) = NJW 1992, 165, 167. Ausführlich dazu siehe Koenig/Haratsch, Europarecht, Rz. 287 f.

12 Art. 1 und 3 des Gesetzes zur Änderung der Vorschriften über Fernabsatzverträge bei Finanzdienstleistungen vom 02.12.2004 (BGBl. I, 3102).

zesänderungen auf einzelne Kernfragen für den Vertrieb von Finanzdienstleistungen im Fernabsatz eingegangen. Abschließend werden die erfolgten Neuregelungen einer kritischen Betrachtung unterzogen.[13]

13 Nachfolgend, insbesondere in Kapitel 4 und 5, wird sowohl Literatur verwendet, die bereits zur allgemeinen Fernabsatzrichtlinie, zum früheren FernAbsG oder zu den §§ 312b ff. BGB-alt als auch zur FFARL sowie dem Referenten- oder Gesetzentwurf des deutschen Gesetzgebers zu deren Umsetzung verfasst wurde. Aufgrund der Ähnlichkeit des Regelungsgehalts dieser Vorschriften haben diese Quellen auch in Bezug auf die neuen §§ 312b ff. BGB Gültigkeit. Eine Unterscheidung wird daher im Folgenden nur dort vorgenommen, wo es für das bessere Verständnis erforderlich erschien.

2. Trends im Finanzdienstleistungsbereich

Banken und Finanzdienstleistungen gibt es schon seit mehreren hundert Jahren.[14] Über lange Zeit hinweg hat im Bankbereich dabei eindeutig das Prinzip der lokalen Gebundenheit aller Geschäfte vorgeherrscht. Doch im Gegensatz zu früher ist mittlerweile in vielen Fällen nicht mehr der Gang in eine nahe Bankfiliale oder ein Gespräch mit dem Bankberater notwendig. Dies hängt unmittelbar mit dem Einzug neuer Technologien in unseren Alltag zusammen, allen voran das Internet.[15]

Aufgrund der großen Bedeutung des Internets als Absatzkanal im Bereich der Finanzdienstleistungen, wo der Fernabsatz größtenteils über den elektronischen Geschäftsverkehr durchgeführt wird,[16] soll hierauf zunächst näher eingegangen werden.[17]

2.1 Die Entwicklung der Internet-Nutzung

Prognosen zufolge sollen im Jahr 2004 weltweit ca. 753 Millionen Menschen online sein,[18] in der EU wurde das Internet im Jahr 2003 von der Hälfte aller Bürger zwischen 16 und 74 Jahren genutzt.[19] Auch in Deutschland erfreut sich das Internet als Massenmedium weiterhin wachsender Beliebtheit: einer repräsentativen Umfrage zufolge wird das Internet derzeit von 54,6% bzw. 35,2 Millionen Personen ab 14 Jahren genutzt, 30,4 Millionen davon waren in der Vergangenheit mindestens einmal pro Woche im Internet.[20] Einhergehend mit den steigenden Nutzerzahlen ge-

14 So wurde beispielsweise die älteste Bank in Deutschland im Jahr 1590 gegründet. Eigene Aussage der Berenberg Bank; vgl. Berenbergbank, <http://www.berenbergbank.de/berenbergbank/geschichte.html>.

15 Ähnlich auch Kohte in: Derleder/Knops/Bamberger, Handbuch Bankrecht, § 7 Rz. 1 sowie Metz in: Krämer/Micklitz/Tonner, Law and diffuse interest, 603.

16 Vgl. auch die Mitteilung der Kommission „Finanzdienstleistungen: Das Vertrauen der Verbraucher stärken" (KOM(1997)309 endg. vom 26.06.1997, 5), in der das Internet als das wichtigste Medium für den Fernabsatz von Finanzdienstleistungen bezeichnet wird.

17 Vertiefend zur Entstehung und zur Technik des Internet siehe Borges, Verträge im elektronischen Geschäftsverkehr, 9 ff.

18 Im Vergleich zu 388 Millionen im Jahr 2000, siehe hierzu Graumann/Neinert, Monitoring Informationswirtschaft, 163. Der Branchenverband BITKOM rechnet für 2004 sogar mit 830 Mio. Internet-Nutzern weltweit, vgl. BITKOM (Hrsg.), Daten zur Informationsgesellschaft 2004, 6.

19 Vgl. Ottens, Eurostat – Statistik kurz gefasst, Thema 4, Nr. 16/2004, 1 ff.

20 Vgl. SevenOne Interactive/IP NewMedia/Lycos Europe (Hrsg.), @-facts monthly 09/2004. Anzumerken ist hierbei, dass zwischen den einzelnen Einschätzungen zur Internetnutzung Unterschiede bestehen. Diese sind hauptsächlich auf nicht deckungsgleiche Erhebungszeiträume und unterschiedliche Altersgrenzen der befragten Personen zurückzuführen. Jedoch sind diese

winnt das Internet neben seinem primären Informations- und Kommunikationszweck[21] auch als Vertriebsweg im Rahmen des E-Commerce mit Verbrauchern[22] immer mehr an Bedeutung. So werden für das Jahr 2004 in Deutschland Umsätze mit Waren und Dienstleistungen im B2C-Bereich in Höhe von 13 Milliarden Euro erwartet.[23] Dass über das Internet wirksame Verträge geschlossen werden können, ist dabei mittlerweile nicht mehr streitig.[24]

2.2 Die Vertriebswege für Finanzdienstleistungen

Trotz der Ernüchterung nach der vorangegangenen Internet-Euphorie Ende der neunziger Jahre[25] ist auch der Finanzsektor von dieser Entwicklung nachhaltig be-

Abweichungen insgesamt eher gering. Annährend identische Ergebnisse ergab beispielsweise die ARD/ZDF-Online-Studie 2004, wonach im 2. Quartal 2004 55,3% bzw. 35,7 Millionen Personen ab 14 Jahren zumindest gelegentlich das Internet nutzen. Im Jahr 1999 waren dies hingegen lediglich 17,7% bzw. 11,2 Millionen. Vgl. Eimeren/Gerhard/Frees, Media Perspektiven 2004, 350 ff., aufbauend auf der nicht frei verfügbaren Studie ARD/ZDF-Online-Studie 2004. Nach Ergebnissen einer Umfrage bei Personen ab 18 Jahren in Deutschland vom November 2003 hatten damals 58% einen Zugang zum Internet. Weitere 27% aller Befragten ohne Internetzugang (dies entspreche etwa einem Anteil von 11% der Gesamtbevölkerung) gaben damals an, dass sie die Absicht haben, sich einen Internetanschluss zuzulegen. Hierdurch ergebe sich ein momentanes Gesamtpotenzial der Internetnutzung von annähernd 70% der erwachsenen Bevölkerung. Vgl. Bundesverband deutscher Banken (Hrsg.), Internet und Online-Banking 2003 (Online-Monitor III), 2.

21 So waren in Deutschland im 1. Quartal 2003 die beiden meistgenutzten Anwendungen im Internet die Suche nach Informationen über Produkte und Dienstleistungen (82% der Internet-Nutzer) und das Versenden und Empfangen von E-Mails (80%). Vgl. Kahle/Schäfer/Timm, IT in Haushalten 2003, 28.

22 Sog. Business to Consumer (B2C). Einer Definition des E-Commerce Center Handel (ECC Handel) und des Bundesministeriums für Wirtschaft und Arbeit zufolge fallen unter den Begriff E-Commerce „solche Transaktionen auf einem Markt, bei denen ein offeriertes Wirtschaftsgut gegen Entgelt elektronisch angeboten wird und auch der Bestellprozess über ein computergestütztes Netzwerk erfolgt". Zitiert nach Graumann/Neinert, Monitoring Informationswirtschaft, 219. Zum Begriff des E-Commerce siehe auch Borges, Verträge im elektronischen Geschäftsverkehr, 30 ff.

23 Gegenüber ca. 11 Milliarden Euro im Jahr 2003; vgl. Pressemeldung des Hauptverbands des Deutschen Einzelhandels, <http://www.hde.de/servlet/PB/menu/1021965/index.html>. Im Vergleich zum gesamten Einzelhandelsumsatz ist diese Zahl allerdings immer noch relativ gering: so betrug im Jahr 2003 der Anteil des E-Commerce-Umsatz am gesamten Einzelhandelsumsatz i.H.v. 368 Milliarden Euro (ohne KFZ, Tankstellen und Apotheken-Umsätze) lediglich ca. 3,5%. Vgl. Hauptverband des Deutschen Einzelhandels (Hrsg.), HDE-Konjunkturumfrage Frühjahr 2004.

24 Vgl. nur BGHZ 149, 129 ff. zu dem lehrreichen Fall einer Internetauktion, bei dem ein PKW für die Hälfte seines Wertes „versteigert" wurde. Allgemein zu verschiedenen Fallgruppen des Vertragsabschlusses im Internet siehe Borges, Verträge im elektronischen Geschäftsverkehr, 40 ff.

25 Bezeichnend dafür ist der Kursverfall am Neuen Markt: so hat der Tec-DAX Index seit dem Ende der Hausse Anfang 2000 bis Oktober 2004 über 93% an Wert verloren. Vgl. dazu auch

einflusst. Gerade Finanzdienstleistungen eignen sich aufgrund ihres immateriellen Charakters in besonderem Maße für den Fernabsatz im Internet.[26] Im Vergleich zu Waren müssen sie nicht an die Verbraucher ausgeliefert werden, sondern „bestehen" quasi aus den ihnen zugrunde liegenden Vertragsbedingungen.[27]

Durch die verbesserten technischen Möglichkeiten und die einfache Handhabung des Internets ist nunmehr auch im Bereich der Finanzdienstleistungen eine deutlich erhöhte Informationstransparenz gegeben. Informationen über Kapitalmärkte sowie vergleichende Produktangebote sind inzwischen praktisch für jeden Verbraucher kostenfrei und zeitnah abrufbar.[28] Dieser Umstand hat bereits seit einiger Zeit seinen Niederschlag im Verhalten der Finanzkundschaft gefunden.

So zeigen Studien zum Nutzungsverhalten von Bankkunden, dass die Verfügbarkeit und die Qualität multimedialer Zugangswege für den Großteil der Bankkunden zukünftig ein entscheidendes Differenzierungsmerkmal bei der Auswahl ihrer Finanzdienstleister sein wird. Im Jahr 2005 soll sich der Anteil der Kunden, die ihre Bankgeschäfte nur noch über direkte Vertriebskanäle wie z.B. über das Internet abwickeln, bei ca. 20% einpendeln, während 60% beide Zugangswege (je nach Situation sowohl Filialen als auch direkte Wege) benutzen und nur 20% ihre Bankgeschäfte nach wie vor ausschließlich über die traditionelle Filiale abwickeln werden.[29] Der Trend geht demnach zu einer Mischnutzung der Vertriebskanäle, bei der die Kunden je nach Situation bestimmen, wann sie welchen Zugangsweg nutzen möchten. Der Anteil der Bankkunden, die Bankdienstleistungen ohne direkten persönlichen Kontakt mit einem Berater in Anspruch nehmen werden, ist dabei beträchtlich.[30]

Als Folge dieses sich im Wandel befindlichen Kundenverhaltens erlebt die Finanzbranche derzeit insbesondere im Privatkundengeschäft den „größten Strukturwandel aller Zeiten".[31] So haben sich nicht nur die traditionellen Vertriebstrukturen verändert. Durch den Wegfall von Markteintrittsbarrieren in Form eines zwingenden Geschäftsstellennetzes unterliegt in gleicher Weise die Bankenlandschaft selbst

Fußnote 33.

26 Vgl. Erwägungsgrund 5 FFARL. Prägnant auch die Kommission in ihrer Mitteilung „Elektronischer Geschäftsverkehr und Finanzdienstleistungen", KOM(2001)66 vom 07.02.2001, 4: demnach würden sich Finanzdienstleistungen theoretisch „perfekt" für den elektronischen Geschäftsverkehr eignen.

27 Vgl. Hoppmann, VersR 1999, 673, 674 sowie Reuter, Der Fernabsatz und seine rechtliche Ausgestaltung, 185.

28 Brunner/Lutz sprechen in diesem Zusammenhang gar von einem Autoritätsverlust der Finanzbranche in ihrer klassischen Rolle als Mittler zwischen den Finanzmärkten und ihren Kunden. Vgl. Brunner/Lutz in: Schmoll/Ronzal, Multi Channel Banking, 253, 255.

29 Vgl. Holztrattner in: Graf/Gruber, Rechtsfragen des Internetbanking, 9, 38, aufbauend auf nicht frei verfügbaren Studien von McKinsey und Booz-Allen & Hamilton. Ebenso bei Wagner, Sparkasse 2000, 423, 425. Zu vergleichbaren Ergebnissen kam die Deutsche Bank 24 im Jahr 2001 bei Befragungen unter ihren Kunden, vgl. Becker/Krück, Economics vom 26.09.2000, 7.

30 Vgl. dazu auch Bullinger/Engstler/Jordan, Szenario Finanzdienstleistungsmarkt 2000plus, 58 f.

31 So Pischulti in: Schmengler/Fleischer, Marketing Praxis – Jahrbuch 1999, 178.

einem Wandel.[32] Zwar haben sich die hohen Erwartungen einiger Banken, die in den vergangenen Jahren große Summen in den Auf- bzw. Ausbau eines Direkt-Vertriebskanals investiert haben, bislang nur zum Teil erfüllt,[33] dennoch spiegelt die erfolgreiche Etablierung einiger reiner Direktbanken ein verändertes Bild wieder.[34]

Im Zusammenspiel der Vertriebswege unterliegt insbesondere die Funktion der traditionellen Filiale einem grundlegenden Wandel. Diese wird zukünftig zwar keineswegs vollständig entbehrlich werden. Sie ist aber angesichts der aufgezeigten Veränderungen zum Teil bereits heute und wird vor allem in Zukunft nicht mehr die alleinige tragende Säule des Vertriebs im Privatkundengeschäft sein.[35] Um die veränderten Kundenwünsche voll befriedigen zu können, wird sie zunehmend durch alternative Vertriebswege sinnvoll ergänzt werden müssen. Nur dann ist es möglich, den Kunden weiterhin an seine bestehende Bankverbindung zu binden, da für ihn die Notwendigkeit eines Wechsels oder das Eingehen einer Zweit-Bankverbindung möglicherweise entfällt.[36] Die Aufgabe der Filiale innerhalb des Vertriebsnetzes wird für die Zukunft primär in der Erbringung qualifizierter Beratungsdienstleistungen wie z.B. im Rahmen von Wohnungsbaufinanzierungen gesehen.[37]

Demgemäß verfolgt der Großteil der Kreditinstitute in Deutschland für die Distribution ihrer Produkte mittlerweile eine Multi-Channel-Strategie.[38] In diesem Zusammenhang bedeutet Multi-Channel, dass dem Kunden eine Vielfalt von Kommu-

32 Vgl. Bullinger/Engstler/Jordan, Szenario Finanzdienstleistungsmarkt 2000plus, 17. Treffend auch Metz in: Krämer/Micklitz/Tonner, Law and diffuse interest, 603, 604, der in diesem Zusammenhang von der „Befreiung des Bankgeschäfts aus dem lokalen Bezug des Zweigstellengeschäfts" spricht.

33 So stellten einige ausländische Banken den Geschäftsbetrieb ihrer Direktbanktöchter in Deutschland mangels Erfolg wieder ein (z.B. zog sich die französische Banque d'Escompte mit ihrer Direktbank First-E im Jahr 2001 wieder vom deutschen Markt zurück), während die deutschen Banken ihre zuvor gegründeten Direktbanktöchter teilweise wieder in die Muttergesellschaften reintegrierten (so wurde z.B. die Advance Bank AG im Jahr 2003 in den Geschäftsbetrieb der Dresdner Bank AG reintegriert). Vgl. dazu übersichtlich Rassier, <http://www.modern-banking.de/chronik.htm> sowie Holztrattner in: Graf/Gruber, Rechtsfragen des Internetbanking, 9, 31 ff.

34 Beispielsweise belegte die DIBA Allgemeine Deutsche Direktbank AG, Frankfurt/M. Ende 2003 mit lediglich einer Geschäftsstelle Rang 31 in der Liste der 100 größten deutschen Kreditinstitute gemessen an der Bilanzsumme. Konkurrenz bekommen die traditionellen Banken auch von anderer Seite: so ist die DaimlerChrysler Bank AG, Direktbank des Automobilkonzerns DaimlerChrysler AG und erst seit zwei Jahren im Besitz einer Vollbanklizenz, bereits die Nummer 59 unter den deutschen Banken. Vgl. dazu Karsch, Die Bank 08/2004, 32 ff. Zu den Veränderungen im Bankbereich durch neue Direktbanken siehe auch Wagner, Sparkasse 2000, 423 ff.

35 So Ambros in: Schmoll/Ronzal, Multi Channel Banking, 183.

36 Vgl. dazu auch Pfeiffer/Schögel/Wolff in: Bräutigam/Leupold, Online-Handel, A II Rz. 133, 136.

37 Vgl. Brunner/Lutz in: Schmoll/Ronzal, Multi Channel Banking, 253, 264 f. und Holztrattner in: Graf/ Gruber, Rechtsfragen des Internetbanking, 9, 44.

38 Vgl. Engstler/Praeg/Dold/Günther, IT-Szenarien Finanzdienstleister 2002plus, 8, wonach für 81% der kleinen und mittleren Finanzdienstleister in Deutschland ein Multi-Channel Management ein wichtiger Strategiefaktor ist.

nikationskanälen zur Verfügung gestellt wird, die dieser der jeweiligen Situation angepasst nach freier Wahl nutzen kann, vorausgesetzt der Vertriebskanal ist für die jeweilige Leistung geeignet.[39] Kern dieser Strategie ist im Bankbereich die Kombination traditioneller und neuer Vertriebswege.[40] Finanzdienstleistungen werden nicht mehr ausschließlich über stationäre Vertriebswege wie Filialen oder sog. Store Banks[41] als neue Filialtypen erbracht, sondern der Vertrieb bzw. die Dienstleistungserbringung erfolgt bedarfsgerecht ebenso über Selbstbedienungsterminals[42], Telefon[43], Handy[44] oder Internet.[45] Ein zusätzlicher neuer fester Informations- und Vertriebskanal für Finanzdienstleistungen könnte ferner das TV-Banking werden, bei dem Finanzprodukte in speziellen Fernsehformaten präsentiert werden und anschließend im Idealfall Abschlüsse über angeschlossene Call-Center, Internet oder Filialen generiert werden.[46]

Das Vertriebsmodell der Zukunft ist folglich durch eine Kombination von Direktvertriebskanälen und persönlicher Beratung vor Ort gekennzeichnet. Dies zeigen auch die Bemühungen bisheriger reiner Direktbanken, die in Anbetracht von nahezu

39 Vgl. ausführlich zu Multi-Channel-Strategien im Bankbereich Ambros in: Schmoll/Ronzal, Multi Channel Banking, 183 ff. sowie Bullinger/Engstler/Jordan, Szenario Finanzdienstleistungsmarkt 2000plus, 58 ff.

40 Anschaulich stellte diese Strategie die Postbank AG in ihrer Werbekampagne von 2002 dar: Unter dem Slogan "Alle Wege – eine Bank" warb die Bank für ihre Erreichbarkeit über die Wege Online, Brief, Telefon und Filiale. Vgl. Pressemitteilung der Postbank, <http://www.postbank.de/1045483111416/Postbank-Page-Seite_1045757192537.jsp> vom 14.05.2002, besucht am 26.08.2004.

41 Dies sind z.B. Informations- und Beratungsstellen in großen Kaufhäusern oder Einkaufszentren. Ausführlich zu Store-Banking vgl. Adams in: Schmoll/Ronzal, Multi Channel Banking, 205 ff.

42 Vgl. dazu Brunner/Lutz in: Schmoll/Ronzal, Multi Channel Banking, 253, 258.

43 Telefon-Banking stellt einen Vertriebsweg von Kreditinstituten dar, über den Kunden auf eigene Initiative hin telefonisch bestimmte Produkte bzw. Dienstleistungen abrufen können. Vgl. ausführlich zu unterschiedlichen Aspekten des Telefon-Banking Ausfelder, Die Einführung von Telefonbanking als Vertriebswege-Entscheidung von Kreditinstituten, Frankfurt a. M. u.a., 1996. Vgl. zur Einbeziehung des Telefon-Banking in das Vertriebsnetz einer Bank am Beispiel der ING Diba AG Schmidt, Bank und Markt 9/2004, 19 – 22.

44 Das sog. Mobile-Banking, bei dem Bankdienstleistungen über mobile Funktechnik und Endgeräte zur Verfügung gestellt werden, dürfte allerdings erst mit der flächendeckenden Einführung des UMTS-Standards und der Verfügbarkeit von entsprechenden Endgeräten nennenswerte Beachtung finden. Vgl. zur aktuellen Nutzung des Mobile-Banking in Europa Karsch, Die Bank, 09/2004, 70 sowie ausführlich zu Mobile-Banking-Konzepten deutscher und internationaler Banken Dilg/Friedrichsen/Przyklenk, Mobile-Banking-Konzepte im internationalen Vergleich, Stuttgart 2004.

45 Vgl. zu den einzelnen Elementen des Multi-Channel-Vertriebs Ambros in: Schmoll/Ronzal, Multi Channel Banking, 183, 190 ff. Zur Integration des Internet-Banking in das Vertriebssystem einer Bank vgl. ausführlich Schmutz in: Lucius/Zakostelsky, Internetbanking, 110 ff.

46 Die erste Sendung dieser Art wurde im September 2002 von der Sparda-Bank Hamburg über einen Hamburger Lokalsender ausgestrahlt; vgl. Wings, Geldinstitute 10/2002, 12. Vgl. zu diesem Konzept Birkelbach, Die Bank 2002, 752 ff. sowie ausführlich Birkelbach/Link (Hrsg.), Finanzplaner TV, Wiesbaden 2003.

stagnierenden Kundenzuwächsen in den letzen Jahren mittlerweile versuchen, im Rahmen eines Vertriebswegemix stationäre Vertriebsstellen aufzubauen, um so die Kundengewinnung und -bindung zu verbessern.[47]

2.3 Die Entwicklungen des Online-Banking

Von den eben dargestellten Möglichkeiten des Finanzdienstleistungsvertriebs über Fernkommunikationsmittel spielt das Online-Banking[48] über das Internet derzeit und sicherlich auch zukünftig die wichtigste Rolle.[49] So wird erwartet, dass langfristig 40% aller Bankgeschäfte über das Internet abgewickelt werden.[50] Das Angebot im Internet erschöpft sich dabei längst nicht mehr in einem bloßen Präsenzauftritt zur Information potentieller oder bestehender Kunden. Vielmehr hat die Palette der im Internet angebotenen Dienstleistungen im Vergleich zu früher inzwischen ein beachtliches Ausmaß erreicht.[51]

47 Beispielsweise plant die comdirect bank AG im Jahr 2004 die Zahl ihrer Geschäftsstellen, in denen insbesondere Beratungsdienstleistungen angeboten werden sollen, von drei auf insgesamt sieben zu erhöhen. Vgl. comdirect bank (Hrsg.), Geschäftsbericht 2003, 44. Vgl. dazu auch Holztrattner in: Graf/Gruber, Rechtsfragen des Internetbanking, 9, 33.

48 Mit Online-Banking bezeichnet man sämtliche Aktionen, bei denen die Kunden ihre Bankgeschäfte über das Internet abwickeln können; vgl. Engstler/Praeg/Dold/Günther, IT-Szenarien Finanzdienstleister 2002plus, 39 f. Teilweise wird in der Literatur zwischen den Begriffen Online-Banking, Homebanking und Internet-Banking als Unterkategorien des sog. Electronic Banking (die Gesamtheit der EDV-unterstützten Dienstleistungen im Geschäftsverkehr zwischen Bank und Kunde) im Hinblick auf die Art der genutzten Software sowie die Art der Netzeinwahl unterschieden. Hier wird im Folgenden entsprechend den „Bedingungen für die konto-/depotbezogene Nutzung des Online-Banking mit PIN und TAN" (abgedruckt bei Gößmann in: Schimansky/Bunte/Lwowski, Bankrechts-Handbuch, Anh. 6 zu §§ 52 – 55) jedoch nur der Begriff „Online-Banking" verwendet und keine weitere Unterscheidung vorgenommen, da es vorliegend nur auf den Unterschied zwischen dem traditionellen Vertriebsweg Filiale und dem alternativen Vertriebsweg Internet ankommt. Vgl. zu den technischen Verfahren des Online-Vertriebs von Bankprodukten Koch/Maurer, WM 2002, 2443, 2444 f. sowie Wiesgickl, WM 2000, 1039, 1040 ff. Zur „babylonischen" Begriffsvielfalt im Bereich des Electronic Banking siehe auch Birkelbach, Cyber Finance, 47 ff.

49 Gemäß einer Studie unter den 220 größten Banken in Deutschland stuften 87,2% der befragten Banken den Bereich Online-Banking vor allen anderen Vertriebswegen als wichtig für ihr Unternehmen ein. Vgl. Petzel/Weisser, Studie zum FuE-Bedarf bei Finanzdienstleistern 2003, 8. Vergleichbare Ergebnisse liefern Untersuchungen hinsichtlich der Relevanz der Vertriebsstrategien bei kleinen und mittleren Filialbanken: der Internetvertrieb stellt für 77% der befragten Banken ein wichtiges Handlungsfeld dar. Vgl. Engstler/Praeg/Dold/Günther, IT-Szenarien Finanzdienstleister 2002plus, 8. Auf der Kundenseite dominiert ebenfalls das Internet über das Telefon als bevorzugtes Fernkommunikationsmittel für die Abwicklung von Bankgeschäften; vgl. näher Graumann/Neinert, Monitoring Informationswirtschaft, 328, aufbauend auf der nicht frei verfügbaren Studie der TNS Infratest Finanzforschung (Hrsg.), Online-Finanzmonitor 2003.

50 Vgl. Laker/Wübker/Baumgarten, Die Bank 2001, 430.

51 Die Angebotspalette im Privatkundenbereich reicht von der Konto- oder Depotführung über

Einer Umfrage zufolge stieg der Anteil der Bundesbürger ab 18 Jahren, die bereits Online-Banking betreiben, bis Mai 2004 kontinuierlich auf 30% an.[52] Dies geht einher mit der zunehmenden Zahl von Online-Konten.[53] Zu einer weiteren Zunahme dürfte auch das „Nachwachsen" jüngerer Bevölkerungsgruppen beitragen, da jene im Vergleich zur älteren Bevölkerung derzeit weitaus häufiger das Internet für ihre Bankgeschäfte nutzen. In gleicher Weise wird sich wohl auch die zunehmende Schließung von Bankfilialen insbesondere in ländlichen Gebieten auswirken, da die Kunden dadurch vermehrt dazu „gezwungen" werden, ihre Bankgeschäfte über Fernkommunikationsmittel abzuwickeln.[54]

2.4 Die Folgen für Finanzdienstleister und Verbraucher

Die Entwicklungen beim Vertrieb von Finanzdienstleistungen, insbesondere über den elektronischen Geschäftsverkehr im Internet, eröffnen Verbrauchern wie Anbietern von Finanzdienstleistungen neue Chancen, bergen aber auch Risiken.[55] Ein Risiko speziell des Online-Banking, dem sowohl Finanzdienstleister als auch deren Kunden ausgesetzt sind, ist dabei die Möglichkeit des Datenmissbrauchs.[56] Durch die Übermittlung sensibler Daten über ein offenes Netzwerk besteht stets die Gefahr, dass diese Daten unbefugten in die Hände gelangen können.[57]

Geldanlage und Wertpapierdienstleistungen bis hin zum Abschluss von Versicherungen, der Vergabe von Krediten oder dem Abschluss von Bausparverträgen und Immobilien-/ Baufinanzierungen. Vgl. dazu Laker/Wübker/Baumgarten, Die Bank 2001, 430, 431 f. sowie Engstler/ Praeg/Dold/Günther, IT-Szenarien Finanzdienstleister 2002plus, 27.

52 Gegenüber lediglich 8% im Jahr 1998. Vgl. Bundesverband deutscher Banken (Hrsg.), Einkaufen via Internet 2004 (Online-Monitor IV), 6.

53 So ist die Zahl der für die Onlineführung registrierten Konten in Deutschland in den letzten Jahren stark gestiegen: von 1998 bis 2003 stieg die Zahl der Online-Konten von 7 Millionen auf geschätzte 40 Millionen an. Vgl. Bundesverbank deutscher Banken (Hrsg.), Banken 2004, 90. Wübker/Hardock merken hierzu jedoch an, dass bisher schätzungsweise nur ca. 1/3 der Online-Konten regelmäßig in Anspruch genommen wird; vgl. Wübker/Hardock, Die Bank 2002, 376.

54 Die Weltbank geht in einer Studie aus dem Jahr 2003 sogar davon aus, dass Deutschland bis zum Jahr 2010 eine Online-Banking Durchdringungsrate von 92% haben wird. Vgl. Claessens/ Glaessner/Klingebiel, Electronic Finance, 13.

55 Vgl. zu Vor- und Nachteilen der einzelnen Fernkommunikationsmittel aus Bankensicht Engstler/Praeg/Dold/Günther, Szenario Finanzdienstleistungsmarkt 2000plus, 66. Zu Chancen und Problemen des Internet-Banking ebenso Ambros in: Schmoll/Ronzal, Multi Channel Banking, 183, 198 f.

56 Vgl. ausführlich zu Sicherheitsaspekten sowie zum technischen Hintergrund des Online-Banking Schartner in: Lucius/Zakostelsky, Internetbanking, 220 ff. Zu Sicherheitsaspekten beim Online-Banking sowie zu den damit einhergehenden Haftungsfragen siehe auch Wiesgickl, WM 2000, 1039, 1041 f., 1048 ff. und Sakowski, <http://www.sakowski.de/onl-r/onl-r 20.html>.

57 Dies ist auch der Hauptgrund für die Nicht-Nutzung von Online-Banking-Angeboten. Vgl. Bundesverband deutscher Banken (Hrsg.), Internet und Online-Banking 2003 (Online-Monitor

2.4.1 Die Chancen für Finanzdienstleister

Für die Finanzdienstleister ergibt sich aus der steigenden Akzeptanz und Nutzung von Direktvertriebskanälen nicht nur ein enormes Kosteneinsparungspotenzial. Es eröffnet auch die Möglichkeit zur Erschließung neuer Kundenmärkte. Zwar bezieht sich das stetig zunehmende Volumen des Fernabsatzes im Finanzbereich bisher primär auf Verträge auf nationaler Ebene. Jedoch geht man davon aus, dass bedingt durch das Fehlen von Grenzen im Internet sowie durch die erfolgte Einführung des Euros auch im Privatkundenbereich der grenzüberschreitende Absatz von Finanzdienstleistungen merklich zunehmen wird.[58]

Das Potenzial zur Kosteneinsparung beim Direktvertrieb ergibt sich vornehmlich durch die drastische Senkung der Vertriebs- und Abwicklungskosten, da eine komplette Vertriebsebene praktisch eingespart werden kann. Gerade bislang personalintensive, jedoch einfache und gut strukturierte Transaktionen wie beispielsweise die Erfassung von Wertpapieraufträgen oder die Abwicklung des Zahlungsverkehrs eignen sich besonders gut für den Fernabsatz, da hier eine individuelle Beratung oftmals nur eine untergeordnete Rolle spielt.[59] So entfällt für die Bank beispielsweise im Bereich des Zahlungsverkehrs die aufwendige Erfassung der einzelnen Überweisungsträger, da diese direkt vom Kunden als Datensatz übermittelt werden, wodurch die Kosten je Transaktion via Internet im Vergleich zur herkömmlichen Abwicklung erheblich geringer sind.[60] Für die Anbieter besteht hierdurch die Möglich-

III), 7. Besonders aktuell ist das Sicherheitsrisiko derzeit unter dem Aspekt des sog. „Pishing". Hier werden Bankkunden über eine offiziell anmutende, jedoch gefälschte E-Mail aufgefordert, zu Aktualisierungszwecken persönliche Legitimationsdaten (Direct Banking Nummer, Kennwort (PIN) sowie TAN) auf einer verlinkten angeblichen Internet-Seite der Bank einzugeben. Sowohl die E-Mail als auch die Internet-Seite sind dabei oft täuschend echt kopiert, so dass die Fälschung kaum erkannt werden kann. Die Betrüger versuchen anschließend mit den eingegebenen geheimen Daten auf das Online-Konto des Kunden zuzugreifen. Hierdurch sollen allein in den USA in den letzten 12 Monaten Schäden in Höhe von 2,4 Mrd. US-$ entstanden sein. Vgl. dazu Balzli/Schmitt, Spiegel 36/2004, 78 f.; Schieb, Stern 34/2004, 130 f. und Eder/Maier, FTD vom 26.08.2004, 15.

58 Vgl. bereits KOM(96)209 endg. vom 22.05.1996, 14 sowie die Begründung zum ersten Richtlinienvorschlag in KOM(1998)468 endg. vom 14.10.1998, 3 und 33. Wiederholt aufgeführt hat die Kommission dieses Ziel in der Mitteilung KOM(2001)66 endg. vom 07.02.2001, 4 f. Dahingegen führt die Europäische Zentralbank in einem 2002 veröffentlichten Bericht über Finanzmarktstrukturen in Euroland interessanterweise aus, dass sich an der lokalen Prägung des Privatkundengeschäfts bei Finanzdienstleistungen auch zukünftig kaum etwas ändern werde, sondern regionale Institute weiterhin eine dominierende Rolle spielen werden. Daher sei es unwahrscheinlich, dass der Privatkundenbereich dieselbe europaweite Integration wie der Firmenkundenbereich erreichen werde. Vgl. European Central Bank (Hrsg.), Report on financial structures, 2002, 19.

59 Vgl. auch Pfeiffer/Schögel/Wolff in: Bräutigam/Leupold, Online-Handel, A II Rz. 134.

60 So kostet die Durchführung einer Überweisung, die der Kunde via Internet tätigt, nur 1 Cent, die Abwicklung über die Filiale dagegen 1 Euro. Vgl. Wübker/Hardock, Die Bank 2002, 376. Ähnliche Größenordnungen nennen auch Brunner/Lutz in: Schmoll/Ronzal, Multi Channel Banking, 253, 257 f.

keit, gerade im Massengeschäft teure Personalkapazitäten einzusparen und für beratungsintensive Produkte zu verwenden, für die sich Telefon- und Online-Banking bisher nur bedingt eignen.[61] Des Weiteren entstehen für die Information der Kunden geringere Kosten, da die im Internet veröffentlichten Daten besonders schnell und kostengünstig aktualisiert werden können.[62]

Allerdings verursachen der Aufbau und die Instandhaltung eines funktionierenden Direkt-Vertriebssystems nicht unerhebliche Kosten. Insbesondere im Bereich des Online-Banking stehen den erwarteten Vorteilen beträchtliche Technologiekosten gegenüber.[63] Zudem sehen sich die Finanzdienstleister gerade im Direktvertrieb einem zunehmenden Preisdruck und schärferen Wettbewerb ausgesetzt. Teilweise sind Direktbanken und Filialbanken sogar innerhalb desselben Bankkonzerns unmittelbare Konkurrenten.[64]

2.4.2 Die Chancen für Verbraucher

Aus der Sicht der Verbraucher bietet insbesondere das Online-Banking eine gesteigerte Flexibilität bei der Vornahme von Finanzgeschäften. Die Vorteile im Vergleich zur herkömmlichen Abwicklung sind eine bequemere und leichtere Erreichbarkeit sowie ein dadurch geringerer Aufwand, da Bankgeschäfte nun zeit- und ortsunabhängig und zudem schneller durchgeführt werden können.[65]

Ebenso erhalten die Kunden in gleicher Weise nun Zugang zu einem breiteren Angebot an Finanzdienstleistungen, aus dem sie die genau ihren Bedürfnissen entsprechenden Produkte auswählen können. Ihre Auswahlmöglichkeit ist nicht mehr nur auf regionale Anbieter beschränkt.[66] Vielmehr hat der einzelne Verbraucher

61 Ebenso Holztrattner in: Graf/Gruber, Rechtsfragen des Internetbanking, 9, 43 f. Nach internen Untersuchung bei der Stadtsparkasse München stand in deren Geschäftsstellen zeitweise nur weniger als ein Viertel des Personals für Anlage und- Finanzierungsberatungen zur Verfügung, während drei Viertel des Personals für administrative Aufgaben verwendet wurde. Vgl. Brunner/Lutz in: Schmoll/Ronzal, Multi Channel Banking, 253, 257.

62 Vgl. Schmutz in: Lucius/Zakostelsky, Internetbanking, 110, 113.

63 Vgl. dazu Mang, <http://www.legamedia.net/dy/articles/article_15724.php>.

64 Nach Pischulti in: Schmengler/Fleischer, Marketing Praxis – Jahrbuch 1999, 178, 183 werden diese „Kannibalisierungseffekte“ jedoch in gewissem Umfang in Kauf genommen, um Abwanderungen von Kunden hin zu „fremden“ Direktbanken weitestgehend zu vermeiden. Vgl. dazu auch Schmutz in: Lucius/Zakostelsky, Internetbanking, 110, 113 sowie Kriegner, Die Fernabsatz-RL für Finanzdienstleistungen, 22.

65 So gaben bei einer Befragung zu den Gründen für die Nutzung von Online-Finanzdienstleistungen 93,3% der Befragten als Grund die jederzeit mögliche Nutzung an. Vgl. Graumann/Neinert, Monitoring Informationswirtschaft, 334, aufbauend auf der nicht frei verfügbaren Studie von Fittkau & Maaß (Hrsg.), WWW-Benutzer Analyse W3B 2003. Vgl. auch Schmutz in: Lucius/Zakostelsky, Internetbanking, 110, 112 f.

66 Siehe dahingehend Metz in: Krämer/Micklitz/Tonner, Law and diffuse interest, 603, 604 sowie Holztrattner in: Graf/Gruber, Rechtsfragen des Internetbanking, 9, 35. Vor diesem Hintergrund fordert auch Speyer in: Schwarze, Wirtschaftsverfassungsrechtliche Garantien für Unterneh-

durch den Wegfall der Bindung an Ländergrenzen im Internet nun beispielsweise die Möglichkeit, online bei einer niederländischen Bank Festgelder anzulegen, obwohl er selbst in Deutschland wohnt.[67] Zusätzlich ermöglicht die erhöhte Markttransparenz durch die vereinfachte Informationsbeschaffung speziell bei Standardprodukten einen effizienteren Preisvergleich zwischen den einzelnen Anbietern.[68] Hierdurch sowie durch die Weitergabe der bankseitigen Kostenvorteile an die Kunden sollten sich auch für die Verbraucher insgesamt geringere Kosten ergeben.[69]

men, 73 eine Vollendung des Finanzbinnenmarktes.

67 Dahingehend auch die Erwartungen der Kommission in KOM(96)209 endg. vom 22.05.1996, 14 sowie in KOM(2001)66 endg. vom 07.02.2001, 4.

68 So auch Ambros in: Schmoll/Ronzal, Multi Channel Banking, 183, 198.

69 Vgl. dazu Schmutz in: Lucius/Zakostelsky, Internetbanking, 110, 113. Um diesen Erwartungen der Kunden gerecht zu werden, bemühen sich die Banken zunehmend um eine kanalspezifische Preisgestaltung. So berechnet beispielsweise die HypoVereinsbank gemäß ihrem aktuellen Preis- und Leistungsverzeichnis für die Ausführung von Kundenaufträgen zum Kauf oder Verkauf von Wertpapieren bei Nutzung des Telefon- oder Online-Banking zur Ordererteilung lediglich den halben Provisionssatz im Vergleich zur Order-Entgegennahme durch einen Filial-Mitarbeiter.

3. Europarechtliche Vorgaben: Die Richtlinie 2002/65/EG

In der Praxis ist der Finanzdienstleistungsmarkt im Privatkundenbereich im Gegensatz zum Firmen- bzw. Großkundengeschäft zwischen den einzelnen Mitgliedstaaten trotz der neuen Möglichkeiten und Chancen des Vertriebs von Finanzdienstleistungen im Fernabsatz derzeit jedoch noch stark segmentiert. Der Fernabsatz von Finanzdienstleistungen beschränkt sich immer noch im Wesentlichen auf das Inlandsgeschäft.[70] Finanzdienstleister, die in verschiedenen Mitgliedstaaten operieren, gründen in den betreffenden Staaten in der Regel eher Zweigniederlassungen oder Tochter-Unternehmen und halten sich an die dortigen gesetzlichen Bestimmungen, als dass sie ihre Dienstleistungen kostengünstig grenzüberschreitend über das Internet erbringen.[71]

Um diese Fragmentierung des Marktes einzudämmen und um das Potenzial des Fernabsatzes und die Vorteile des Binnenmarktes für die Beteiligten vollständig nutzbar zu machen, müssen nicht nur die Finanzdienstleister ihre Dienstleistungen ebenso leicht wie im Inland über die Grenzen hinweg anbieten können, auch für die Verbraucher muss die grenzüberschreitende Nutzung von Finanzdienstleistungen attraktiver werden.[72]

Vor diesem Hintergrund sah der europäische Gesetzgeber die Notwendigkeit, die rechtlichen Rahmenbedingungen in diesem Bereich an die neuen Gegebenheiten anzupassen und diesen damit gerecht zu werden.[73] Hierzu haben das Europäische Parlament und der Rat der Europäischen Union am 23. September 2002 die Richtlinie 2002/65/EG über den Fernabsatz von Finanzdienstleistungen an Verbraucher erlassen.[74] Die Richtlinie stellt ein zentrales Element innerhalb des Aktionsplans für Finanzdienstleistungen dar. Mit diesem Aktionsplan legte die Kommission im Jahr

70 Vgl. Heinemann/Schüler, Kreditwesen 2002, 680 ff. sowie Will in: Gorning, Rechtliche Aspekte der Vermögensverwaltung, 155 f. Dies wurde auch von der Kommission in KOM(1998) 468 endg. vom 14.10.1998, 33 festgestellt.

71 Vgl. KOM(2001)66 endg. vom 07.02.2001, 11. Ebenso Heinemann/Schüler, Kreditwesen 2002, 680, 682.

72 Vgl. Mitteilung der Kommission KOM(2001)66 endg. vom 07.02.2001, 5.

73 Zur Notwendigkeit einer Regelung in diesem Bereich aus deutscher Verbrauchersicht vgl. Metz in: Krämer/Micklitz/Tonner, Law and diffuse interest, 603, 605 ff.

74 Vgl. kompakt zur endgültigen Richtlinie Reich in: Reich/Micklitz, Europäisches Verbraucherrecht, § 24 Rz. 14 ff.; Härting/Schirmbacher, CR 2002, 809 ff.; Will in: Gorning, Rechtliche Aspekte der Vermögensverwaltung, 155, 183 ff. sowie Brandl/Hohensinner, ÖBA 2003, 52 ff. Ausführlicher zu den Vorschriften der FFARL siehe Finke, Der Fernabsatz von Finanzdienstleistungen, Baden-Baden 2004 sowie Kriegner, Die Fernabsatz-RL für Finanzdienstleistungen an Verbraucher, Linz 2003. Eingehend zur FFARL aus Sicht des IPR und des IZVR siehe Heiss, IPRax 2003, 100 ff.

1999 eine Strategie zur Verwirklichung des Binnenmarktes für Finanzdienstleistungen bis zum Jahr 2005 fest.[75]

3.1 Die Entstehung der Richtlinie 2002/65/EG

Insgesamt hat es nahezu 4 Jahre gedauert, bis die FFARL verabschiedet wurde.[76] Ihre Wurzeln gehen jedoch noch weiter zurück: Die Kommission hatte ursprünglich beabsichtigt, auch den Bereich der Finanzdienstleistungen in die 1997 verabschiedete allgemeine Fernabsatzrichtlinie einzubeziehen und dort zu regeln.[77] Im Verlauf der Beratungen zu dieser Richtlinie wurden Finanzdienstleistungen davon letztlich jedoch ausgeklammert, maßgeblich auch aufgrund der Interventionen der Kreditwirtschaft.[78] Begründet wurde dies damit, dass zu prüfen sei, inwieweit der Finanzbereich bereits von Gemeinschaftsvorschriften erfasst sei und ob hierfür separate, den Besonderheiten von Finanzdienstleistungen angemessen Rechnung tragende Vorschriften erforderlich seien.[79]

Um das Niveau des europarechtlichen Verbraucherschutzes im Bereich der Finanzdienstleistungen ermitteln zu können, hatte die Kommission parallel zu den Beratungen über die allgemeine Fernabsatzrichtlinie bereits Mitte 1996 das Grün-

75 Vgl. zu dieser Strategie die Mitteilungen der Kommission „Finanzdienstleistungen: Abstecken eines Aktionsrahmens" (KOM(1998)625 endg. vom 28.10.1998) sowie „Finanzdienstleistungen: Umsetzung des Finanzmarktrahmens: Aktionsplan" (KOM(1999)232 endg. vom 11.05. 1999, 26). Vgl. vertiefend zu dieser Strategie der Kommission Meyer, WM 1999, 757 f. und Will in: Gorning, Rechtliche Aspekte der Vermögensverwaltung, 155, 157 ff.

76 Ausführlich zum Entstehungsverlauf der FFARL siehe auch Reuter, Der Fernabsatz und seine rechtliche Ausgestaltung, 182 ff. sowie Klein/Schoppmann/Schwander/Wengler, Kreditwirtschaftlich wichtige Vorhaben der EU, 136 ff. Detailliert auch die chronologische Darstellung auf der Internet-Seite der Europäischen Union unter <http://europa.eu.int/prelex/detail_dossier.cfm?CL=de &ReqId=0&DocType=COD&DocYear=1998&DocNum=0245>, zuletzt besucht am 30.09.2004.

77 Sowohl der erste (ABl. EG Nr. C 156 vom 23.06.1992, 14) als auch der zweite Vorschlag der Europäischen Kommission für die allgemeine Fernabsatzrichtlinie (ABl. EG Nr. C 308 vom 15.11.1993, 18) enthielt noch keine grundsätzliche Ausnahme für Finanzdienstleistungen.

78 Vgl. Art. 3 Abs. 1, 1. Gedankenstrich i.V.m. Anhang II der allgemeinen Fernabsatzrichtlinie. Eingehend zur Intervention der Kreditwirtschaft vgl. Meyer, Bankinformation 9/1996, 69 f. In der Literatur wurde dieser Ausnahmeregelung kritisch betrachtet, vgl. dezidiert etwa Reich, EuZW 1997, 581, 583 sowie Willingmann, VuR 1998, 395, 398 und Pützhoven, Verbraucherschutz im Fernabsatz, 52.

79 Vgl. Gemeinsamer Standpunkt des Rates zur allgemeinen Fernabsatzrichtlinie, ABl. EG Nr. C 288 vom 30.10.1995, 1, 10: Der Rat fand es letzten Endes zweckmäßiger, Finanzdienstleistungen aus dem Anwendungsbereich der Richtlinie ganz auszuschließen. Vgl. ausführlich zur Entstehung dieser Bereichsausnahme der allgemeinen Fernabsatzrichtlinie und zu den Meinungsverschiedenheiten zwischen dem Europaparlament, dem Rat und der Kommission hinsichtlich dieser Ausnahme Micklitz in: Grabitz/Hilf, Das Recht der Europäischen Union, Bd. III, A 3, Rz. 28 sowie Freund in: Herrmann/Berger/Wackerbarth, Bank- und Wirtschaftsrecht im Wandel, 228, 251 f.

buch „Finanzdienstleistungen – Wahrung der Verbraucherinteressen“[80] vorgelegt, in welchem sie um Stellungnahmen zu den gegenwärtigen und erwarteten Entwicklungen und Problemen auf dem Gebiet der grenzüberschreitenden Erbringung von Finanzdienstleistungen bat.[81]

Infolge der Konsultierungen zu diesem Grünbuch und vor dem Hintergrund der bestehenden Regelungslücke gelangte die Kommission zu der Schlussfolgerung, zur Stärkung des Verbraucherschutzes im Finanzbereich eine gesonderte Richtlinie auszuarbeiten.[82] Das erklärte Ziel der Kommission war es dabei, eine Richtlinie vorzuschlagen, deren spezifische Bestimmungen den Eigenarten der Fernabsatzmethoden bei Finanzdienstleistungen gerecht werden und gleichzeitig den Besonderheiten dieser Art von Dienstleistungen Rechnung tragen.[83]

Einen ersten Richtlinienentwurf legte die Kommission nach mehrmaliger Aufforderung[84] daraufhin Ende 1998 vor.[85] In Folge der zahlreichen, teilweise einschneidenden Änderungsvorschläge des Europäischen Parlaments[86] im Rahmen des Mitentscheidungsverfahrens nach Art. 251 EGV wurde der Entwurf jedoch nochmals grundlegend überarbeitet und Mitte 1999 in einer geänderten Fassung von der Kommission vorgelegt.[87] Das im ersten Entwurf vorgesehene, vom Europäischen Parlament jedoch kritisierte Recht der Verbraucher auf eine Bedenkzeit vor Vertragsabschluss wurde gestrichen und durch ein Widerrufsrecht als zentrales Verbraucherschutzinstrument ersetzt.[88] Hiermit wurde die Regelungssystematik der FFARL

80 KOM(96)209 endg. vom 22.05.1996.

81 Auch in einer angehängten Erklärung zur allgemeinen Fernabsatzrichtlinie erkannte die Kommission die Bedeutung des Verbraucherschutzes für Vertragsabschlüsse im Fernabsatz bei Finanzdienstleistungen an und verwies auf ihr vorgelegtes Grünbuch (ABl. EG Nr. L 144 vom 04.06.1997, 28).

82 Vgl. KOM(1997)309 endg. vom 26.06.1997, 5 sowie Erwägungsgrund 11 der FFARL.

83 Vgl. KOM(1997)309 endg. vom 26.06.1997, 6 sowie die Begründung der Kommission in KOM(1998)468 endg. vom 14.10.1998, 9.

84 Das Europäische Parlament forderte die Kommission bereits im Februar 1997 in einer Reaktion auf das Grünbuch auf, „in jedem Fall innerhalb eines Jahres einen Vorschlag für eine Richtlinie über den Fernverkauf von Finanzprodukten und Finanzierungsverträge zu unterbreiten“. Vgl. ABl. EG Nr. C 85 vom 17.03.1997, 137, Punkt 38.

85 KOM(1998)468 endg. vom 14.10.1998 = ABl. EG Nr. C 385 vom 11.12.1998, 10.

86 Stellungnahme des Europäischen Parlaments vom 05.05.1999, ABl. EG Nr. C 279 vom 01.10.1999, 197.

87 Geänderter Vorschlag für eine Richtlinie des Europäischen Parlaments und des Rates über den Fernabsatz von Finanzdienstleistungen an Verbraucher und zur Änderung der Richtlinien 97/7/EG und 98/27/EG, KOM(1999)385 endg. vom 37.78.1999 = ABl. EG Nr. C 177 E vom 27.06.2000, 21.

88 Vgl. dazu Meyer, WM 2000, 266, 267 sowie Reich in: Reich/Nordhausen, Verbraucher und Recht im eG, Rz. 156. Das Instrument der Bedenkzeit wurde auch in der Literatur als verbraucherfeindlich kritisiert; vgl. Hoppmann, VersR 1999, 673, 682; Schoppmann, Kreditwesen 1998, 512, 513 und Hartmann, Die Bank 1999, 163, 164 ff.: da die Konditionen auf den Finanzmärkten täglichen Schwankungen unterliegen, müsse die Bank z.B. bei Spareinlagen oder Realkrediten das Schwankungsrisiko in den Preis einkalkulieren und zum Nachteil der Verbraucher eine entsprechenden Risikozuschlag im Fernabsatz verlangen. Ablehnend zum

derjenigen der allgemeinen Fernabsatzrichtlinie stark angeglichen, welche dieselben Schutzmechanismen vorsieht.[89]

Im weiteren Verlauf dauerte es allerdings bis Ende 2001, bis sich der Europäische Rat auf eine politische Einigung verständigen konnte und einen gemeinsamen Standpunkt gemäß Art. 251 Abs. 2 EGV festlegte.[90] Dieser wurde im Mai 2002 vom Europäischen Parlament mit lediglich zwei geringfügigen Änderungen gebilligt.[91] Der Rat stimme diesen Änderungen daraufhin am 26.06.2002 zu,[92] woraufhin die Richtlinie gemäß Art. 251 Abs. 3 EGV endgültig als erlassen galt und am Tag ihrer Veröffentlichung im Amtsblatt der EG am 09.10.2002 in Kraft treten konnte.[93]

3.2 Die Zielsetzungen der Richtlinie 2002/65/EG

Um den Beteiligten einen größtmöglichen Nutzten aus dem Fernabsatz von Finanzdienstleistungen zu gewähren, verfolgt die FFARL die beiden nachfolgend dargestellten grundlegenden Zielsetzungen, welche für die Kommission gleichberechtigt nebeneinander stehen: einerseits den Verbraucherschutz, andererseits die Beseitigung rechtlicher Hindernisse zur Förderung des Wettbewerbs und Stärkung des Binnenmarktes.[94]

Bedenkzeitkonzept auch Fuchs, ZIP 2000, 1273, 1277. A.A. dagegen Reuter, Der Fernabsatz und seine rechtliche Ausgestaltung, 185, der es eher für angebracht hält, den Verbrauchern eine Bedenkzeit einzuräumen.

89 Kritisch dazu Hk-VertriebsR/Micklitz, § 312b BGB Rz. 10 f., wonach durch diese Angleichung kaum mehr eine Rechtfertigung für einen gesonderten Rechtsetzungsakt für die Regelungen des Fernabsatzes von Finanzdienstleistungen erkannt werden könne.

90 Gemeinsamer Standpunkt des Rates vom 19.12.2001, ABl. EG Nr. C 58 E vom 05.03.2002, 32. Auf Ratsebene war insbesondere umstritten, ob statt der im Kommissionsvorschlag vorgesehenen Vollharmonisierung nicht doch lediglich eine Minimalharmonisierung vorgesehen werden sollte. Vgl. dazu Meyer, WM 2000, 266, 267 sowie Hadding, ÖBA 2001, 105, 106. Zum Prinzip der Vollharmonisierung siehe unten Kapitel 3.3.

91 Vgl. die Legislative Entschließung des Europäischen Parlaments vom 14.05.2002, ABl. EG Nr. C 180 E vom 31.07.2003, 108. Die Änderungen betrafen zum einen die Einbeziehung eines Notars in den Bereich der Ausnahmen, zum anderen die Bedeutung des Einverständnisses des Verbrauchers für die Durchführung des Vertrags.

92 Beschluss des Rates vom 26.06.2002, Rats-Dokument Nr. C/02/182.

93 ABl. EG Nr. L 271 vom 09.10.2002, 16.

94 Vgl. auch Burki, SJZ 2001, 391, 393. Die Gleichberechtigung dieser Ziele hob die Kommission ausdrücklich in einer Antwort auf die Anfrage eines Abgeordneten zum Grünbuch "Finanzdienstleistungen: Wahrung der Verbraucherinteressen" (KOM(96)209 endg. vom 22.05.1996) hervor, der sich um das Verhältnis dieser beiden Ziele im Konzept der Kommission sorgte (vgl. ABl. EG Nr. C 367 vom 04.12.1997, 50). Bedenken meldet auch Reifner in: Grundmann, Systembildung und Systemlücken, 577, 598 ff. an, der eine veränderte Auffassung der Kommission zum Verbraucherschutz bei Finanzdienstleistungen hin zu einer rein wirtschaftlichen Betrachtungsweise ausmacht.

3.2.1 Verbraucherschutz

„Der Binnenmarkt beruht auf Vertrauen."[95] Diesem Grundsatz folgend können die oben genannten Vorteile des Fernabsatzes für die Verbraucher erst dann voll zur Geltung kommen, wenn die Anbieter von Finanzdienstleistungen, mehr aber noch die Verbraucher den neuen Möglichkeiten des Fernabsatzes bei Finanzdienstleistungen Vertrauen entgegenbringen.[96]

Jedoch ist gerade der Bereich der Finanzdienstleistungen sehr komplex und für den Verbraucher oftmals nur schwer zu durchschauen. Dies ist der Nachteil des immateriellen Charakters der Finanzdienstleistungen, da dabei im Gegensatz zum Kauf von Waren vor allem die vertragliche Ausgestaltung im Vordergrund steht.[97] Die entsprechenden Vertragswerke, beispielsweise bei der Aufnahme eines Kredits, sind häufig außerordentlich umfangreich und für den durchschnittlichen Verbraucher schwer verständlich.[98] Dies wiegt umso mehr, als derartige Verträge für den Verbraucher teilweise mit erheblichen Risiken verbunden sind. Gerade etwa die genannten Kreditverträge binden die Vertragsparteien oftmals langfristig, was im Falle von Fehlentscheidungen weit reichende Auswirkungen bis hin in die private Lebensführung haben kann.[99]

Diese Problematik wird durch die zunehmende Nutzung der Fernabsatztechnik nicht gerade reduziert. Zwar beinhaltet der Fernabsatz von Dienstleistungen im Gegensatz zu dem von Waren typischerweise nicht das wesentliche Defizit, dass der Vertragsgegenstand vorher nicht sichtbar ist und untersucht werden kann.[100] Infolge ihrer immateriellen Eigenschaft lassen sich Qualität und Nutzen von Finanzdienstleistungen grundsätzlich auch aus der Distanz aufgrund der bereitgestellten Informationen beurteilen. Da sich die Parteien jedoch nicht persönlich gegenüberstehen und daher für den Verbraucher außer bei telefonischem Kontakt zumeist nicht die Möglichkeit besteht, sich von einem Berater den Vertrag erläutern zu lassen oder gezielte Fragen zum Inhalt zu stellen, verfügen die Verbraucher auch beim Fernabsatz von Finanzdienstleistungsverträgen über insgesamt geringere Informationsmöglichkeiten.[101] So wird der via Internet getätigte Vertragsabschluss meist allein auf den dort

95 So die Kommission in ihrer Mitteilung KOM(1997)309 endg. vom 26.06.1997, 3. Siehe dazu auch Hoppmann, VersR 1999, 673, 674.

96 Vgl. KOM(96)209 endg. vom 22.05.1996, 14 sowie Erwägungsgrund 2 der FFARL, wo der Fernabsatz von Finanzdienstleistungen sowohl für die Verbraucher als auch für die Anbieter als eines der wichtigsten greifbaren Ergebnisse des vollendeten Binnenmarktes genannt wird.

97 So auch die Kommission in der Begründung KOM(1998)468 endg. vom 14.10.1998, 6.

98 Vgl. Riesenhuber, WM 1999, 1441, 1450 und Reuter, Der Fernabsatz und seine rechtliche Ausgestaltung, 179.

99 Vgl. Hoppmann, VersR 1999, 673, 674 sowie Schirnding, FLF 1998, 11, 12 mit der richtigen Differenzierung, dass nicht alle Finanzdienstleistungen erklärungsbedürftig und mit erheblichen Risiken behaftet sind.

100 So auch Bamberger/Roth/Schmidt-Räntsch, § 312c BGB Rz. 2.

101 Vgl. dazu Bodewig, DZWir 1997, 447, 448; Hoppmann, VersR 1999, 673, 674; Brönneke in: Roßnagel, RMD, Teil 13, Vor §§ 312b ff. BGB Rz. 2 und Bamberger/Roth/Schmidt-Räntsch,

verfügbaren Informationen basieren. Überdies drohen dem Verbraucher beim grenzüberschreitenden Absatz von Finanzdienstleistungen durch die erheblich größere Distanz, unterschiedliche Sprachen und abweichende Rechtssysteme zusätzliche Gefahren, welche ihrerseits zudem die Verwirklichung des Binnenmarktes in diesem Bereich erheblich behindern.[102]

Die Kommission war daher bestrebt, mit der FFARL einen Rechtsrahmen zu schaffen, der das Vertrauen der Verbraucher in diesen Wirtschaftszweig sowie in den elektronischen Geschäftsverkehr im Bereich der Finanzdienstleistungen stärkt.[103] Es sollte ein möglichst hohes Verbrauscherschutzniveau etabliert werden, welches die FFARL in zweierlei Hinsicht zu gewährleisten versucht: Zum einen soll durch die Einführung von umfassenden Informationspflichten vor Abschluss eines Fernabsatzvertrags eine höhere Transparenz zugunsten des Verbrauchers erreicht werden.[104] Dem Verbraucher müssen sämtliche Informationen in verständlicher Weise zur Verfügung gestellt bzw. mitgeteilt werden, die er für eine fundierte Entscheidung über die ihm angebotene Finanzdienstleistung benötigt.[105] Zum anderen soll der Verbraucher zusätzlich durch die Gewährung eines Widerrufsrechts, durch welches er sich weitgehend folgenlos von einem bereits geschlossenen Vertrag wieder lösen kann, vor übereilten Vertragsabschlüssen geschützt werden.[106]

Dieses Schutzniveau soll den Verbrauchern unabhängig vom Land ihres Wohnsitzes in gleicher Höhe gewährt werden, um ihnen die Wahlfreiheit zwischen den verschiedenen gemeinschaftsweiten Angeboten zu gewährleisten.[107]

§ 312c BGB Rz. 2. Ähnlich auch die Kommission in KOM(1998)468 endg. vom 14.10.1998, 4. Kritisch dagegen Grundmann, Europäisches Schuldvertragsrecht, 233 und Schirnding, FLF 1998, 11, 12 und 17, die hierzu anmerken, dass in der Verwendung bestimmter Kommunikationsmittel per se keine Gefahr für den Verbraucher zu sehen sei, denn die Eigenschaften von Dienstleistungen könnten dem Verbraucher bei gleichzeitiger Anwesenheit beider Vertragspartner keineswegs plastischer dargestellt werden. Nach Schirnding bestehe die Notwendigkeit für eine horizontale Richtlinie für den Vertriebsweg „Fernabsatz“ bei Finanzdienstleistungen daher nicht. Vielmehr sei ggf. eine bereichsspezifische Regelung für einzelne Finanzprodukte vorzuziehen.

102 So die Kommission in KOM(96)209 endg. vom 22.05.1996, 8 ff.

103 Vgl. Erwägungsgrund 5 FFARL. Zur Bedeutung der FFARL für den elektronischen Geschäftsverkehr siehe auch Reich in: Reich/Micklitz, Europäisches Verbraucherrecht, § 24 Rz. 27.

104 Vgl. näher Kapitel 4.2.1.

105 Vgl. Erwägungsgrund 21 FFARL.

106 Vgl. dazu Kapitel 4.2.2.

107 Vgl. Erwägungsgrund 3 FFARL sowie die Begründung der Kommission in KOM(1998)468 endg. vom 14.10.1998, 2. Die Notwendigkeit eines hohen Verbraucherschutzes wird auch in den weiteren Erwägungsgründen der FFARL immer wieder herausgestellt: vgl. die Erwägungsgründe 1, 3, 9 und 13 FFARL. Das Erfordernis eines hohen Verbraucherschutzniveaus ergibt sich dabei bereits aus Art. 3 Abs. 1 lit. t) EGV sowie konkret aus Art. 153 EGV.

3.2.2 Stärkung des Binnenmarktes

In gleicher Weise sollen rechtliche Hindernisse des Fernvertriebs beseitigt und die Festigung und Verwirklichung des Binnenmarktes vorangetrieben werden.[108] Die Kommission sah die Gefahr, dass die Mitgliedstaaten aufgrund des rasch expandierenden Handels mit Finanzdienstleistungen einzelne, gegensätzliche oder voneinander abweichende nationale Verbraucherschutzinitiativen in diesem Bereich ergreifen könnten, um Rechtsunsicherheiten in Zusammenhang mit Fernabsatzgeschäften zu beseitigen. Die dann geltenden unterschiedlichen rechtlichen Anforderungen würden zu einer Aufsplitterung des Binnenmarktes und damit zu einer Beeinträchtigung des freien Verkehrs von Verbrauchern, Dienstleistungen und Anbietern sowie zu einer Behinderung des Wettbewerbs zwischen den Unternehmen führen. Die Anbieter können die Chancen eines erweiterten Marktes aber nur dann nutzen, wenn die Kosten für dessen Erschließung möglichst gering sind. Rechtliche Hindernisse stehen dem entscheidend entgegen.[109]

Um dies zu verhindern, sah die Kommission die Notwendigkeit, für diesen Bereich auf Gemeinschaftsebene gemeinsame Regeln einzuführen. Mittels der Gewährung von Planungs- und Rechtssicherheit soll den Finanzdienstleistungsanbietern ein ungehinderter Absatz ihrer Produkte in der gesamten EU ermöglicht werden, was zu einer Stärkung des Binnenmarktes beiträgt.[110]

Den Verbrauchern wiederum soll damit der gleiche Zugang zum breitestmöglichen, d.h. gemeinschaftsweiten Angebot an Finanzdienstleistungen ermöglicht werden, und zwar unabhängig davon, ob der Anbieter der Finanzdienstleistungen eine Niederlassung in dem Staat betreibt, in dem der Verbraucher ansässig ist.[111]

3.3 Das Prinzip der Vollharmonisierung

Zur Erreichung ihrer Ziele sieht die FFARL anders als die allgemeine Fernabsatzrichtlinie vor ihr nicht lediglich die „traditionelle“[112] Angleichung an ein Mindestniveau vor, wodurch es den Mitgliedstaaten erlaubt ist, in dem unter die Richtlinie fallenden Bereich generell strengere Bestimmungen zu erlassen, sofern diese im Einklang mit dem EG-Vertrag stehen. Die FFARL orientiert sich vielmehr erstmals am Prinzip der Voll- bzw. Maximalharmonisierung. Sie will in ihrem gesamten

108 Vgl. Erwägungsgrund 1 FFARL.
109 Vgl. Erwägungsgrund 12 FFARL sowie die Begründung der Kommission in KOM(1998)468 endg. vom 14.10.1998, 3, 5 und 7. In gleicher Weise auch die Erwägung der Kommission in KOM(1997)309 endg. vom 26.06.1997, 5. Bereits in Erwägungsgrund 4 der allgemeinen Fernabsatzrichtlinie wurde dies als Begründung für die Einführung gemeinsamer Regelung angeführt.
110 Vgl. Erwägungsgrund 12 FFARL sowie KOM(1997)309 endg. vom 26.06.1997, 5.
111 Vgl. Erwägungsgrund 3 und 4 der FFARL.
112 So Reich, EuZW 1997, 581, 582 m.w.N.

Anwendungsbereich bindende Höchststandards setzen, die die Mitgliedstaaten in ihr Recht übernehmen müssen.[113]

Mit solch einer vollständigen Vereinheitlichung der rechtlichen Rahmenbedingungen durch abschließende Regelungen auf Gemeinschaftsebene wollte die Kommission der besonderen Bedeutung der Verkehrsfreiheit für Finanzdienstleistungen gerecht werden sowie die befürchteten starken Abweichungen zwischen einzelnen nationalen Bestimmungen unterbinden.[114] Das Prinzip der Vollharmonisierung wird in der Literatur jedoch kritisch betrachtet und war auch in den Beratungen zur FFARL einer der wesentlichen Streitpunkte.[115] Im weiteren Verlauf wurden die Regelungen gegenüber dem ersten Entwurf der Kommission deshalb dahingehend aufgelockert, dass die Richtlinie keine umfassende, sondern nur noch eine „weitgehende" Vollharmonisierung enthält.[116]

Rechtstechnisch umgesetzt wird dies zum einen mit dem Fehlen einer Mindestklausel, wie sie in Art. 14 der allgemeinen Fernabsatzrichtlinie noch enthalten war, zum anderen mit der entsprechenden Bestimmung in Erwägungsgrund 13 der FFARL.[117] Die Mitgliedstaaten sind demnach lediglich in von der Richtlinie ausdrücklich genannten Ausnahmefällen bis zu einer weiteren Harmonisierung berechtigt, weitergehende Vorschriften zu erlassen, als dies in der Richtlinie vorgesehen ist.[118]

113 Vgl. Meyer, WM 1998, 2445, 2446. Ausführlich zum Prinzip der Vollharmonisierung auch Drygala in: Schneider u.a., FS Lutter, 1563 ff. Diesem neuen Ansatz folgend wurde von der Kommission auch im Vorschlag für eine neue Verbraucherkreditrichtlinie (Abl. EG Nr. C 331 vom 31.12.2002, 200) in Art. 30 eine Vollharmonisierung festgelegt, was aber mittlerweile vom Europäische Parlament gestrichen wurde. Vgl. Hoffmann, BKR 2004, 308, 310.

114 Vgl. Erwägungsgrund 12, 13 sowie oben Kapitel 3.2.2. Vgl. zu den Erwägungsgründen für das Prinzip der Vollharmonisierung auch Kohte in: Derleder/Knops/Bamberger, Handbuch Bankrecht, § 7 Rz. 5.

115 Kritisch zum Prinzip der Vollharmonisierung etwa Hartmann, Die Bank 1999, 163, 164; Danco, WM 2003, 853, 859; Präve, Versicherungswirtschaft 1999, 1410 f.; Reifner, <http:// www.vur-online.de/beitrag/65.html> sowie derselbe in: Grundmann, Systembildung und Systemlücken, 577, 601, der darin ein impliziertes Verbraucherschutzverbot für die Mitgliedstaaten sieht, das sogar im direkten Gegensatz zu Art. 153 Abs. 5 EGV die Abschaffung bestehender höherer Standards impliziere. Positiv hingegen Cristea, Kreditwesen 2002, 58, 59 und Pichler in: Lucius/Zakostelsky, Internetbanking, 27, 34 f., der für Verbraucherschutzvorschriften eine Vollharmonisierung fordert, da durch unterschiedliche Umsetzungen von Richtlinien mit Mindestklauseln die Fragmentierung der Märkte konserviert werde.

116 Vgl. zu den entsprechenden Änderungen die Begründung des Rates zum Gemeinsamen Standpunkt vom 19.12.2001 (ABl. EG Nr. C 58 E vom 05.03.2002, 41). Vgl. dazu auch Rott, BB 2005, 53; Härting/Schirmbacher, CR 2002, 809 sowie Kohte in: Derleder/Knops/Bamberger, Handbuch Bankrecht, § 7 Rz. 5.

117 Vgl. dazu auch Knöfel, ZGS 2004, 182 und Drygala in: Schneider u.a., FS Lutter, 1563, 1566.

118 Vgl. Erwägungsgrund 13 FFARL a.E. Eine weitergehende Regelung ist beispielsweise in Bezug auf eine vorherige Auskunftserteilung an den Verbraucher entsprechend Art. 4 Abs. 2 FFARL möglich. Vgl. ferner die Öffnungen in Art. 6 Abs. 1 Satz 4, 6 Abs. 3, 7 Abs. 2, 15 Abs. 1 FFARL. Dagegen ist es den Mitgliedstaaten folglich nicht gestattet, beispielsweise zur Dauer der Widerrufsrist weiterreichende einzelstaatliche Regelungen zu erlassen, da dies von Art. 6 Abs. 1 FFARL bindend geregelt ist.

Jedoch hebt der Erwägungsgrund 12 der FFARL einschränkend hervor, dass die Einführung der gemeinsamen Regeln nicht dazu führen darf, dass das allgemeine Verbraucherschutzniveau in den Mitgliedstaaten vermindert wird. Soweit durch bereits existierende abweichende Regelungen unabhängig von der Vertriebsart und dem Vertragstyp auf allgemeiner Ebene ein höheres Verbraucherschutzniveau gewährleistet wird, soll es den Mitgliedstaaten demzufolge erlaubt sein, diese Regelungen beizubehalten.[119]

3.4 Gegenstand der Richtlinie 2002/65/EG

Der Regelungsgegenstand der Richtlinie ist bereits ausweislich ihres Titels sowie nach Art. 1 FFARL ausschließlich der Fernabsatz als Absatztechnik für den Vertrieb von Finanzdienstleistungen an Verbraucher. Der Inhalt dieser Dienstleistungen wird dagegen nicht von ihren Regelungen erfasst.[120] Mit der vorliegenden horizontalen Richtlinie sollen vielmehr einheitliche Bedingungen geschaffen werden, unter denen im Fernverkauf Verträge über Finanzdienstleistungen angeboten, ausgehandelt und geschlossen werden.[121]

Darüber hinaus enthält die Richtlinie weitere Regelungen bezüglich der betrügerischen Verwendung einer Zahlungskarte[122], zu unaufgefordert erbrachten Dienstleistungen[123], über den Schutz vor unerwünschten Mitteilungen[124], hinsichtlich der Unabdingbarkeit der Regelungen[125] sowie zu Aspekten der Rechtsdurchsetzung[126].[127] Einige dieser Regelungen bedürfen in Deutschland keiner besonderen Umsetzung mehr, da dies bereits mit der Umsetzung der allgemeinen Fernabsatzrichtlinie erfolgt ist, welche teils gleich lautende Vorschriften enthält.[128]

3.5 Das Verhältnis zu anderen Rechtsvorschriften

Die FFARL soll sich in den geltenden Gemeinschaftsrechtsrahmen einfügen und die bereits bestehenden sektorspezifischen Bestimmungen über Finanzdienstleistungen

119 Vgl. Reuter, Der Fernabsatz und seine rechtliche Ausgestaltung, 190.
120 Vgl. die Begründung der Kommission in KOM(1998)468 endg. vom 14.10.1998, 10.
121 Vgl. die Begründung der Kommission in KOM(1998)468 endg. vom 14.10.1998, 34.
122 Art. 8 FFARL.
123 Art. 9 FFARL.
124 Art. 10 FFARL.
125 Art. 12 FFARL.
126 Art. 13, 14, 15 FFARL.
127 Vgl. hierzu im Einzelnen Härting/Schirmbacher, CR 1999, 809, 815 ff. sowie ausführlich Finke, Der Fernabsatz von Finanzdienstleistungen, 91 ff. und Kriegner, Die Fernabsatz-RL für Finanzdienstleistungen, 222 ff.
128 Im Einzelnen vgl. BT-Drs. 15/2946, 16 f. sowie Felke/Jordans, WM 2004, 166, 170 f.

ergänzen. Soweit in bisherigen gemeinschaftsrechtlichen Bestimmungen spezielle Regelungen für bestimmte Finanzdienstleistungen enthalten sind – insbesondere hinsichtlich der Informationserteilung –, werden diese durch die neue FFARL folglich nicht verdrängt, sondern gelten weiterhin gleichermaßen für alle Arten von Verträgen, ungeachtet ob sie im Fernabsatz geschlossen werden oder nicht.[129]

Ihr Verhältnis zur E-Commerce-Richtlinie[130] stellt die FFARL in ihrem Erwägungsgrund 6 selbst klar. Danach ist die Anwendbarkeit der E-Commerce-Richtlinie auf jene Fälle beschränkt, in denen der Fernabsatz der Finanzdienstleistungen „mittels Geräten für die elektronische Verarbeitung (einschließlich digitaler Kompression) und Speicherung von Daten auf individuellen Abruf eines Empfängers"[131], mithin mittels Tele- oder Mediendiensten[132] erbracht wird. Im Ergebnis bedeutet dies, dass ein Anbieter, der Finanzdienstleistungen auf elektronischem Wege für einen Verbraucher erbringt, gegebenenfalls die Vorschriften aus beiden Richtlinien zu berücksichtigen hat, soweit alle Voraussetzungen vorliegen.[133] Hinsichtlich der Informationspflichten muss er dem Kunden dann sämtliche Informationen beider Richtlinien erteilen.

129 Vgl. Erwägungsgrund 14 der FFARL. Dazu auch Rott, BB 2005, 53; Brandl/Hohensinner, ÖBA 2003, 52, 53 und Reuter, Der Fernabsatz und seine rechtliche Ausgestaltung, 190.

130 Richtlinie 2000/31/EG des Europäischen Parlaments und des Rates vom 08.06.2000 über bestimmte rechtliche Aspekte der Dienste der Informationsgesellschaft, insbesondere des elektronischen Geschäftsverkehrs im Binnenmarkt, ABl. EG Nr. L 178 vom 17.7.2000, 1. In Deutschland wurde die Richtlinie umgesetzt durch die Einfügung des § 312e BGB im Rahmen des Gesetzes zur Modernisierung des Schudrechts vom 26.11.2001 (BGBl. I, 3138) und durch das Gesetz über rechtliche Rahmenbedingungen für den elektronischen Geschäftsverkehr (EGG) vom 14.12.2001 (BGBl. I, 3721). Vgl. zur Umsetzung der Richtlinie 2000/31/EG in das deutsche Recht Hk-VertriebsR/Micklitz, § 312e BGB Rz. 6 ff. m.w.N. sowie Spindler, NJW 2002, 921 ff.

131 Vgl. Erwägungsgrund 17 der RL 2000/31/EG.

132 Vgl. § 312e Abs. 1 Satz 1 BGB. Mit diesen Begriffen wird auf die Legaldefinitionen in § 2 Abs. 1 TDG bzw. § 2 Abs. 1 Satz 1 MDStV verwiesen.

133 Vgl. Brandl/Hohensinner, ÖBA 2003, 52, 53. Ausführlich zur Abgrenzung des allgemeinen Fernabsatzrechts vom E-Commerce-Recht vgl. Micklitz in: Micklitz/Pfeiffer/Tonner/Willingmann, Schuldrechtsreform und Verbraucherschutz, 191, 210 ff. Dazu ebenso Micklitz, EuZW 2001, 133 ff. und Grigoleit, NJW 2002, 1151, 1152 f.

4. Das neue Fernabsatzrecht für Finanzdienstleistungen im BGB

Aufgrund der Ähnlichkeiten der FFARL mit der Mitte 2000 in deutsches Recht umgesetzten allgemeinen Fernabsatzrichtlinie existieren im allgemeinen Zivilrecht bereits sowohl Vorschriften über Informationspflichten des Unternehmers als auch über das Widerrufsrecht des Verbrauchers beim Abschluss von Verträgen im Fernabsatz.

Jedoch war es für die Umsetzung der FFARL nicht ausreichend, lediglich die bisherige Bereichsausnahme für „Finanzgeschäfte"[134] vom Fernabsatzrecht aufzuheben, da die neue Richtlinie eine Reihe ergänzender Anforderungen unter Berücksichtigung der Spezifika von Finanzdienstleistungen aufstellt, die in den bestehenden Rechtsvorschriften noch nicht enthalten sind.[135] Um aber den Zusammenhang und die Geschlossenheit des Regelungsgebiets zu bewahren, hat sich der deutsche Gesetzgeber vor dem Hintergrund der Ähnlichkeiten der Vorschriften dazu entschieden, an die vorhandenen Regelungen des Fernabsatzrechts anzuknüpfen und die besonderen Vorgaben der FFARL in Bezug auf die Informations- und Mitteilungspflichten in die §§ 312b ff. BGB und § 1 BGB-InfoV einzuarbeiten. Die Regelungen zum Widerrufsrecht sowie zu den Widerrufsfolgen wurden in § 312d BGB sowie in die §§ 355 ff. BGB integriert.[136] Aufgrund des Vollharmonisierungscharakters der FFARL sind die einzelnen Bestimmungen dabei eng am Richtlinienwortlaut angelehnt.

Für den Bereich des Versicherungsrechts wurde dagegen im Interesse einer größtmöglichen Transparenz sowie einer besseren Handhabbarkeit mit den §§ 48a ff. VVG eine in sich geschlossene Parallelregelung im Versicherungsvertragsrecht geschaffen, die weitgehend auf Verweisungen auf Vorschriften des BGB verzichtet. Infolgedessen bleiben Versicherungen von den fernabsatzrechtlichen Vorschriften gemäß § 312b Abs. 3 Nr. 3 BGB weiterhin ausgenommen.[137]

134 Vgl. § 312b Abs. 3 Nr. 3 BGB-alt.

135 Vgl. Knöfel, ZGS 2004, 182. Die Möglichkeit, von einem Umsetzungsakt einer Richtlinie abzusehen, besteht für die Mitgliedstaaten nur dann, wenn das in der Richtlinie vorgegebene Ziel bereits durch entsprechende nationale gesetzliche Bestimmungen verwirklicht worden ist oder wenn bereits bestehende Rechtsvorschriften richtlinienkonform ausgelegt werden können. Vgl. zu den Anforderungen an die Mitgliedstaaten hinsichtlich der Umsetzung von Richtlinien Koenig/Haratsch, Europarecht, Rz. 280 ff.

136 Vgl. BT-Drs. 15/2946, 15 f. Positiv zu dieser Vorgehensweise Finke, Der Fernabsatz von Finanzdienstleistungen, 125; Härting/Schirmbacher, CR 2005, 48 sowie vorangehend dies., DB 2003, 1777, 1778 und 1781. Grundsätzlich zustimmend – jedoch mit Einschränkungen – auch Ring in: Burkhardt/Körnert/Walther, FS Lohmann, 321, 341 f.

137 Kritisch zu der Verlagerung der Vorschriften über Versicherungsverträge in das VVG Härting/Schirmbacher, DB 2003, 1777, 1778 sowie Finke, Der Fernabsatz von Finanzdienstleistungen, 176 (Kritik jeweils zum Referentenentwurf des Bundesministerium der Justiz, der

Entsprechend der Überleitungsvorschrift in Art. 229 § 11 EGBGB[138] sind die neuen Fernabsatzvorschriften für Altverträge, die bis zum Ablauf des 07.12.2004 geschlossen wurden, nicht anwendbar. Für diese findet die bis dahin geltende Ausnahme vom Fernabsatzrecht nach § 312b Abs. 3 Nr. 3 BGB-alt weiterhin Anwendung. Die neuen §§ 312b ff. BGB sind somit nur auf jene Fernabsatzverträge über Finanzdienstleistungen anwendbar, die am 08.12.2004 oder später geschlossen wurden.[139]

Nachfolgend werden die für den Fernabsatz von Finanzdienstleistungen geltenden neuen Vorschriften dargestellt, soweit sie das allgemeine Zivilrecht betreffen.[140] Die Darstellung konzentriert sich dabei auf Banken als Anbieter von Finanzdienstleistungen, welche fortan verpflichtet sind, die Vorschriften des Fernabsatzrechts im Rahmen ihrer Geschäftstätigkeit mit Verbrauchern zu beachten.[141]

4.1 Der Anwendungsbereich der gesetzlichen Vorgaben

Maßgeblich für die Beantwortung der Frage, in welchen Fällen die Vorschriften der FFARL Anwendung finden, sind die Begriffsbestimmungen in Art. 2 FFARL, die mit einer Definition der Kernbegriffe Fernabsatzvertrag, Finanzdienstleistungen und Verbraucher einen persönlichen sowie einen sachlichen Anwendungsbereich festlegen. In gleicher Weise ist auch im deutschen Fernabsatzrecht aufbauend auf den bestehenden Regelungen der Anwendungsbereich festgelegt.

4.1.1 Persönlicher Anwendungsbereich

In persönlicher Hinsicht ist auch für die Anwendbarkeit der Fernabsatzvorschriften im Bereich der Finanzdienstleistungen wie bisher gemäß § 312b Abs. 1 Satz 1 BGB ein Vertrag zwischen einem Verbraucher und einem Unternehmer Voraussetzung. Zur näheren Bestimmung des Anwendungsbereichs wird weiterhin auf die einheitli-

noch keine Parallelregelung im VVG vorsah. Zusammenfassend zum Referentenentwurf siehe Erhardt-Rauch, VuR 2003, 341 – 343). Kritisch ebenso Brück von Oertzen, CBL Web-Document 1/2004 sowie Ring in: Burkhardt/Körnert/Walther, FS Lohmann, 321, 342, der von „Sündenfall" einer Desintegration des Versicherungsvertrags im Fernabsatz spricht. Zustimmend zu der eigenständigen Regelung im VVG dagegen Schneider, VersR 2004, 696, 697.

138 Eingefügt durch Art. 2 des Gesetzes zur Änderung der Vorschriften über Fernabsatzverträge bei Finanzdienstleistungen vom 02.12.2004 (BGBl. I, 3102).

139 Vgl. auch BT-Drs. 15/2946, 24. Zur Relevanz der neuen Fernabsatzvorschriften auf Vertragsverhältnisse im Sinne von § 312b Abs. 4 BGB siehe unten Kapitel 5.1.

140 Vgl. ausführlich zum Fernabsatz von Versicherungen im Lichte der FFARL Präve, Versicherungswirtschaft 1999, 1410 ff., 1511 ff. und Micklitz/Ebers, VersR 2002, 641 ff. Zur Umsetzung der FFARL in das VVG siehe Rott, BB 2005, 53, 61 ff.; Schneider, VersR 2004, 696 ff. sowie ausführlich Schneider, Der Vertrieb von Versicherungen über das Internet, Berlin 2004.

141 Zu den Rechtsfolgen bei Nichtbeachtung der Informationspflichten siehe unten Kapitel 4.2.1.3.

chen Begriffsdefinitionen der §§ 13 und 14 BGB zurückgegriffen, die mit der Umsetzung der allgemeinen Fernabsatzrichtlinie in das BGB eingeführt wurden und Gültigkeit für alle verbraucherschützenden Vorschriften des BGB sowie auch darüber hinaus besitzen.[142] Damit werden im Wesentlichen alle Banken und Sparkassen, Versicherungsunternehmen sowie Bausparkassen als Anbieter von Finanzdienstleistungen durch die neuen Fernabsatzvorschriften verpflichtet.

Gemäß § 13 BGB kommen als Verbraucher nur natürliche Personen in Betracht. Sie genießen aber nur dann den Schutz des Fernabsatzrechts, wenn sie das konkrete Rechtsgeschäft zu privaten Zwecken abschließen. Zum geschützten Kundenkreis gehören infolgedessen zweifelsohne die Privatkunden. Dagegen finden die Fernabsatzvorschriften auf juristische Personen bereits per Definition keine Anwendung.[143] Auch Personengesellschaften des Handelsrechts sind vom Verbraucherbegriff daher ausgenommen.[144]

Schwierigkeiten bereitet die Einordnung von Gesellschaften bürgerlichen Rechts. So sah der BGH eine GbR, die selbst als Darlehensnehmerin agierte, als natürliche Person i.S.v. § 1 Abs. 1 VerbrKrG a.F. an. Da die GbR keine juristische Person sei, sei das VerbrKrG ungeachtet der Rechtsfähigkeit der GbR allein aufgrund seines Schutzzwecks auf diese anwendbar.[145] Das Urteil erging zwar zum VerbrKrG a.F., eine Meinung in der Literatur spricht sich jedoch dafür aus, das Ergebnis auf den Verbraucherbegriff des § 13 BGB zu übertragen, weshalb eine rechtsfähige und als solche Vertragspartnerin werdende GbR Verbraucher i.S.d. § 13 BGB sein könne.[146]

Die Gegenmeinung spricht einer nach außen auftretenden GbR jedoch richtigerweise die Verbrauchereigenschaft nicht zu.[147] Für diese Ansicht streitet bereits die

142 Dass § 13 BGB auch als Umsetzung des Verbraucherbegriffs in Art. 2 lit. d) FFARL dient, ergibt sich nicht zuletzt dadurch, dass die Notwendigkeit der Umsetzung dieses Verbraucherbegriffs im Gesetzentwurf BT-Drs. 15/2946 nicht einmal beiläufig erwähnt wird. Klarstellend diesbezüglich lediglich die Stellungnahme des Bundesrates zum Gesetzentwurf, BR-Drs. 84/04 (Beschluss), 9 f. Zum Geltungsbereich der Begriffsdefinitionen der §§ 13, 14 BGB vgl. Palandt/Heinrichs, §§ 13 Rz. 6; 14 Rz. 5 BGB.

143 Vgl. statt vieler Palandt/Heinrichs, § 13 BGB Rz. 2; Hk-VertriebsR/Micklitz, § 312b BGB Rz. 13.

144 Vgl. Kessal-Wulf in: Jickeli/Kreutz/Reuter, GS Sonnenschein, 671, 681 m.w.N.

145 BGHZ 149, 80 ff. = BGH NJW 2002, 368 ff. In der Begründung heißt es dazu, das Verbraucherkreditgesetz wolle alle natürlichen Personen schützen, die mit dem Kredit nach dem Inhalt des Vertrags nicht eine bereits ausgeübte gewerbliche oder selbständige berufliche Tätigkeit fördern wollten. Das gelte auch dann, wenn mehrere natürliche Personen den Kredit gemeinsam aufnehmen. An der Schutzwürdigkeit solcher Kreditnehmer ändere sich nichts, wenn sie auf gesellschaftsvertraglicher Grundlage einen gemeinsamen Zweck verfolgten. Auf die rechtsdogmatisch richtige Einordnung der GbR könne es in diesem Zusammenhang nicht ankommen.

146 Vgl. Artz, JZ 2002, 457 f.; Schütt, MDR 2002, 224 f. sowie ebenso MüKo/Micklitz, § 13 BGB Rz. 15 f.; Hk-VertriebsR/Micklitz, § 312b BGB Rz. 14; Brönneke in: Roßnagel, RMD, Teil 13, § 312b BGB Rz. 47; Palandt/Heinrichs, § 13 BGB Rz. 2; Bamberger/Roth/Schmidt-Räntsch, § 13 BGB Rz. 3. Vgl. weiterhin die Nachweise in der Entscheidung BGH NJW 2002, 368 ff. unter II. 1. a).

147 Vgl. Elßner/Schirmbacher, <http://www.vur-online.de/beitrag/48.html>; Mülbert, WM 2004,

Systematik der §§ 13, 14 BGB: vor dem Hintergrund der nunmehr im Gesetz verankerten Legaldefinitionen unter ausdrücklicher Konkretisierung rechtsfähiger Personengesellschaften in § 14 Abs. 2 BGB, die vom BGH in der genannten Entscheidung jedoch noch nicht anzuwenden waren, kann die Einordnung einer mit Außenwirkung auftretenden GbR unter den Begriff der natürlichen Person keinen Bestand haben. Der Wortlaut des § 13 BGB, der im Gegensatz zu § 14 Abs. 1 BGB eben nur von natürlichen Personen spricht, schließt es aus, Personenvereinigungen unter den Verbraucherbegriff zu subsumieren, soweit ihnen auch nur teilweise Rechtsfähigkeit zukommt.[148] Angesichts des klaren Wortlauts des § 13 BGB sowie der ausdrücklich umfassenderen Formulierung in § 14 BGB verbietet sich auch eine analoge Anwendung der Fernabsatzvorschriften auf die rechtsfähige GbR, da keine planwidrige Regelungslücke vorliegt.[149] Mag eine dennoch abweichende erweiterte Auslegung des Verbraucherbegriffs des § 13 BGB von den bisherigen Verbraucherschutzrichtlinien mit entsprechenden Regelungsoptionen noch gedeckt gewesen sein,[150] so erscheint die Beibehaltung eines derart weiten Verbraucherbegriffs nunmehr auch gemeinschaftsrechtlich äußerst bedenklich. Das Gemeinschaftsrecht sieht als Verbraucher ausschließlich „rein natürliche", d.h. biologische Personen an.[151] Aufgrund des Vollharmonisierungscharakters der FFARL ist eine Erweiterung des Verbraucherbegriffs des § 13 BGB, der wie dargelegt auch der Umsetzung der Verbraucherdefinition in Art. 2 lit. d) FFARL dient, über das gemeinschaftsrechtliche Verbraucherverständnis hinaus nun nicht mehr zulässig.[152] Eine autonome Er-

905 ff.; Kessal-Wulf in: Jickeli/Kreutz/Reuter, GS Sonnenschein, 671, 675 ff.; Dauner-Lieb/Dötsch, DB 2003, 1666; Fehrenbacher/Herr, BB 2002, 1006 ff. und Krebs, DB 2002, 517 ff. Die Frage, ob sich die Gesellschafter einer GbR auf verbraucherrechtliche Bestimmungen berufen können, stellt sich dabei nur bei der Außengesellschaft. Im Fall der reinen Innengesellschaften (z.B. Fahrgemeinschaft, Lotto-Spielrunde) stellt sich die Frage der Verbrauchereigenschaft der GbR selbst nicht, da die Verträge entweder mit allen Gesellschaftern unmittelbar oder nur mit einzelnen Gesellschaftern zustanden kommen. Die gesellschaftliche Verbundenheit tritt dabei nicht nach außen hervor, weshalb dem Unternehmer von vorn herein eine natürliche Person gegenübersteht, auf die sodann abzustellen ist. Vgl. Kessal-Wulf in: Jickeli/Kreutz/Reuter, GS Sonnenschein, 671, 677 f. und Elßner/Schirmbacher, <http://www.vur-online.de/beitrag/48.html>, D.III.

148 Vgl. Elßner/Schirmbacher, <http://www.vur-online.de/beitrag/48.html>, D.II.; Mülbert, WM 2004, 905, 910 f.; Kessal-Wulf in: Jickeli/Kreutz/Reuter, GS Sonnenschein, 671, 680 f.; Dauner-Lieb/Dötsch, DB 2003, 1666; Fehrenbacher/Herr, BB 2002, 1006, 1008 ff. und Krebs, DB 2002, 517 f.

149 Vgl. Elßner/Schirmbacher, <http://www.vur-online.de/beitrag/48.html>, D.III.; Kessal-Wulf in: Jickeli/Kreutz/Reuter, GS Sonnenschein, 671, 682; Krebs, DB 2002, 518 f. und Mülbert, WM 2004, 905, 911 f.

150 Vgl. dazu Mülbert, WM 2004, 905, 909; Bülow/Artz, NJW 2000, 2049, 2050 sowie Fehrenbacher/Herr, BB 2002, 1006, 1010.

151 Vgl. Mülbert, WM 2004, 905, 906 ff. mit Verweisen auf einzelne Verbraucherschutzrichtlinien.

152 Vgl. dazu Mülbert, WM 2004, 905, 909 ff. Gleiches gilt auch für die derzeitige Einbeziehung der unselbständigen beruflichen Tätigkeit in den Verbraucherbegriff des § 13 BGB. Vgl. dazu explizit Bamberger/Roth/Schmidt-Räntsch, § 13 BGB Rz. 2. Diese Problematik eines gegen-

weiterung des Verbraucherbegriffs im Bereich der Finanzdienstleistungen würde der Zielsetzung des europäischen Gesetzgebers, mit der Vollharmonisierung die Binnenmarktintegration voranzutreiben, zuwiderlaufen.

Ferner sind ebenso Gewerbetreibende (z.B. Handwerker) und Freiberufler (z.B. Ärzte und Rechtsanwälte) vom Schutzbereich ausgeschlossen, soweit sie den Vertrag in Ausübung ihres Gewerbes bzw. ihrer selbständigen beruflichen Tätigkeit schließen.[153] Dieses Kundensegment wird bei Banken üblicherweise als Geschäftskunden bezeichnet.

Eine solche Typisierung, die allein auf die Privatheit des Handelns bzw. den Zweck des Vertrags und nicht auf die konkrete Schutzwürdigkeit der Beteiligten abstellt, ist freilich nicht ohne Zweifel.[154] Sie führt jedoch durch die damit einhergehende Klarheit zu einer größeren gebotenen Rechtssicherheit, der die Definitionsnormen der §§ 13, 14 BGB vorrangig dienen. Die Abgrenzung erscheint aber auch unter sachlichen Gesichtspunkten gerechtfertigt. Denn von demjenigen, der geschäftsmäßig handelt, kann grundsätzlich eine höhere Geschäftskompetenz und Aufmerksamkeit erwartet werden als dies in privaten Situationen typischerweise der Fall ist. Nur wer in seiner Rolle als Privatmann am Markt auftritt, bedarf eines besonderen Schutzes.[155]

über dem europäischen Sekundärrecht erweiterten Verbraucherbegriffs geben bereits Bülow/Artz, NJW 2000, 2049, 2051 zu Bedenken.

153 Handeln diese Personen jedoch zu privaten Zwecken – eröffnen sie beispielsweise ein Girokonto für ihren privaten Zahlungsverkehr –, so genießen sie für diese Rechtsgeschäfte den Schutz des Fernabsatzrechts. Vgl. dazu auch Brönneke in: Roßnagel, RMD, Teil 13, § 312b BGB Rz. 48 ff.

154 Diese Zweifel werden insbesondere im Bereich der Finanzdienstleistungen deutlich: so fällt ein Handwerker, der den Vertrag in Ausübung seines Gewerbes abschließt, nicht unter den Schutzbereich des Fernabsatzrechts, obwohl dieser unter Umständen im Finanzbereich nicht über mehr Kenntnisse verfügt als ein „normaler Verbraucher“. Anders herum kommen aber auch „Nicht-Bedürftige“ wie beispielsweise Anlageberater oder Bankkaufleute in den Genuss der Schutzrechte, wenn sie privat handeln. Dies ist jedoch im Finanzdienstleistungsbereich unproblematisch, da dort im Vergleich zum Fernabsatz von Waren üblicherweise nicht die Gefahr besteht, dass ein rechtsunkundiger Kleinunternehmer einem „übermächtigen“ Verbraucher gegenübersteht. Die in dieser Branche tätigen Unternehmen dürften diese kritische Größe in der Regel überschreiten. Vgl. auch Riesenhuber, WM 1999, 1441, 1451. Kritisch zu dem aufgrund der Typisierung entstehenden Schutzüber- bzw. Untermaß Lorenz, Der Schutz vor dem unerwünschten Vertrag, 166 ff.

155 Zur Rechtfertigung eines besonderen Schutzes des privat Handelnden siehe Neuner, Privatrecht und Sozialstaat, 275 f. sowie Elßner/Schirmbacher, <http://www.vur-online.de/beitrag/48.html>, D.III.2.b. Abzulehnen ist daher die Differenzierung von Hk-VertriebsR/Micklitz, § 312b BGB Rz. 15, der auch Personen, die in Ausübung ihres Gewerbes a-typische oder branchenfremde Nebengeschäfte abschließen (sog. „non-professionnels“), als Verbraucher in § 13 BGB einbezieht. Fraglich ist dabei bereits, wie diese Unterscheidung praktisch durchgeführt werden soll. Zweifelhaft auch die Auffassung von Kriegner, Die Fernabsatz-RL für Finanzdienstleistungen, 106 ff., der die Anwendung der FFARL für jeden Einzelfall von der konkreten Schutzwürdigkeit abhängig macht, weshalb durchaus auch ein Unternehmer den Schutz der FFARL erhalten könne.

Gerade bei Verträgen mit natürlichen Personen, die ohne individuelle Kommunikation geschlossen werden, können sich Banken jedoch nur eingeschränkt vorab Klarheit über deren Status verschaffen, da dies nicht wie bei Unternehmen aus ihrem Namen hervorgeht.[156] Eine erste Kanalisierung wird von Banken im Internet durch das Bereithalten von separaten Privat- und Geschäfts- bzw. Firmenkundenbereichen versucht.[157] Es wird erwartet, dass Unternehmer über die entsprechenden Angebotsseiten für dieses Kundensegment in Kontakt mit der Bank treten. Zur weiteren Trennung sollten Neukunden bei Erstkontakt überdies stets danach gefragt werden – z.B. durch entsprechende Auswahlfelder auf der Internetseite – ob sie als Verbraucher handeln, um sie dann gegebenenfalls in den richtigen Bereich weiterzuleiten.

In Zweifelsfällen wird der Bank aber dennoch zu empfehlen sein, den jeweiligen Kunden als Verbraucher zu behandeln und trotz des erhöhten Aufwands den Fernabsatzvorschriften sicherheitshalber gerecht zu werden.[158]

Problematisch sind in diesem Zusammenhang des Weiteren die Fälle der Mischnutzung. So besteht immer die Möglichkeit, dass Kunden, die als Geschäftskunden eingeordnet sind, ihr Konto von der Bank unbemerkt für private Zwecke nutzen.[159] Um eine solche Mischnutzung zu vermeiden, ist geplant, in einer Zusatzvereinbarung mit den Kunden festzulegen, dass die Nutzung der jeweiligen Kontoverbindung ausschließlich für Zwecke des Unternehmens zulässig ist.[160]

156 Zwar ist zur Abgrenzung, ob das Geschäft einem gewerblichen oder selbständigen beruflichen Zweck zuzuordnen ist, nicht auf den inneren Willen des Handelnden abzustellen, sondern der normative Empfängerhorizont zugrunde zu legen, da es sonst der Kunde in der Hand hätte, ob er unter den Schutz des Fernabsatzrechts fallen möchte oder nicht (vgl. Hk-VertriebsR/Micklitz, § 312b BGB Rz. 17; Nordhausen in: Reich/Nordhausen, Verbraucher und Recht im eG, Rz. 47 sowie Brönneke in: Roßnagel, RMD, Teil 13, § 312b BGB Rz. 48). Doch wird sich die Bank ohne entsprechende Anhaltspunkte nicht darauf berufen können, dass die Voraussetzungen für die Anwendung der Fernabsatzvorschriften nicht vorlagen (so auch Bodewig, DZWir 1997, 447, 449).

157 Die nachfolgenden Ausführungen basieren neben den zitierten Quellen auf telefonisch geführten Gesprächen mit einer Bank.

158 Im Ergebnis ebenso Brönneke in: Roßnagel, RMD, Teil 13, § 312b BGB Rz. 54.

159 Sog. dual-use Fälle, bei denen sowohl eine private als auch unternehmerische Nutzung vorliegt. Zur Abgrenzung wird dabei zumeist danach unterschieden, welche Benutzung überwiegt. Vgl. dazu Palandt/Heinrichs, § 13 BGB Rz. 4 m.w.N.

160 Jedoch wird sich der Kunde, der das Konto nach Vertragsschluss ohne Wissen der Bank statt zu unternehmerischen zu privaten Zwecken umwidmet, nicht mehr auf den Schutz des Fernabsatzrechts berufen können. So kann von der Bank z.B. nicht verlangt werden, dass sie den Verwendungszweck jeder Überweisung prüft, um sich Gewissheit über die Art der Nutzung des Girokontos zu verschaffen. Vgl. dazu auch Bodewig, DZWir 1997, 447, 449.

4.1.2 Sachlicher Anwendungsbereich

In sachlicher Hinsicht kommen die Schutzvorschriften nur dann zur Anwendung, wenn zwischen dem Verbraucher und dem Unternehmer ein Fernabsatzvertrag geschlossen wird, der eine Finanzdienstleistung zum Gegenstand hat.

4.1.2.1 Finanzdienstleistungen

Aufgrund der Vorgaben der FFARL ergab sich für den deutschen Gesetzgeber die missliche Lage, dass neben der bankenaufsichtsrechtlichen Definition in § 1 Abs. 1a KWG eine weitere, davon abweichende Definition des Begriffs „Finanzdienstleistungen“ für das BGB geschaffen werden musste.[161]

Entsprechend dem Wortlaut der FFARL definiert nun § 312b Abs. 1 Satz 2 BGB Finanzdienstleistungen als „Bankdienstleistungen sowie Dienstleistungen im Zusammenhang mit einer Kreditgewährung, Versicherung[162], Altersvorsorge von Einzelpersonen, Geldanlage oder Zahlung“.[163] Diese denkbar weite Formulierung umfasst mithin jede von Banken gegenüber Verbrauchern angebotene Dienstleistung, die die Verwaltung und den Einsatz finanzieller Mittel zum Gegenstand hat.[164]

Entsprechend der weiten Formulierung dürften somit sämtliche in § 1 Abs. 1 und 1a KWG genannten Bankgeschäfte bzw. Finanzdienstleistungen erfasst sein.[165] Zu

161 Nach dem KWG sind „Bankgeschäfte“ (§ 1 Abs. 1 KWG) keine „Finanzdienstleistungen“ (§ 1 Abs. 1a KWG). Die aufsichtsrechtliche Definition von „Finanzdienstleistungen“ ist also wesentlich enger. Vgl. dazu BT-Drs. 15/2946, 18 und Nocke, FLF 2005, 73, 74.

162 Entsprechend den Vorgaben der FFARL sind auch Versicherungen von der Definition erfasst. Sie werden jedoch wie erwähnt durch § 312b Abs. 3 Nr. 3 BGB wieder aus der Anwendung des Fernabsatzrechts ausgenommen, da diese geschlossen im VVG geregelt werden. Vg. BT-Drs. 15/2946, 18. Kritisch zur Einbeziehung der Versicherungen in die Definition der Finanzdienstleistungen nach § 312b Abs. 1 Satz 2 BGB Härting/Schirmbacher, DB 2003, 1777, 1778 (zum RefE). Zustimmend zur Einbeziehung dagegen Knöfel, ZGS 2004, 182, 183.

163 Kritisch zu dieser Definition Dörrie, ZBB 2005, 121, 122 f. sowie Härting/Schirmbacher, DB 2003, 1777, 1778, die diese für zu ungenau halten und stattdessen einen allgemeinen Tatbestand fordern. Bereits der Kommission bereitete die Definition der Finanzdienstleistungen, die von der FFARL erfasst sein sollen, Schwierigkeiten. Es sollten dabei Widersprüche mit mehreren bereits existierenden vertikalen Richtlinien, die einzelne Finanzdienstleistungen speziell regeln, vermieden werden. Im ersten Richtlinienvorschlag der Kommission war folglich noch eine Definition mit Verweisen auf jene Richtlinien enthalten. Vgl. dazu KOM(1998)468 endg. vom 14.10.1998, 8 und Riesenhuber, WM 1999, 1441, 1443.

164 Vgl. dazu Reuter, Der Fernabsatz und seine rechtliche Ausgestaltung, 194. Ähnlich bereits die Einschätzungen bei Gruber in: Graf/Gruber, Rechtsfragen des Internetbanking, 118, 125; Hadding, ÖBA 2001, 105, 108 sowie Will in: Gorning, Rechtliche Aspekte der Vermögensverwaltung, 155, 188.

165 Ebenso MüKo/Wendehorst, § 312b BGB Rz. 72 f.; Dörrie, ZBB 2005, 121, 123; von Livonius, BKR 2005, 12, 17; Koch/Maurer, WM 2002, 2443, 2481, 2490; Finke, Der Fernabsatz von Finanzdienstleistungen, 30 sowie die Einschätzung des Zentralen Kreditausschuss (Hrsg.), Stellungnahme zum Gesetzentwurf, 4. Vertiefend zu den einzelnen von § 1 Abs. 1 KWG umfass-

den erfassten Formen der Bankdienstleistungen und Dienstleistungen der Geldanlage gehören folglich das Girogeschäft[166] sowie jede Form des Einlagengeschäfts, wozu etwa Sparverträge und Festgeldverträge zählen[167]. Ebenfalls als typische Bankdienstleistungen zu verstehen sind Wertpapierdienstleistungen, Dienstleistungen im Zusammenhang mit Termin-, Options- oder Swapgeschäften[168] sowie die Verwaltung und Verwahrung von Wertpapieren[169]. Von der Kreditgewährung erfasst ist die Gewährung jeglicher Darlehen, insbesondere Verbraucherdarlehensverträge.[170] Obwohl Bürgschaften ebenso Finanzdienstleistungen im Sinne der FFARL darstellen,[171] fallen vom Verbraucher vorgenommene Sicherungsgeschäfte wie etwa die Übernahme einer Bürgschaft zugunsten der Bank nicht in den Anwendungsbereich der §§ 312b ff. BGB, da hier die Bank keine Dienstleistung gegenüber dem Verbraucher erbringt.[172] Zu den Dienstleistungen, die im Zusammenhang mit einer Zahlung stehen, können die Ausgabe und Verwaltung von Zahlungsmitteln wie etwa Reiseschecks oder Kreditkarten gezählt werden.[173]

In gleicher Weise stellt auch die zwischen der Bank und dem Kunden geschlossene Online-Banking Vereinbarung zur Teilnahme am Online-Verfahren einen Vertrag über eine im Zusammenhang mit einer Finanzdienstleistung stehende Dienstleistung dar, auf die das Fernabsatzrecht Anwendung findet.[174]

ten Bankgeschäften siehe Boos/Fischer/Schulte-Mattler/Fülbier, § 1 KWG Rz. 32 ff. Als weiteres Auslegungshilfsmittel für den Begriff der Finanzdienstleistungen kann ferner die nicht erschöpfende Liste dienen, die der erste Kommissionsentwurf (KOM(1998)468 endg. vom 14.10.1998) noch im Anhang enthielt.

166 § 1 Abs. 1 Nr. 9 KWG. Dazu ausführlich Boos/Fischer/Schulte-Mattler/Fülbier, § 1 KWG Rz. 91 ff.

167 Ausführlich zu den verschiedenen Einlagearten im Rahmen des Einlagengeschäfts nach § 1 Abs. 1 Nr. 1 KWG siehe Schwintowski in: Schwintowski/Schäfer, Bankrecht, § 4 Rz. 13 ff.

168 Eine nähere Konkretisierung dieser Dienstleistungsformen kann darüber hinaus den Aufzählungen in Art. 6 Abs. 2 lit. a) FFARL bzw. in § 312d Abs. 4 Nr. 6 BGB entnommen werden.

169 Das sog. Depotgeschäft gemäß § 1 Abs. 1 Nr. 5 KWG. Ausführlich dazu vgl. Schäfer in: Schwintowski/Schäfer, Bankrecht, § 17 Rz. 1 ff.

170 So ausdrücklich BT-Drs. 15/2946, 18 f. Ausführlich zum Verbraucherdarlehensvertrag als Finanzdienstleistung siehe Dörrie, ZBB 2005, 121, 123 f. Vgl. dazu auch unten Kapitel 5.6.3.

171 Vgl. die beispielhafte Aufzählung im Anhang zu KOM(1998)468 endg. vom 14.10.1998, 32.

172 Vgl. BT-Drs. 15/2946, 38; Palandt/Heinrichs, § 312b BGB Rz. 10; MüKo/Wendehorst, § 312b BGB Rz. 36 sowie Dörrie, ZBB 2005, 121, 123.

173 Vgl. eingehend zu rechtlichen Aspekten des Reiseschecks sowie dem Kreditkartengeschäft Schwintowski in: Schwintowski/Schäfer, Bankrecht, § 11 Rz. 3 ff. bzw. § 13 Rz. 13 ff.

174 Hierzu ist zwar üblicherweise ein Girokonto oder ein Wertpapierdepot als Grundvertrag Voraussetzung, jedoch ergibt sich z.B. aus dem Girovertrag keine Pflicht der Bank, einen Online-Zugang zur Verfügung zu stellen. Vielmehr stellt die Online-Banking Vereinbarung eine selbständige Nebenabrede zu dem bestehenden Girovertrag dar, die den Fernabsatzvorschriften unterliegt. Rechtliche Grundlage dieser Vereinbarung sind die bereits erwähnten „Bedingungen für die konto- und depotbezogene Nutzung des Online-Banking mit PIN und TAN". Vgl. dazu Wiesgickl, WM 2000, 1039, 1042 f. und Schwintowski in: Schwintowski/Schäfer, Bankrecht, § 12 Rz. 50 f.

Fraglich bleibt zunächst jedoch in welchem Umfang Vermittlungstätigkeiten Finanzdienstleistungen darstellen, mithin inwieweit diese unter Dienstleistungen erfasst sind, die lediglich in „Zusammenhang“ mit einer der genannten Finanzdienstleistungen stehen. Da es hier an einer entsprechenden Klarstellung im Gesetz fehlt, muss dieser Fall richtlinienkonform ausgelegt werden.[175]

Unter Zuhilfenahme von Erwägungsgrund 19 FFARL ergibt sich konkretisierend, dass die Richtlinienvorschriften gleichermaßen Anwendung finden sollen, wenn Vermittler beim Abschluss des Fernabsatzvertrags eingeschaltet sind, wobei Art und Umfang der Mitwirkungshandlung des Vermittlers entscheidend für die Anwendbarkeit der Bestimmungen auf diese selbst sind. Wird also etwa eine Geldanlage unter maßgeblicher Mitwirkung eines Anlageberaters abgeschlossen, der bis zum Vertragsschluss der Hauptansprechpartner des Kunden war, so stellt auch diese Vermittlungstätigkeit eine Finanzdienstleistung dar.[176] Soweit die Kommunikation zwischen Vermittler und Kunde ausschließlich über Fernkommunikationsmittel erfolgte, ist der Anlagevermittler somit ebenfalls vom Anwendungsbereich der Fernabsatzvorschriften erfasst und zur Auskunftserteilung gegenüber dem Verbraucher verpflichtet.[177]

4.1.2.2 Fernabsatzvertrag

Der Begriff des Fernabsatzvertrags war bereits in der bisherigen Fassung des § 312b Abs. 1 BGB legaldefiniert. Hierunter ist ein Vertrag zwischen einem Unternehmer und einem Verbraucher zu verstehen, dessen Anbahnung[178] sowie Ab-

175 Vgl. zur richtlinienkonformen Auslegung von Vorschriften mit europarechtlichem Hintergrund EuGH, Slg. 1984, I-1891, 1909 (von Colson/Karmann) = NJW 1984, 2021, 2022; EuGH, Slg. 1990, I-4135, 4159 (Marleasing); EuGH, Slg. 1993, I-6911 (Wagner Miret) = NJW 1994, 921, 922; EuGH, Slg. 1994, I-3325 (Faccini Dori); = NJW 1994, 2473, 2474 sowie BGH NJW 2002, 1881, 1882. Dazu ebenso MüKo/Wendehorst, Vor § 312b BGB Rz. 7 ff.; Palandt/Heinrichs, Einl. Allg. Teil BGB Rz. 53 und Brönneke in: Roßnagel, RMD, Teil 13, Vor §§ 312b ff. BGB Rz. 30 ff. Ausführlich dazu siehe Brechmann, Die richtlinienkonforme Auslegung, München 1994.

176 Vgl. dazu Kohte in: Derleder/Knops/Bamberger, Handbuch Bankrecht, § 7 Rz. 20 sowie Finke, Der Fernabsatz von Finanzdienstleistungen, 31. Für den Versicherungsbereich ebenso Schneider, VersR 2004, 696, 699. Vgl. auch die in § 1 Abs. 1a Satz 2 KWG genannten Dienstleistungen.

177 Dies stellte der erste Richtlinienentwurf noch eindeutig heraus, der Vermittler in Art. 2 lit. c) noch als Anbieter einer Finanzdienstleistung definierte; vgl. ABl. EG Nr. C 385 vom 11.12. 1998, 13. Vgl. dazu auch Riesenhuber, WM 1999, 1441, 1443.

178 Trotz nicht ausdrücklicher Erwähnung im Gesetzestext ist auch die Phase der Vertragsanbahnung in die Beurteilung mit einzubeziehen. So die herrschende Lehre: vgl. Palandt/Heinrichs, § 312b BGB Rz. 8; MüKo/Wendehorst, § 312b BGB Rz. 46; Brönneke in: Roßnagel, RMD, Teil 13, § 312b BGB Rz. 40; Bamberger/Roth/Schmidt-Räntsch, § 312b BGB Rz. 21 und Hk-VertriebsR/Micklitz, § 312b BGB Rz. 34, der diesbezüglich von einem „vertragsrechtlichen Kontinuum“ spricht. Ferner ebenso Reich, EuZW 1997, 581, 582; Fuchs, ZIP 2000, 1273,

schluss nach dem Distanzprinzip, d.h. unter ausschließlicher Verwendung von Fernkommunikationsmitteln erfolgt, und der im Rahmen eines Fernvertriebssystems geschlossen wird. Durch den Einschub „einschließlich Finanzdienstleistungen" in § 312b Abs. 1 BGB wird klargestellt, dass das Fernabsatzrecht in Zukunft auch auf Finanzdienstleistungen anwendbar ist.[179]

4.1.2.2.1 Vertragsschluss unter ausschließlicher Verwendung von Fernkommunikationsmitteln

Damit die Fernabsatzvorschriften greifen, muss der Vertrag unter ausschließlicher Nutzung von Fernkommunikationsmitteln wie beispielsweise Briefe, Telefon oder Telefax als klassische Fernkommunikationsmittel oder mit Hilfe moderner Kommunikationstechniken wie E-Mails oder dem Internet zustande kommen.[180] Voraussetzung für einen Fernabsatzvertrag ist folglich, dass sich die Vertragsparteien entsprechend dem Distanzprinzip während der Vertragsanbahnung bis einschließlich zum Vertragsabschluss selbst zu keinem Zeitpunkt persönlich gegenüberstehen.[181] Dabei ist es unerheblich, ob die Parteien unterschiedliche oder eine Kombination verschiedener Fernkommunikationsmittel verwenden.[182] Somit ist auch die derzeit typische Form einer Girokontoeröffnung via Internet erfasst, bei der sich der Kunde die von der Bank im Internet bereit gehaltenen Vertragsunterlagen herunter lädt, auf Papier ausdruckt und anschließend ausgefüllt und unterschrieben per Post an die Bank

1275; Meents, CR 2000, 610 f. und Bülow/Artz, NJW 2000, 2049, 2054. Vgl. nun ebenso die Definition des Fernabsatzvertrags in Art. 2 lit. a) FFARL: „[…] für den Vertrag bis zu und einschließlich dessen Abschlusses […]".

179 Vgl. BT-Drs. 15/2946, 18.

180 Vgl. die Legaldefinition von „Fernkommunikationsmittel" in § 312b Abs. 2 BGB. Die Definition wurde dabei bewusst offen formuliert, um heute noch unbekannte Kommunikationsmittel ebenfalls zu erfassen; vgl. die Begründung der Kommission in KOM(1998)468 endg. vom 14.10.1998, 12. Zur weiteren Bestimmung kann ferner auf die Aufzählung in Anhang I der allgemeinen Fernabsatzrichtlinie zurückgegriffen werden. Vgl. dazu überdies die Einteilung bei Hk-VertriebsR/Micklitz, § 312b BGB Rz. 36 sowie die beispielhafte Aufzählung bei MüKo/Wendehorst, § 312b BGB Rz. 39 f. und Fuchs, ZIP 2000, 1273, 1274 f.

181 Aus Erwägungsgrund 15 FFARL ergibt sich diesbezüglich verdeutlichend, dass jede Phase des Vertragsschlusses ausgehend vom Angebot über die Verhandlung bis hin zum Abschluss selbst an getrennten Orten mittels Fernkommunikation erfolgen muss. Vgl. zur FFARL auch Gruber in: Graf/Gruber, Rechtsfragen des Internetbanking, 118, 122; Kriegner, Die Fernabsatz-RL für Finanzdienstleistungen, 21 und 71 f. und Will in: Gorning, Rechtliche Aspekte der Vermögensverwaltung, 188 f. Ebenso zu § 312b Abs. 2 BGB Hk-VertriebsR/Micklitz, § 312b BGB Rz. 43.

182 So auch die Begründung der Kommission in KOM(1998)468 endg. vom 14.10.1998, 11 f. Vgl. ebenfalls Brönneke in: Roßnagel, RMD, Teil 13, § 312b BGB Rz. 60; Palandt/Heinrichs, § 312b BGB Rz. 8. und Hoppmann, VersR 1999, 673, 675. Ausführlich zur Auslegung des Begriffs der „Verwendung" eines Fernkommunikationsmittels siehe Hk-VertriebsR/Micklitz, § 312b BGB Rz. 38.

sendet.[183] Ausgenommen vom Anwendungsbereich ist hingegen stets der Vertragsschluss unter gleichzeitiger Anwesenheit beider Parteien, also im persönlichen Gespräch mit dem Kunden.[184]

Wenn die zum Vertragsschluss führenden Willenserklärungen unter Verwendung von Fernkommunikationsmitteln abgegeben wurden, dürfte es nach dem Schutzzweck der Vorschriften jedoch unschädlich sein, wenn die Vertragsparteien im Vorfeld des Vertragsschlusses zwar persönlich zusammentreffen, der Verbraucher bei diesem Kontakt jedoch keine Möglichkeit hatte, sich über die für den Vertragsschluss wesentlichen Umstände in einem persönlichen Gespräch zu informieren. Sein Informations- und Schutzbedürfnis ist dadurch nicht entfallen und besteht folglich unvermindert fort.[185] Dies wäre beispielsweise der Fall, wenn ein Kunde in seiner Bankfiliale eine Informationsbroschüre über das Online-Banking Angebot der Bank aus der Auslage mitnimmt und daraufhin den entsprechenden Online-Banking-Vertrag über das Internet abschließt.[186] Informiert sich der Kunde hingegen zuvor ausführlich im Internet über das Angebot der Bank, schließt den entsprechenden Vertrag dann aber in einer Filiale ab, kann er sich infolgedessen nicht auf den Schutz des Fernabsatzrechts, insbesondere auf das Widerrufsrecht berufen.[187]

In diesem Kontext stellt sich auch die Frage, ob in der Einschaltung von Stellvertretern, Vermittlern oder Boten zum Vertragsschluss eine ausschließliche Verwendung von Fernkommunikationsmitteln gesehen werden kann. Sofern diese nicht ihrerseits ausschließlich Fernkommunikationsmittel verwenden, steht dem Verbraucher in diesem Fall im Unterschied zum Einsatz der oben genannten Fernkommunikationsmittel jedoch eine auf der Seite des Unternehmers handelnde Person gegenüber, was grundsätzlich nicht vom spezifischen Schutzzweck des Fernabsatzrechts

183 Die sich aus § 154 AO ergebende Pflicht der Bank zur Legitimationsprüfung erfolgt hierbei i.d.R. im Wege des Postident-Verfahrens der Deutschen Post AG. Vertiefend dazu Rottenburg, WM 1997, 2381, 2383 f. Zum Postident-Verfahren als Fernkommunikationsmittel siehe sogleich unten sowie BGH NJW 2004, 3699, 3700.

184 Kritisch zur unbeschränkten Einbeziehung aller Fernkommunikationsmittel in den Anwendungsbereich Schirnding, FLF 1998, 11, 14, der zusätzlich einen Ausschluss zumindest für den Briefverkehr sowie für die Kommunikation via Telefon fordert. Ähnliche Kritik auch von Schoppmann, Kreditwesen 1998, 512, 513, der eine Ausnahme für Briefe oder Telefaxe für sinnvoll erachtet.

185 Vgl. dazu MüKo/Wendehorst, § 312b BGB Rz. 47; Dörrie, ZBB 2005, 121, 125; Reuter, Der Fernabsatz und seine rechtliche Ausgestaltung, 192 f.; Wendehorst, DStR 2000, 1311, 1314. Im Ergebnis ebenso Hk-VertriebsR/Micklitz, § 312b BGB Rz. 44 ff.; Palandt/Heinrichs, § 312b BGB Rz. 8 und Gößmann, MMR 1998, 88, 89. Dahingehend auch Bülow/Artz, NJW 2000, 2049, 2054. Noch weiter gehend Brönneke in: Roßnagel, RMD, Teil 13, § 312b BGB Rz. 62, wonach allein auf den Vertragsschluss abzustellen sei. A.A. dagegen Grigoleit, NJW 2002, 1151, 1152, wonach jeder persönliche Kontakt während der Vertragsanbahnung die Anwendbarkeit der §§ 312b ff. BGB ausschließe.

186 Ähnlich Reuter, Der Fernabsatz und seine rechtliche Ausgestaltung, 193.

187 Vgl. zu weiteren ähnlichen Konstellationen, bei denen die §§ 312b ff. BGB nicht anwendbar sind Brönneke in: Roßnagel, RMD, Teil 13, § 312b BGB Rz. 63 ff.

erfasst ist.[188] Allerdings fehlt es nur dann an einem Schutzbedürfnis des Verbrauchers, das zum Ausschluss des Fernabsatzrechts führt, wenn der von Seiten der Bank eingesetzte Repräsentant – insbesondere ein Bote – über entsprechende Hintergrundkenntnisse verfügt und er dem Verbraucher bei gleichzeitiger körperlicher Anwesenheit die geforderten Informationen erteilen kann und darf.[189] Somit stellt auch das weit verbreitete Postident-Verfahren den Einsatz eines Fernkommunikationsmittels dar.[190] Bei persönlichen Kontakten mit Personen, die nicht darauf beschränkt sind, Willenserklärungen zu überbringen oder entgegenzunehmen, sondern in der Lage und damit beauftragt sind, dem Verbraucher in einem persönlichen Gespräch nähere Auskünfte über die angebotene Dienstleistung zu geben, muss jedoch auch die vorstehend genannte Einschränkung gelten.

4.1 2.2.2 Vertragsschluss innerhalb eines für den Fernabsatz organisierten Vertriebs- oder Dienstleistungssystems

Um unter den Anwendungsbereich der Regelungen zu fallen, muss der Vertrag zudem innerhalb eines „für den Fernabsatz organisierten Vertriebs- oder Dienstleistungssystems“[191] geschlossen werden. Durch diese weitere zentrale Voraussetzung soll erreicht werden, dass Verträge, die unter nur zufälliger und gelegentlicher Verwendung von Fernkommunikationstechniken abgeschlossen werden, nicht von den Schutzvorschriften erfasst sind.[192]

Was hierunter aber genau zu verstehen ist und wo die Grenzen liegen, wird jedoch weder im deutschen Fernabsatzrecht noch in der FFARL weiter definiert, was bereits bei der wichtigen Bestimmung des Anwendungsbereichs zu Unschärfen führt.[193] Diese Abgrenzung ist zwar ökonomisch gesehen begrüßenswert, um eben

188 Vgl. insoweit MüKo/Wendehorst, § 312b BGB Rz. 42.

189 Vgl. BGH NJW 2004, 3699, 3700. Ebenso Dörrie, ZBB 2005, 121, 125 und MüKo/Wendehorst, § 312b BGB Rz. 41 f., 47. A.A. Palandt/Heinrichs, § 312b BGB Rz. 8, wonach das Fernabsatzrecht auf unter Einschaltung eines Vertreters oder Boten abgeschlossene Verträge grundsätzlich keine Anwendung finde. Dahingehend auch Nocke, FLF 2005, 73, 74 f.

190 Vgl. BGH NJW 2004, 3699, 3700 sowie bereits Brönneke in: Roßnagel, RMD, Teil 13, § 312b BGB Rz. 65.

191 § 312b Abs. 1 Satz 1 Hs. 2 BGB.

192 Vgl. Erwägungsgrund 18 FFARL und die Begründung der Kommission in KOM(1998)468 endg. vom 14.10.1998, 11. Des Weiteren zur FFARL Hoppmann, VersR 1999, 673, 675; Finke, Der Fernabsatz von Finanzdienstleistungen, 34 ff.; Reuter, Der Fernabsatz und seine rechtliche Ausgestaltung, 193; Kriegner, Die Fernabsatz-RL für Finanzdienstleistungen, 79 ff. Zur allgemeinen Fernabsatzrichtlinie bereits Reich, EuZW 1997, 581, 583; Meents, Verbraucherschutz im Internet, 184 sowie zu deren Umsetzung BT-Drs. 14/2658, 30. Zu § 312b BGB vgl. Palandt/Heinrichs, § 312b BGB Rz. 11 und MüKo/Wendehorst, § 312b BGB Rz. 49.

193 Diese Formulierung findet sich bereits in der allgemeinen Fernabsatzrichtlinie in Art. 2 Nr. 1, jedoch ebenfalls ohne nähere Definition; vgl. dazu MüKo/Wendehorst, § 312b BGB Rz. 47. Vor diesem Hintergrund forderte auch der Wirtschafts- und Sozialausschuss in seiner Stellungnahme zur FFARL „aus Gründen der elementaren Rechtssicherheit“ eine genaue Definiti-

diese Unternehmer, die nicht über eine derartige organisierte Fernabsatzstruktur verfügen, nicht über Gebühr durch die Fernabsatzvorschriften zu belasten.[194] Jedoch ist es schon verwunderlich, dass dieser Punkt, der für den Verbraucher von maßgeblicher Bedeutung ist, um ermitteln zu können, ob er den Schutz des Fernabsatzrechts überhaupt in Anspruch nehmen kann, aus Verbrauchersicht nicht verständlicher geregelt wurde, zumal diese durch die Vorschriften ja einen verbesserten Schutz erhalten sollen.[195] Sicherlich steht die Anwendung der Fernabsatzvorschriften bei reinen Direktbanken, die ausschließlich über Fernkommunikationsmittel operieren, außer Frage. In anderen Fällen erscheint dies allerdings zunächst zweifelhaft.

Ein derartiges Vertriebssystem liegt jedenfalls immer dann vor, wenn der Unternehmer in seinem Betrieb die personellen, sachlichen und organisatorischen Voraussetzungen geschaffen hat, die notwendig sind, um regelmäßig Geschäfte im Fernabsatz anbieten, aushandeln und abschließen zu können.[196] Nachdem der Verbraucherschutz wesentlicher Zweck des Fernabsatzrechts ist, muss es aber bereits ausreichend sein, wenn der Unternehmer gegenüber dem Verbraucher zurechenbar den Anschein erweckt, dass er über ein derartiges Vertriebs- oder Dienstleistungssystem verfügt und dass er seine Leistungen generell auch im Fernabsatz anbietet.[197] Eine abweichende Ansicht, nach der allein objektive Kriterien maßgeblich seien, würde dagegen eher kleine Unternehmen vor den Pflichten des Fernabsatzrechts schützen,

on dieser Tatbestandsvoraussetzung (vgl. ABl. EG Nr. C 169 vom 16.06.1999, 43, 45).

194 So auch Härting/Schirmbacher, MDR 2000, 917, 918 sowie Meents, Verbraucherschutz im Internet, 184.

195 So auch Brandl/Hohensinner, ÖBA 2003, 52, 53. Ähnlich kritisch auch Meents, Verbraucherschutz im Internet, 184 („realitätsferne Formulierung") sowie Finke, Der Fernabsatz von Finanzdienstleistungen, 35, der von einer unangemessen „hochtrabenden Formulierung" spricht. Der deutsche Gesetzgeber weist die genaue Konkretisierung des notwendigen Organisationsgrades in der Begründung des Gesetzentwurfs der Rechtsprechung zu; vgl. BT-Drs. 14/2658, 31.

196 Vgl. die Begründung der Kommission in KOM(1998)468 endg. vom 14.10.1998, 11. Vgl. ferner zur allgemeinen Fernabsatzrichtlinie Freund, in: Herrmann/Berger/Wackerbarth, Bank- und Wirtschaftsrecht im Wandel, 228, 245; Reich, EuZW 1997, 581, 583 sowie zum FernAbsG BT-Drs. 14/2658, 30; Riehm, Jura 2000, 505, 509 f.; Härting/Schirmbacher, MDR 2000, 917, 918; Wendehorst, DStR 2000, 1311, 1313 f. Ausführlich mit weiteren Differenzierungen zum entsprechenden § 312b BGB siehe MüKo/Wendehorst, § 312b BGB Rz. 49 ff.; Hk-VertriebsR/Micklitz, § 312b BGB Rz. 49 ff. sowie nunmehr BGH NJW 2004, 3699, 3700 f. Zur FFARL siehe Hoppmann, VersR 1999, 673, 675 und Gruber in: Graf/Gruber, Rechtsfragen des Internetbanking, 119, 123 f. Reuter schlägt dahingehend alternativ vor, für die Überprüfung diese Merkmals allein darauf abzustellen, von welcher Seite die Initiative für die Vollziehung eines Geschäfts im Fernabsatz ausgeht. Sobald der Unternehmer den Vertragsschluss über Fernkommunikationsmittel anbiete, könne jedenfalls von einem organisierten Vertriebssystem ausgegangen werden. Vgl. dazu Reuter, Der Fernabsatz und seine rechtliche Ausgestaltung, 55 ff.

197 Vgl. MüKo/Wendehorst, § 312b BGB Rz. 53 f.; Reich, EuZW 1997, 581, 583; Micklitz/Reich, BB 1999, 2093; Wendehorst, DStR 2000, 1311, 1314; Reuter, Der Fernabsatz und seine rechtliche Ausgestaltung, 58. Vgl. dazu auch Brönneke in: Roßnagel, RMD, Teil 13, § 312b BGB Rz. 66, wonach die Anforderungen an ein derartiges Vertriebssystem nicht hoch anzusetzen seien.

selbst wenn diese durch einen entsprechenden Auftritt am Markt den Eindruck eines professionell organisierten Unternehmens zu vermitteln versuchen.[198] Dies würde jedoch den Schutzzweck in das Gegenteil verkehren.

Durch die Formulierung als Ausnahmetatbestand erfahren die Verbraucher in der Praxis zudem insoweit eine Erleichterung, als dem Unternehmer die Beweislast auferlegt wird.[199] Wurde der konkrete Vertrag unter ausschließlicher Verwendung von Fernkommunikationsmitteln geschlossen, hat die Bank nachzuweisen, dass sie in diesem Fall kein für den Fernabsatz eingerichtetes Vertriebssystem verwendet hat.

Im Bankbereich trifft dies demnach zum einen wie erwähnt auf aller Verträge mit reinen Direktbanken zu, die ihre Dienstleistungen ausschließlich über Fernkommunikationsmittel erbringen.[200] Zum anderen ist dies aber auch gegeben, wenn Banken neben dem traditionellen Schaltergeschäft eigenständige Vertriebskanäle wie das Online-Banking oder Telefon-Banking unterhalten und die Verträge über diese Systeme abgeschlossen werden.[201] Teilweise werden auch Kundenanrufe bei der Bank automatisch auf ein von der Bank eingerichtetes Call-Center umgeleitet, über das dann die Kundenaufträge entgegengenommen und zur weiteren Abwicklung an die jeweiligen Berater in der Filiale weitergeleitet werden. Hierin ist ebenfalls ein für den Fernabsatz organisiertes Dienstleistungssystem zu sehen.

In gleicher Weise dürfte dies ebenfalls dann gelten, wenn die Bank ihre Produkte und Dienstleistungen aktiv mittels Brief, Telefon oder E-Mail-Verkehr anbietet und vertreibt.[202] Zwar gehören Telefon und E-Mail-Anschluss gleichwohl zur Grundausstattung einer Bank und dienen ebenfalls der normalen Kommunikation.[203] Wenn die Berater jedoch ständig mit Kunden telefonisch oder per E-Mail in Kontakt stehen und regelmäßig darüber Aufträge akquirieren oder entgegennehmen, wie dies z.B. bei Wertpapier-Beratungsabteilungen größerer Filialen der Fall ist, dürfte ebenfalls von einem organisierten Dienstleistungssystem auszugehen sein. Dahingegen

198 Diesem Ansatz folgend Bamberger/Roth/Schmidt-Ränsch, § 312b BGB Rz. 11; Kamanabrou, WM 2000, 1417, 1421 sowie dezidiert Meents, Verbraucherschutz im Internet, 185 f. und Pützhoven, Verbraucherschutz im Fernabsatz, 48 f.

199 Vgl. BT-Drs. 14/2658, 31 sowie MüKo/Wendehorst, § 312b BGB Rz. 64; Palandt-Heinrichs, § 312b BGB Rz. 11; Brönneke in: Roßnagel, RMD, Teil 13, § 312b BGB Rz. 12, 67; Hk-VertriebsR/Micklitz, § 312b BGB Rz. 52; Dörrie, ZBB 2005, 121, 125; Fuchs, ZIP 2000, 1273, 1275; Gaertner/Gierschmann, DB 2000, 1601; Riehm, Jura 2000, 505, 510; Härting/Schirmbacher, MDR 2000, 917, 918 sowie Bülow/Artz, NJW 2000, 2049, 2053. Kritisch zu dieser Beweislastverteilung Meents, CR 2000, 610, 611, der hierin letztlich eine Beschränkung der Privatautonomie sieht, sowie Finke, Der Fernabsatz von Finanzdienstleistungen, 176, der die vollständige Beweislastumkehr als ein Verstoß gegen Art. 15 FFARL erachtet.

200 Vgl. auch Zentraler Kreditausschuss (Hrsg.), Stellungnahme zum Gesetzentwurf, 4.

201 Vgl. Hartmann, Die Bank 1999, 163. Ähnlich zum Fernabsatz von Waren und sonstigen Dienstleistungen über Internet Gaertner/Gierschmann, DB 2000, 1601 und Härting/Schirmbacher, MDR 2000, 917, 918.

202 Beispielsweise im Rahmen von Mailingaktionen, bei denen den Kunden oder Neukunden neue Produkte oder Anlagemöglichkeiten vorgestellt werden und gleichzeitig die Möglichkeit besteht, diese sofort per beigefügtem Formular oder telefonisch abzuschließen.

203 So auch Zentraler Kreditausschuss (Hrsg.), Stellungnahme zum Gesetzentwurf, 4.

könnte sich ein Bankkunde, der bei dem ihm persönlich bekannten Berater seiner Hausbank ausnahmsweise telefonisch einen Auftrag erteilt, in diesem Fall mangels eines organisierten Fernabsatzsystems vermutlich nicht auf die Schutzvorschriften berufen.[204]

Jedoch sind klare Abgrenzungen äußerst schwer vorzunehmen, da die Grenzen fließend ineinander übergehen. Aufgrund der weit reichenden Folgen einer Fehleinschätzung, insbesondere hinsichtlich der späteren Widerrufbarkeit des Vertrags, ist den Banken daher zu empfehlen, auch bei Verträgen, die Kunden über ihren Filial-Kundenberater mittels Fernkommunikationsmittel abschließen, bis zu einer abschließenden Klärung im Zweifelsfall sicherheitshalber die Fernabsatzvorschriften anzuwenden – zumindest sollte eine entsprechende Unterrichtung nachgeholt werden, um so den Lauf der Widerrufsfrist in Gang zu setzten.[205]

4.2 Rechte und Pflichten im Fernabsatz

Im Folgenden sollen die neuen Vorschriften für den Fernabsatz von Finanzdienstleistungen mit den sich daraus ergebenden Rechten und Pflichten erläutert werden.

4.2.1 Die Unterrichtung des Verbrauchers

Neben dem Widerrufsrecht des Verbrauchers nach § 312d BGB stellen die Informationspflichten des Unternehmers das zweite zentrale Schutzinstrument des Fernabsatzrechts dar. Durch die Erteilung von entsprechenden Informationen vor Vertragsschluss soll sich der Verbraucher ein vollständiges Bild über die angebotene Finanzdienstleistung machen können. Dies soll ihm eine sachgerechte und risikobewusste Entscheidungsfindung hinsichtlich des Vertragsschlusses ermöglichen.[206]

Die Informations- und Mitteilungspflichten der Finanzdienstleistungsanbieter sind gegenüber den bisherigen Regelungen des Fernabsatzrechts gemäß den Vorgaben der FFARL deutlich umfassender und strenger. Bei den Umsetzungsarbeiten der Banken zur Integration der neuen Regelungen über den Fernabsatz von Finanzdienstleistungen in den Vertriebsablauf liegt hier zweifelsohne der Schwerpunkt.

204 Vgl. dazu Hoppmann, VersR 1999, 673, 675. Ähnlich auch Hartmann, Die Bank 1999, 163, 164.

205 Gemäß telefonisch geführten Gesprächen mit einer Bank ist eine derartige Vorgehensweise vorerst geplant.

206 Vgl. Erwägungsgrund 21 FFARL. Ausführlich zum Instrument der Auferlegung von Informationspflichten im europäischen Verbraucherschutzrecht vgl. Martinek in: Grundmann, Systembildung und Systemlücken, 511, 518 ff.

4.2.1.1 Informationspflichten nach Fernabsatzrecht

Bei der Umsetzung der Vorgaben über die Informationspflichten wurde im deutschen Recht an die bestehende „zweigleisige“ Regelungssystematik des § 312c BGB angeknüpft.[207] In Abhängigkeit vom Stand der Vertragsanbahnung müssen dem Kunden künftig zahlreiche Informationen in bestimmter Art und Weise erteilt werden.

So ist die Bank zum einen dazu verpflichtet, dem Kunden, der sich für eine angebotene Finanzdienstleistung interessiert oder der von der Bank beispielsweise per Brief oder E-Mail zum Zwecke der Vertragsanbahnung angesprochen wird, in dieser vorvertraglichen Phase rechtzeitig vor Abgabe von dessen Vertragserklärung die nachfolgend dargestellten vertragsrelevanten Informationen zunächst formlos zur Verfügung zu stellen.[208]

Entscheidet sich der Verbraucher dann konkret zum Abschluss des Vertrags, müssen ihm, ebenfalls noch rechtzeitig bevor er durch den Vertrag oder sein Angebot gebunden ist, sämtliche relevanten Informationen nun dauerhaft vorliegen. Daher muss die Bank zum anderen dem Verbraucher in dieser konkreten vertraglichen Phase gemäß § 312c Abs. 2 Nr. 1 BGB jene Informationen sowie zusätzlich die jeweils maßgeblichen Vertragsbestimmungen in Textform gemäß §126b BGB mitteilen. Die Vertragsbestimmungen bestehen aus dem eigentlichen Vertragstext, der den Vertragsinhalt bestimmt, sowie den Allgemeinen Geschäftsbedingungen.[209] Wie sich aus der Gesetzesbegründung ergibt, ist dabei aber keineswegs eine doppelte Informationserteilung erforderlich, vielmehr können die Vorabinformation und die Mitteilung in Textform auch gleichzeitig in einem Akt erfolgen.[210]

Hinsichtlich der Einzelheiten der Informationspflichten wird weiterhin in die ausgelagerten Vorschriften der BGB-InfoV verwiesen. Die in den dortigen § 1 Abs. 1, 2 genannte Aufzählung an Informationen kann dabei in die folgenden vier Bereiche unterteilt werden:[211] a) Informationen betreffend den Anbieter der Finanzdienstleis-

207 Vgl. BT-Drs. 15/2946, 15. Eine Differenzierung in vor- und nachvertragliche Informationen, mithin eine Möglichkeit für die Unternehmer, Mitteilungen bis zur vollständigen Erfüllung des Vertrags nachzuholen, ist bei Finanzdienstleistungen jedoch nicht gegeben. Hier müssen sämtliche Informationen grundsätzlich vor Vertragsschluss erteilt werden.

208 § 312c Abs. 1 BGB. Zum Begriff der „Vertragserklärung“ vgl. BT-Drs. 15/2946, 20. Kritisch zu der Verwendung dieses Begriffs Felke/Jordans, WM 2005, 710, 711 sowie vorangehend dies., WM 2004, 166, 169, die darin einen „unnatürlichen Fremdkörper im BGB“ sehen. Positiv dagegen Knöfel, ZGS 2004, 182, 184.

209 Vgl. BT-Drs. 15/2946, 21. Bei Banken sind dies üblicherweise die einheitlichen Allgemeinen Geschäftsbedingungen der Banken (AGB-Banken).

210 Vgl. BT-Drs. 15/2946, 15. Ebenso Rössel, IT-RB 2004, 236, 238. Dies war nach bisherigem Rechtsstand für die gleichzeitige Informationserteilung nach § 312c Abs. 1 BGB-alt und derjenigen nach § 312c Abs. 2 BGB-alt i.V.m. § 1 Abs. 2, Abs. 1 Nr. 1 – 9 BGB-InfoV-alt noch fraglich. Zweifelnd etwa MüKo/Wendehorst, § 312c BGB Rz. 81 f.

211 Diese Unterteilung nimmt auch die FFARL in ihrem Art. 3 Abs. 1 vor. Das deutsche Recht nimmt in § 1 Abs. 1 und 2 BGB-InfoV dagegen eine Grobunterteilung in allgemeine Informationspflichten bei Fernabsatzverträgen und besondere Informationspflichten für Finanzdienst-

tung, b) Informationen über die angebotene Dienstleistung, c) Informationen über die Besonderheiten des Fernabsatzvertrags und d) Informationen betreffend die Rechtsbehelfsmöglichkeiten.

a) Informationen betreffend den Anbieter

Im Einzelnen muss die Bank als Anbieter der Finanzdienstleistung den Kunden zunächst über ihre Identität einschließlich ihrer ladungsfähigen Anschrift sowie zusätzlich über die Identität nebst Anschrift der jeweils maßgeblichen Ansprechpartner informieren, insbesondere von eingesetzten Vertretern oder Vermittlern, so dass sich der Kunde gegebenenfalls an diese wenden kann.[212]

Des Weiteren hat die Bank zur leichteren Auffindbarkeit Angaben zu ihrer Registereintragung[213] zu machen sowie Angaben zu ihrer Hauptgeschäftstätigkeit[214] und zu ihrer zuständigen Aufsichtsbehörde[215] zu erteilen.[216]

b) Informationen über die angebotene Dienstleistung

Den Kernpunkt der Informationspflichten bilden die Angaben über die Finanzdienstleistung selbst. Hiernach hat die Bank dem Kunden die wesentlichen Merkmale der Finanzdienstleistungen zu beschreiben.[217]

leistungen vor. Kritisch dazu Felke/Jordans, WM 2004, 166, 167, die für eine transparentere Darstellung einen eigenen Absatz für Finanzdienstleistungen vorschlagen. Dahingehend auch Härting/Schirmbacher, CR 2002, 809, 812. Vgl. zusammenfassend zum Inhalt der Informationen nach § 1 BGB-InfoV aufgeteilt in allgemeine und besondere Informationspflichten Härting/Schirmbacher, CR 2005, 48, 49 ff. sowie Rott, BB 2005, 53, 55 ff.

212 § 1 Abs. 1 Nr. 1-3 BGB-InfoV. Insgesamt kritisch zu dieser ausgeweiteten Vorabinformationspflicht der Bundesrat in seiner Stellungnahme zum Gesetzentwurf, BR-Drs. 84/04 (Beschluss), 8.

213 § 1 Abs. 1 Nr. 1 BGB-InfoV. Vgl. dazu BT-Drs. 15/2946, 25.

214 § 1 Abs. 2 Nr. 1 BGB-InfoV. Kritisch zu diesem Punkt Härting/Schirmbacher, CR 2005, 48, 50 sowie dies., DB 2003, 1777, 1779. Tatsächlich dürfte in vielen Fällen der Informationswert der Angabe der Hauptgeschäftstätigkeit des Unternehmers gering sein. Eine bei Banken mögliche Formulierung wie etwa „Gegenstand des Unternehmens ist der Betrieb von Bankgeschäften aller Art und von damit zusammenhängenden Geschäften" wird vermutlich nicht wesentlich zur Entscheidungsfindung des Verbrauchers beitragen.

215 § 1 Abs. 2 Nr. 1 BGB-InfoV. Die Aufsicht über das Bankwesen übt in Deutschland die zum 1. Mai 2002 neu errichtete Bundesanstalt für Finanzdienstleistungsaufsicht (BaFin) mit Sitz in Bonn und Frankfurt aus. Vgl. ausführlich zum Wesen der BaFin Hagenmeister, WM 2002, 1773 ff.

216 Vertiefend zu diesen Informationspflichten betreffend den Anbieter siehe Finke, Der Fernabsatz von Finanzdienstleistunge, 43 f. und Kohte in: Derleder/Knops/Bamberger, Handbuch Bankrecht, § 7 Rz. 20 – 23 (jeweils Erläuterungen zu den entsprechenden Vorschriften der FFARL).

217 § 1 Abs. 1 Nr. 4 BGB-InfoV. Diese Erfordernis galt für den Fernabsatz von Waren und sonstigen Dienstleistungen auch schon bisher, vgl. dazu Hk-VertriebsR/Micklitz, § 312c BGB Rz. 74 ff. Bei einem Girovertrag sind demnach u.a. die davon umfassten Dienstleistungen anzugeben und zu beschreiben (z.B. Kontoführung, Ein- und Auszahlungen, Überweisungen und Daueraufträge).

Damit der Kunde einen realistischen Überblick über die auf ihn zukommenden Ausgaben erhält, muss die Bank ebenfalls Angaben zum Gesamtpreis der Dienstleistung einschließlich aller damit verbundenen Preisbestandteile machen sowie Hinweise zu möglichen weiteren Steuern und fremden Kosten geben, die vom Kunden selbst zu zahlen sind.[218] Zu diesen Informationen muss zusätzlich ein Gültigkeitszeitraum angeben werden, insbesondere hinsichtlich des Preises, was vor allem bei Sonderaktionen relevant sein wird.[219] Von besonderer Bedeutung ist in diesem Zusammenhang auch die Warnpflicht der Bank gemäß § 1 Abs. 2 Nr. 2 BGB-InfoV hinsichtlich spezieller Risiken oder Preisschwankungen, wenn dies auf die jeweilige Finanzdienstleistung zutrifft.[220]

c) Informationen über die Besonderheiten des Fernabsatzvertrags

Im Hinblick auf den Fernabsatzvertrag hat die Bank den Kunden über dessen rechtlichen Rahmen zu informieren. Nach § 1 Abs. 1 Nr. 10 BGB-InfoV ist der Kunde detailliert über ein ihm zustehendes Widerrufsrecht aufzuklären. Dabei sind der Beginn und die Dauer, die Modalitäten der Ausübung und die Rechtsfolgen des Widerrufs zu erläutern.[221] Diesbezüglich ist der Kunde auch über im Fall des Widerrufs zu zahlende Beträge für bereits erbrachte Dienstleistungen zu unterrichten. Ebenso muss er darauf hingewiesen werden, wenn in Ausnahmefällen kein Widerrufsrecht gegeben ist.[222]

Ferner müssen Informationen zum Zustandekommen, zur Laufzeit und zu den Kündigungsbedingungen des Vertrags, zu eventuell enthaltenen Gerichtsstands- und Rechtswahlklauseln sowie zu dem Recht erteilt werden, welchem das vorvertragliche Schuldverhältnis zugrunde liegt.[223]

218 § 1 Abs. 1 Nr. 7, 8, 9, 11 BGB-InfoV. Vgl. hierzu die Beschlussempfehlung und den Bericht des Rechtsausschusses zu dem Gesetzentwurf der Bundesregierung - Drucksache 15/2946, BT-Drs. 15/3483, 54. Vielfach kann jedoch kein genauer Gesamtpreis angegeben werden, etwa bei der Verwahrung von Wertpapieren, da der Depotpreis zumeist in Abhängigkeit des Kurswertes der verwahrten Wertpapiere erhoben wird. Hier muss dann gemäß § 1 Abs. 1 Nr. 7 BGB-InfoV in verständlicher Weise die entsprechende Formel bzw. eine Berechnungsgrundlage angegeben werden, die dem Verbraucher eine Überprüfung des in Rechnung gestellten Preises ermöglicht. Im genannten Fall müsste dann beispielsweise angegeben werden, dass der jährliche Depotpreis der verwahrten Wertpapiere 0,15% des Kurswertes zum Schlusskurs am letzten Börsentag des Kalenderjahres beträgt.

219 § 1 Abs. 1 Nr. 12 BGB-InfoV. Vgl. dazu Hk-VertriebsR/Micklitz, § 312c BGB Rz. 96 f.

220 Weitergehend zu diesen Pflichten Finke, Der Fernabsatz von Finanzdienstleistungen, 44 ff. und Kohte in: Derleder/Knops/Bamberger, Handbuch Bankrecht, § 7 Rz. 24 – 27 (jeweils zur FFARL).

221 Zur Erleichterung steht den Banken hierzu wie bisher die Musterbelehrung in Anlage 2 zu § 14 BGB-InfoV zur Verfügung. Die Ordnungsmäßigkeit der Musterbelehrung wird in der Literatur jedoch häufig kritisch betrachtet, vgl. etwa Rott, BB 2005, 53, 57 f. m.w.N. und Marx/Bäuml, WRP 2004, 162, 164 f.

222 Positiv zu dieser Belehrungspflicht Härting/Schirmbacher, DB 2003, 1777, 1779. Eine solche Verpflichtung wurde auch schon im bisher geltenden Recht gesehen, vgl. dazu Hk-VertriebsR/Micklitz, § 312c BGB Rz. 94 und MüKo/Wendehorst, § 312c BGB Rz. 67.

223 § 1 Abs. 1 Nr. 4 und 5, Abs. 2 Nr. 3-5 BGB-InfoV. Vgl. näher zu diesen durch Art. 3 Abs. 1

Zusätzlich sind Angaben zu den Sprachen zu machen, in welcher die Bank ihren Informationspflichten nachkommt und in welchen sie im Einvernehmen mit dem Kunden mit diesem kommunizieren wird.[224] Gerade letzteres dürfte insbesondere im grenzüberschreitenden Geschäftsverkehr Relevanz erlangen, liegt doch in den Sprachunterschieden eine der größten Barrieren für die Verwirklichung des Binnenmarktes im Privatkundenbereich.[225]

d) Informationen über Rechtsbehelfsmöglichkeiten
Ergänzend muss die Bank ebenso Informationen über die im Streitfall zur Verfügung stehenden außergerichtlichen Rechtsbehelfe sowie zu einer eventuell bestehenden freiwilligen Einlagensicherung erteilen.[226]

4.2.1.2 Informationspflichten nach sonstigen Vorschriften

Entsprechend § 312c Abs. 4 BGB bleiben weitergehende, bereits bestehende Informationspflichten aufgrund anderer Vorschriften von den neuen Regelungen unberührt.[227]

Hierbei fällt zunächst auf, dass sich die Pflicht, den Verbraucher in Textform über sein Widerrufsrecht zu belehren, sowohl aus § 312c Abs. 2 Nr. 1 BGB i.V.m. § 1 Abs. 4 Nr. 1, Abs. 1 Nr. 10 BGB-InfoV als auch weiterhin ebenso aus § 355 Abs. 2 Satz 1 BGB ergibt. Da die Anforderungen an die Widerrufsbelehrung in beiden Vorschriften jedoch absolut identisch sind, muss diese keinesfalls separat und doppelt erfolgen, sondern kann in einem Akt erfüllt werden.[228] Dabei wird es sich an-

Nr. 3 FFARL vorgegebenen und in der BGB-InfoV teilweise nahezu wortgleich wiedergegebenen Informationspflichten Finke, Der Fernabsatz von Finanzdienstleistungen, 46 ff. und Kohte in: Derleder/Knops/Bamberger, Handbuch Bankrecht, § 7 Rz. 28 – 33 (jeweils zur FFARL). Vertiefend zur Informationspflicht über Gerichtsstands- und Rechtswahlklauseln und der Information über das zugrunde liegende Recht siehe Rott, BB 2005, 53, 57 und Heiss, IPRax 2003, 100, 102 f.

224 § 1 Abs. 2 Nr. 6 BGB-InfoV. Hierbei dürfte eine zumindest konkludente Zustimmung des Kunden bereits dann vorliegen, wenn dieser die Vertragsanbahnung unter Verwendung einer bestimmten Sprache fortsetzt. Vgl. weitergehend zu dieser neuerlichen fernabsatzrechtlichen Regelung Heiss, IPRax 2003, 100, 103 f. sowie Rott, BB 2005, 53, 57.

225 Ausführlich zum sog. „Sprachenproblem“ Rott, ZVglRWiss 98 (1999), 382 ff.; Downes/Heiss, ZVglRWiss 98 (1999) 28 ff. und Freitag, IPRax 1999, 142 ff. Zum Sprachrisiko innerhalb des Verbraucherschutzrechts vgl. Mankowski, <http://www.vur-online.de/beitrag/19.html>. Siehe dazu auch unten Kapitel 5.3.1.

226 § 1 Abs. 2 Nr. 7 und 8 BGB-InfoV. Hier ist insbesondere der Einlagensicherungsfonds des Bundesverbandes deutscher Banken e.V. relevant, auf den in Nr. 20 der AGB-Banken verwiesen wird. Vgl. dazu Finke, Der Fernabsatz von Finanzdienstleistungen, 49 f.

227 Vgl. auch Hk-VertriebsR/Micklitz, § 312c BGB Rz. 65 f.; Palandt/Heinrichs, § 312c BGB Rz. 11.

228 Vgl. BT-Drs. 15/2946, 26 sowie dezidiert MüKo/Wendehorst, § 312c BGB Rz. 128 f. Andernfalls müsste der Verbraucher insgesamt bis zu drei Mal über sein Widerrufsrecht belehrt wer-

bieten, diese regelmäßig als Bestandteil der ordnungsgemäßen vorvertraglichen Mitteilung in Textform nach § 312c Abs. 2 Nr. 1 BGB vorzunehmen.[229]

Des Weiteren hat die Bank über die oben genannten Punkte hinaus je nach der im Einzelfall angebotenen Finanzdienstleistung zusätzliche Informationspflichten einzuhalten. So sind etwa bei Verbraucherdarlehensverträgen die Informationspflichten nach § 492 BGB[230] relevant oder bei Finanztermingeschäften sind zusätzlich die produktspezifischen Bestimmungen des § 37d WpHG[231] zu erfüllen.

Erfolgt der Vertragsabschluss zudem im elektronischen Geschäftsverkehr sind neben den fernabsatzrechtlichen Vorschriften ergänzend die bereits auch bisher geltenden[232] Informations- und Handlungspflichten nach § 312e BGB und § 3 BGB-InfoV zu beachten.[233] Ebenso muss die Bank in diesem Fall die Anbieterkennzeichnungspflichten nach § 6 TDG berücksichtigen.[234] Da sich die Fernabsatzvorschriften mit diesen Informationspflichten teilweise decken, ergibt sich im Bereich des elektronischen Geschäftsverkehrs eine Erleichterung bei der Umsetzung der neuen Pflichten aus § 312c BGB.[235]

den (das erste Mal im Rahmen der Vorabinformation, falls diese getrennt erfolgt). Anders bisher noch Palandt/Heinrichs, § 312d BGB Rz. 5.

229 Vgl. aber zur Unwirksamkeit einer vor Vertragsschluss erteilten Widerrufsbelehrung bei Haustürgeschäften BGH NJW 2002, 3396, 3398 sowie Palandt/Heinrichs, § 355 BGB Rz. 19. Aufgrund der Verpflichtung zur Übermittlung sämtlicher Informationen vor Abschluss des Vertrags, also auch der Belehrung über das Widerrufsrecht, wird die Auffassung, dass eine vor Vertragsschluss erteilte Widerrufsbelehrung unwirksam sei, zumindest auf den Fernabsatz von Finanzdienstleistungen nicht übertragbar sein. Kritisch zu dem aufgrund dieser Entscheidung bestehenden Auslegungsrisiko auch Zentraler Kreditausschuss (Hrsg.), Stellungnahme zum Gesetzentwurf, 15 f.

230 Ausführlich zu den diesbezüglichen Informationspflichten Felke, Kreditvertrieb über Internet, 130 ff. Vgl. dazu auch Kapitel 5.6.3.

231 Demnach muss die Bank den Kunden über mögliche spezielle Risiken bei Finanztermingeschäften unterrichten. Siehe dazu auch unten Kapitel 5.6.1.

232 Trotz nicht ausdrücklicher Erwähnung im Gesetzestext waren diese Pflichten auch schon bisher bei der Erbringung von Finanzdienstleistungen zu beachten, vgl. MüKo/Wendehorst, § 312e BGB Rz. 17 und Reich in: Reich/Micklitz, Europäisches Verbraucherrecht, § 24 Rz. 5, 9.

233 Zusammenfassend zu den einzelnen sich aus § 312e BGB ergebenden Pflichten Borges in: Derleder/Knops/Bamberger, Handbuch Bankrecht, § 8 Rz. 48 ff. Vertiefend zu den Informationspflichten nach § 312e Abs. 1 Satz 1 Nr. 2 BGB i.V.m. § 3 BGB-InfoV siehe Hk-VertriebsR/Micklitz, § 312e BGB Rz. 73 ff. sowie Waldenberger in: Hoeren/Sieber, HMR, Nr. 13.4 Rz. 20 ff. Die Regelungen des § 312e Abs. 1 Satz 1 Nr. 1-3 BGB finden jedoch keine Anwendung auf Verträge, die ausschließlich durch individuelle Kommunikation, also etwa durch den Austausch von E-Mails, geschlossen werden (§ 312e Abs. 2 Satz 1 BGB; kritisch dazu Hk-VertriebsR/Micklitz, § 312e BGB Rz. 38 ff.).

234 Siehe dazu im einzelnen Waldenberger in: Hoeren/Sieber, HMR, Nr. 13.4 Rz. 113 ff. und Borges in: Derleder/Knops/Bamberger, Handbuch Bankrecht, § 8 Rz. 45 ff.

235 So ergibt sich beispielsweise die Pflicht zu Darlegung der eigenen Identität, der Anschrift sowie der Registereintragung bereits aus § 6 TDG. Auch deckt sich die Pflicht zur Bereitstellung der Vertragsbestimmungen einschließlich der AGB gemäß § 312c Abs. 2 BGB mit der Pflicht aus § 312e Abs. 1 Satz 1 Nr. 4 BGB. Kritisch zu den sich überschneidenden Informati-

4.2.1.3 Rechtsfolgen bei Verletzung der Informationspflichten

Die für Verbraucher wichtigste Rechtsfolge eines Verstoßes gegen die Informationspflichten sind verschärfte Regelungen zum Widerrufsrecht.[236] Werden den Verbrauchern die Informationen nach § 312c Abs. 2 Nr. 1 BGB nicht ordnungsgemäß übermittelt, so ist der Vertrag zwar nicht nichtig, jedoch schwebt über diesem immer das Damoklesschwert, dass ihn der Verbraucher widerrufen kann, da der Lauf der Widerrufsfrist infolgedessen noch nicht begonnen hat.[237] Zu einer sehr effektiven Sanktion wird diese Regelung dadurch, dass das Widerrufsrecht des Verbrauchers bei Nichtinformation unbefristet fortbesteht, da es keiner absoluten Ausschlussfrist unterliegt.[238] Die Anbieter von Finanzdienstleistungen werden sich deshalb wohl regelmäßig darum bemühen, den Informationspflichten ordnungsgemäß nachzukommen.[239]

Eine Verletzung der Vorabinformationspflichten nach § 312c Abs. 1 BGB ändert dagegen wie bisher nichts am Fristbeginn und zieht keine unmittelbaren Konsequenzen für den konkreten Vertrag nach sich, der nach wie vor wirksam ist.[240] Dem Verbraucher kann aber bei Verletzung der Informationspflichten im Einzelfall ein Anspruch über § 311 Abs. 2 Nr. 1 BGB i.V.m. §§ 241 Abs. 2, 280 Abs. 1 BGB (c.i.c) auf Schadensersatz zustehen, welcher auch auf die Aufhebung des Vertrags gerichtet sein kann, wenn der Vertrag bei ordentlicher Information nicht abgeschlossen worden wäre.[241] Allerdings beruht der Vertrag eher selten kausal auf einer be-

onspflichten Härting, MDR 2002, 61, 66 sowie Hk-VertriebsR/Micklitz/Tonner, Anhang I, IV.A (Seite 283), die für den Online-Bereich ein „kaum noch überschaubares Geflecht von gesetzlichen Angabepflichten" bemängeln. Kritik zum Nebeneinander der Pflichten auch von Brönneke in: Roßnagel, RMD, Teil 13, § 312b BGB Rz. 105.

236 Dazu siehe unten Kapitel 4.2.2.

237 Vgl. MüKo/Wendehorst, § 312c BGB Rz. 121 und Hk-VertriebsR/Micklitz, § 312c BGB Rz. 117. Näher zum Beginn der Widerrufsfrist siehe unten Kapitel 4.2.2.1.

238 § 355 Abs. 3 Satz 3 BGB.

239 So auch Gruber in: Graf/Gruber, Rechtsfragen des Internetbanking, 118, 132 und Reuter, Der Fernabsatz und seine rechtliche Ausgestaltung, 208.

240 Vgl. Reuter, Der Fernabsatz und seine rechtliche Ausgestaltung, 204. Ferner ebenso MüKo/Wendehorst, § 312c BGB Rz. 71; Hk-VertriebsR/Micklitz, § 312c BGB Rz. 111 sowie Meub, DB 2002, 359, 362 und Steins, MMR 2001, 530. Kritisch zu den insofern fehlenden Rechtsfolgen bereits Meents, Verbraucherschutz im Internet, 195 f. und Bodewig, DZWir 1997, 447, 452.

241 Vgl. BGH NJW 1998, 302, 303 f. Ausführlich mit weiteren Differenzierungen vgl. Hk-VertriebsR/Micklitz, § 312c BGB Rz. 130 ff. Siehe dazu ebenso Palandt/Heinrichs, § 312c BGB Rz. 10; MüKo/Wendehorst, § 312c BGB Rz. 76; Meub, DB 2002, 359, 362 sowie Grigoleit, NJW 2002, 1151, 1156. Soweit allerdings ein Widerrufsrecht besteht, wird zu Recht darauf hingewiesen, dass es zumeist an einem Schaden mangeln wird (so Bodewig, DZWir 1997, 447, 453; Fuchs, ZIP 2000, 1273, 1280; Dörrie, ZBB 2005, 121, 132 und Palandt/Heinrichs, § 312c BGB Rz. 10). Zu dennoch denkbaren ersatzfähigen Schäden vgl. Kriegner, Die Fernabsatz-RL für Finanzdienstleistungen, 168 f.

stimmten Fehlinformation, weshalb eine Falschangabe wie beispielsweise über die Handelsregisternummer im Ergebnis insoweit unschädlich ist.[242]

Über diese im Grundsatz bereits bisher bestehenden Regelungen hinaus wurden die Fernabsatzvorschriften um keine eigenen individualrechtlichen Sanktionen erweitert.[243] Das in Art. 11 FFARL vorgeschlagene[244] jederzeitige Kündigungsrecht des Verbrauchers wird vom deutschen Gesetzgeber zur Wahrung der Rechtssicherheit und unter Hinweis auf den Grundsatz der Vertragstreue nicht aufgegriffen.[245]

Hat es der Anbieter jedoch versäumt, den Verbraucher vor Vertragsschluss über den im Falle des Widerrufs von ihm zu leistenden Wertersatz für bereits erbrachte Dienstleistungen aufzuklären, so entfällt dieser Vergütungsanspruch nach der weiteren Maßgabe des § 312d Abs. 6 BGB.[246]

Weiterhin besteht die Möglichkeit einer kollektiven Rechtsverfolgung. Unternehmer, die gegen die Informationspflichten verstoßen, können im Wege der Verbandsklage nach §§ 2, 3 UKlaG von Verbraucherverbänden, Wettbewerbsvereinen oder Industrie- und Handelskammern in Anspruch genommen werden.[247] Ist der Verstoß des Unternehmers gegen die Informationspflichten zudem geeignet, den Wettbewerb zum Nachteil der Mitbewerber, der Verbraucher oder der sonstigen Marktteilnehmer nicht unerheblich zu beeinflussen, können derartige Verstöße ebenso einen wettbewerbsrechtlichen Unterlassungsanspruch nach UWG begründen.[248]

242 Vgl. Felke/Jordans, WM 2005, 710, 711.

243 Kritik dazu von Rott, BB 2005, 53, 59, 64 sowie von Härting/Schirmbacher, CR 2002, 809, 816, die die Wirksamkeit einer lediglich wettbewerbsrechtlichen Sanktionierung für zweifelhaft halten. Ähnlich kritisch auch Reuter, Der Fernabsatz und seine rechtliche Ausgestaltung, 204. Anders dagegen Riesenhuber, WM 1999, 1441, 1448, der lauterkeitsrechtliche Sanktionen für hinreichend effektiv erachtet.

244 Die FFARL enthält keine expliziten Vorgaben zur Behandlung von Verstößen gegen die Informationspflichten, sondern überlässt es in Art. 11 den Mitgliedstaaten, welche einzelnen angemessenen Sanktionen sie einführen. Kritisch zu dieser offenen Regelung Kriegner, Die Fernabsatz-RL für Finanzdienstleistungen, 161 sowie Reuter, Der Fernabsatz und seine rechtliche Ausgestaltung, 203 f.

245 Vgl. BT-Drs. 15/2946, 17. Kritisch dazu Verbraucherzentrale Bundesverband (Hrsg.), Stellungnahme zum RefE, 17 f.

246 Siehe dazu auch unten Kapitel 4.2.2.3.

247 Dieser Weg ist sowohl bei der Verletzung der vorvertraglichen als auch der vertraglichen Informationsmöglichkeiten eröffnet. Vgl. BT-Drs. 15/2946, 17 sowie MüKo/Wendehorst, § 312c BGB Rz. 71, 120 und Grigoleit, NJW 2002, 1151, 1155. Eingehend zu Rechtschutzmöglichkeiten bei Fernabsatzverträgen siehe auch Brönneke in: Roßnagel, RMD, Teil 13, Vor §§ 312b ff. BGB Rz. 72 ff.

248 § 3 i.V.m. § 4 Nr. 11 UWG. Ausführlich zu den Anforderungen an diese Fallgruppe nach dem 2004 grundlegend reformierten UWG (BGBl. I 2004, 1414) siehe Baumbach/Hefermehl/Köhler, § 4 UWG Rz. 11.59 ff. und Rz. 11.156 ff. Trotz der Reform des UWG haben einzelne vor der Reform ergangene Gerichtsentscheidung im Ergebnis weiterhin Bestand. Vgl. daher etwa zu einer nicht ordnungsgemäßen Belehrung über das Widerrufsrecht BGH GRUR 1990, 46. Eine unzureichende Belehrung kann darüber hinaus unlauter im Sinne des § 4 Nr. 2 UWG sein, vgl. etwa BGH NJW 2002, 3396, 3399; BGH NJW-RR 2003, 1481 f. Der Unternehmer

4.2.2 Das Widerrufsrecht des Verbrauchers

Das Kernstück des Fernabsatzrechts ist das Widerrufsrecht nach § 312d Abs. 1 Satz 1 BGB i.V.m. § 355 BGB.[249] Es berechtigt den Verbraucher, die Bindung an seine abgegebene Willenserklärung zu beenden und sich binnen der Widerrufsfrist ohne nachteilige Folgen von einem bereits voll wirksam geschlossenen Vertrag wieder zu lösen.[250] Der Verbraucher soll hierdurch vor vertraglichen Bindungen geschützt werden, die er möglicherweise ohne gründliche Abwägung des Für und Wider übereilt geschlossen hat.[251] Bestand ein solches aufgrund der Bereichsausnahme für „Finanzgeschäfte" bisher nur für diejenigen Finanzprodukte, für die es gesetzlich geregelt ist, wie etwa für Verbraucherdarlehensverträge in § 495 BGB, wird es nunmehr allgemein auf Finanzdienstleistungsverträge ausgedehnt, soweit sie im Fernabsatz geschlossen werden.[252]

Das wesentliche Element des Widerrufsrechts ist, dass es der Verbraucher innerhalb der Widerrufsfrist ohne Angabe von Gründen ausüben kann. Will der Kunde einen mit der Bank geschlossenen Vertrag über Finanzdienstleistungen widerrufen, so kann er dies nunmehr binnen zwei Wochen ab Fristbeginn gegenüber der Bank in Textform erklären.[253] Hat die Bank dem Kunden gemäß § 1 Abs. 1 Nr. 10 BGB-

handelt ferner unlauter nach § 4 Nr. 11 UWG, wenn er dem Verbraucher seine Identität nebst Anschrift gemäß § 1 Abs. 1 Nr. 1, 3 BGB-InfoV nicht ordnungsgemäß mitteilt. Vgl. dazu auch Schulte/Schulte, NJW 2003, 2140 ff.

249 Das Widerrufsrecht stellt ein Gestaltungsrecht dar und ist nach seinen Voraussetzungen und Rechtsfolgen ein besonders ausgestaltetes gesetzliches Rücktrittsrecht. Vgl. Palandt/Heinrichs, § 355 BGB Rz. 3; MüKo/Ulmer, § 355 BGB Rz. 31; Hk-VertriebsR/Tonner, § 355 BGB Rz. 27 sowie bereits Reich, EuZW 1997, 581, 585; Hoppmann, VersR 1999, 673, 677; Bülow/Artz, NJW 2000, 2049, 2052 und Fuchs, ZIP 2000, 1273, 1282.

250 So bereits zur allgemeinen Fernabsatzrichtlinie etwa Reich, EuZW 1997, 581, 584 f. Zum FernAbsG ebenso Waldenberger, K&R 1999, 345, 349 und Fuchs, ZIP 2000, 1273, 1281. Die früher im deutschen Recht teilweise geltende Konstruktion, die bei Bestehen eines Widerrufsrechts eine schwebende Unwirksamkeit des Vertrags vorsah (so etwa § 7 Abs. 1 VerbrKrG i.d.F. bis 30.9.2000), wurde im Rahmen der Umsetzung der allgemeinen Fernabsatzrichtlinie aufgegeben, da dies mit jener Richtlinie unvereinbar war. Verträge, für die ein verbraucherschützendes Widerrufsrecht besteht, sind seit der Neuregelung vom Vertragsschluss an sofort voll wirksam. Vgl. BT-Drs. 14/2658, 41 f. Ausführlich dazu auch Hk-VertriebsR/Tonner, § 355 BGB Rz. 18 ff. m.w.N. Kritisch dazu insbesondere Mankowski, WM 2001, 793, 833, 841 ff. Die von der FFARL in ihrem Art. 6 Abs. 1 Satz 4 ermöglichte Anordnung einer schwebenden Unwirksamkeit wird vom deutschen Gesetzgeber folglich nicht aufgegriffen. Positiv dazu Felke/Jordans, WM 2004, 166, 169.

251 Vgl. Palandt/Heinrichs, § 355 BGB Rz. 3.

252 Vgl. BT-Drs. 15/2946, 16. Enthalten besondere Vorschriften für einzelne Finanzdienstleistungen jedoch ebenfalls ein Widerrufsrecht – wie etwa § 495 BGB für die genannten Verbraucherdarlehensverträgen –, dann tritt das fernabsatzrechtliche Widerrufsrecht gemäß § 312d Abs. 5 BGB mit Ausnahme der Regelung über den Fristbeginn in § 312d Abs. 2 BGB zugunsten dieser Vorschriften zurück. Vgl. dazu BT-Drs. 15/2946, 23. Somit ist das nach diesen Vorschriften zur Anwendung kommende Widerrufsrecht gleich effektiv wie das Widerrufsrecht nach den Fernabsatzvorschriften.

253 § 312d Abs. 1 Satz 1 BGB i.V.m. § 355 Abs. 1 BGB. Bei der Erklärung handelt es sich um

InfoV mitgeteilt, an welche Adresse er seine Erklärung senden muss, so hat der Kunde dies zu beachten.[254] Hat er eine entsprechende Widerrufsbelehrung jedoch erst nach Vertragsschluss übermittelt bekommen, beträgt die Frist hingegen abweichend einen Monat.[255] Zwar genügt zur Fristwahrung gemäß § 355 Abs. 1 Satz 2 Hs. 2 BGB die Absendung innerhalb der Widerrufsfrist. Das Zugangsrisiko sowie die Beweislast für die rechtzeitige Absendung der Widerrufserklärung und deren Zugang beim Unternehmer liegt jedoch wie bisher nach den allgemeinen Grundsätzen beim Verbraucher.[256]

4.2.2.1 Beginn der Widerrufsfrist

Der Beginn der Widerrufsfrist ist auch für den Fernabsatz von Finanzdienstleistungen abweichend von der Grundregel des § 355 Abs. 2 Satz 1 BGB speziell in § 312d Abs. 2 BGB geregelt, um den besonderen Gegebenheiten bei Fernabsatzverträgen Rechnung zu tragen. Danach wird der Beginn der Widerrufsfrist von der vollumfänglichen Erfüllung sämtlicher Informationspflichten abhängig gemacht, die sich aus § 312c Abs. 2 Nr. 1 BGB ergeben.[257] Da dazu wie dargelegt auch die Belehrung über das Widerrufsrecht gehört, bedarf es insoweit keines Rückgriffs auf § 355 Abs. 2 BGB.[258]

Konkret bedeutet dies, dass die Widerrufsfrist nur dann am Tag des Vertragsschlusses zu laufen beginnt, wenn dem Kunden zuvor von der Bank sämtliche Pflichtangaben in Textform übermittelt wurden. Erhält der Verbraucher die Informationen hingegen erst nach Vertragsschluss, ist nicht der Tag des Vertragsschlusses für den Beginn der Frist maßgeblich, sondern jener spätere Zeitpunkt, zu dem die Bank die Übermittlung der fehlenden Angaben nachholt.[259]

Beim Vertragsschluss über Internet oder per E-Mail ergibt sich überdies ein weiteres Erfordernis für den Beginn der Widerrufsfrist: diese ist dann nicht nur an die

eine empfangsbedürftige Willenserklärung, die gemäß § 130 Abs. 1 BGB mit Zugang wirksam wird; vgl. MüKo/Wendehorst, § 312d BGB Rz. 62 ff.

254 Vgl. Finke, Der Fernabsatz von Finanzdienstleistungen, 70. Weitergehend zu inhaltlichen und formalen Anforderungen an die Widerrufserklärung vgl. MüKo/Wendehorst, § 312d BGB Rz. 62 ff. sowie Hk-VertriebsR/Tonner, § 355 BGB Rz. 35.

255 § 312d Abs. 1 Satz 1 BGB i.V.m. § 355 Abs. 2 Satz 2 BGB. Kritisch dazu Finke, Der Fernabsatz von Finanzdienstleistungen, 186, der darin einen Verstoß gegen die Vorgaben der FFARL sieht, da diese keine Verlängerung der Widerrufsfrist auf einen Monat kenne. Ebenfalls kritisch zu der Fristverlängerung bereits Hk-VertriebsR/Tonner, § 355 BGB Rz. 39 ff. sowie Artz, BKR 2002, 603, 607

256 Zur Beweislast für den Zugang der Erklärung vgl. nur BGHZ 101, 49, 55 = NJW 1987, 2235, 2236. Kritisch zu dieser Beweislastverteilung MüKo/Wendehorst, § 312d BGB Rz. 61.

257 Vgl. dazu Palandt/Heinrichs, § 312d BGB Rz. 2 ff.

258 So auch Hk-VertriebsR/Tonner, § 312d BGB Rz. 14 f.

259 Insgesamt kritisch zu den Regelungen über Beginn und Dauer der Widerrufsfrist Marx/Bäuml, WRP 2004, 162, 163 f. (zu Verträgen über Waren und sonstige Dienstleistungen).

genannten fernabsatzrechtlichen Informationspflichten, sondern zusätzlich an die Erfüllung der spezifischen Vorschriften des eingesetzten Fernkommunikationsmittels gekoppelt.[260] Soweit dem Verbraucher das Widerrufsrecht nach § 312d Abs. 1 Satz 1 BGB i.V.m. § 355 BGB zusteht, muss die Bank dementsprechend zusätzlich die Informations- und Handlungspflichten im elektronischen Geschäftsverkehr nach § 312e Abs. 1 Satz 1 BGB befolgen, um den Fristablauf in Gang zu setzen.[261]

4.2.2.2 Erlöschen des Widerrufsrechts

Wurde der Lauf der Widerrufsfrist wie oben dargelegt in Gang gesetzt, so erlischt das Widerrufsrecht nach Ablauf der zweiwöchigen bzw. einmonatigen Frist.

Unterbleibt jedoch die vollständige und korrekte Erfüllung der Informationspflichten,[262] so besteht bei Fernabsatzverträgen über Finanzdienstleistungen hinsichtlich des Erlöschens des Widerrufsrechts entsprechend der zwingenden Vorgabe der FFARL die Besonderheit, dass dieses solange zeitlich unbegrenzt fortbesteht, wie die Informationserteilung nicht nachgeholt wird.[263] Die Sechs-Monats-Frist des § 355 Abs. 3 Satz 1 BGB findet auf Fernabsatzverträge betreffend Finanzdienstleistungen prinzipiell keine Anwendung.[264] Folglich könnte der Verbraucher einen lang

260 Vgl. dazu BT-Drs. 14/6040, 173 sowie Hk-VertriebsR/Micklitz, § 312e BGB Rz. 108 ff.; Palandt/Heinrichs, § 312e BGB Rz. 11 und Härting, MDR 2002, 61, 64.

261 § 312e Abs. 3 Satz 2 BGB. Bei Vertragsschlüssen ausschließlich über individuelle Kommunikation (E-Mails) ist dabei vereinfachend nur die Pflicht nach § 312e Abs. 1 Satz 1 Nr. 4 BGB relevant.

262 Dies sind kumulativ die Mitteilungspflichten nach § 312c Abs. 2 Nr. 1 BGB sowie die Pflicht zur Belehrung über das Widerrufsrecht gemäß § 355 Abs. 1 Satz 1 BGB, welche aber Bestandteil der Mitteilungspflichten nach § 312c Abs. 2 Nr. 1 BGB ist.

263 § 355 Abs. 3 Satz 3 BGB. Vgl. dazu BT-Drs. 15/2946, 23 sowie des Weiteren Knöfel, ZGS 2004, 182, 185 f. und Härting/Schirmbacher, DB 2003, 1777, 1781. Ausführlich mit guten Argumenten gegen die Frage, ob aufgrund der Neuregelung des § 355 Abs. 3 Satz 3 BGB auch bei einer nach Abschluss des Vertrags im Wege der Nachholung erfolgten (vollständigen und zutreffenden) Informationserteilung ein unbefristetes Widerrufsrecht des Verbrauchers fortbesteht vgl. Domke, BB 2005, 228 ff. Eine solche Annahme einer unbegrenzten Widerrufsmöglichkeit des Verbrauchers trotz Nachholung aller Informationspflichten findet richtigerweise weder in den gesetzlichen Regelungen eine Stützte noch besteht aus Verbraucherschutzgesichtspunkten ein Bedürfnis dafür. Vgl. allerdings Nocke, FLF 2005, 114, 118, die davon ausgeht, dass die Widerrufsmöglichkeit trotz erfolgter Nachholung der fehlerhaften Information unbegrenzt fortbesteht.

264 Vgl. BT-Drs. 15/2946, 23. In deren Anwendungsbereich fallen nur Fernabsatzverträge über Waren oder sonstige Dienstleistungen bei unzureichender Erfüllung der Mitteilungspflichten sowie außerhalb des Fernabsatzrechts solche Fälle, in denen die Verletzung von Informationspflichten den Beginn der Widerrufsfrist hinausschiebt, wie dies etwa bei Teilzeit-Wohnrechteverträgen nach § 485 Abs. 4 BGB der Fall ist. Kritisch zu dem Regelungsgehalt des § 355 Abs. 3 BGB für Fernabsatzverträge Timmerbeil, NJW 2003, 569 f. sowie Artz, BKR 2002, 603, 605.

laufenden Vertrag im Extremfall auch noch nach Jahren widerrufen, da der Lauf der Widerrufsfrist durch diesen Verstoß noch nicht in Gang gesetzt wurde.[265]

Aufgrund des generellen zweiwöchigen Widerrufsrechts werden die Finanzdienstleistungsanbieter die Erfüllung des Vertrags vor Ablauf der Widerrufsfrist falls möglich vermutlich ablehnen, um eine eventuelle Rückabwicklung des Vertrags zu vermeiden.[266] Der Kunde hingegen wird die Dienstleistung in der Regel aber sofort in Anspruch nehmen wollen und nicht erst den Ablauf der Widerrufsfrist abwarten wollen. Um den Anbieter zur Erfüllung des Vertrags zu bewegenen, kann er jedoch nicht pauschal auf sein Widerrufsrecht verzichten.[267]

Er kann aber bei Vertragsschluss gegenüber dem Unternehmer seinen ausdrücklichen Wunsch zur sofortigen Erfüllung des Vertrags erklären,[268] wodurch das Widerrufsrecht für diesen Vertrag gemäß § 312d Abs. 3 Nr. 1 BGB bereits vor Ablauf der regulären Frist in dem Zeitpunkt vorzeitig erlischt, in dem der Vertrag vor Ausübung des Widerrufsrechts von beiden Seiten vollständig erfüllt worden ist.[269] Auf diese Rechtsfolge ist der Kunde zuvor durch einen Hinweis im Rahmen der zu erteilenden Widerrufsbelehrung zu unterrichten.[270] Das Erlöschen des Widerrufsrechts

265 Vgl. dazu Reuter, Der Fernabsatz und seine rechtliche Ausgestaltung, 208. Kritisch zu einem zeitlich unbegrenzten Widerrufsrecht Kriegner, Die Fernabsatz-RL für Finanzdienstleistungen, 191 f.; Felke, Kreditvertrieb über Internet, 161; Nocke, FLF 2005, 114, 115 und Schirnding, FLF 1998, 11, 16, der aus Gründen der Rechtssicherheit eine absolute Widerrufsfrist fordert. Der Verbraucher könnte sein Widerrufsrecht im Einzelfall jedoch verwirkt haben, wenn er dieses über längere Zeit nicht geltend gemacht hat und der Unternehmer auf Grund des Verhaltens des Verbrauchers darauf vertrauen durfte, dass dieser sein Widerrufsrecht auch in Zukunft nicht ausüben werde. Vgl. zu den diesbezüglich hohen Anforderungen an eine Verwirkung Timmerbeil, NJW 2003, 569, 570 sowie weiterhin Felke, MDR 2002, 225, 227 und Dörrie, ZBB 2005, 121, 135. Zweifelnd hinsichtlich der Möglichkeit für den Unternehmer, den Verwirkungseinwand geltend zu machen Felke/Jordans, WM 2005, 710, 711 (dortige Fußnote 20) sowie Domke, BB 2005, 228, 230.

266 So auch Finke, Der Fernabsatz von Finanzdienstleistungen, 215.

267 Vgl. § 312f Satz 1 BGB. Ein allgemeiner Verzicht des Kunden auf das Widerrufsrecht per Verzichtsklausel in AGB ist somit nicht möglich. Vgl. BT-Drs. 14/2658, 45; Hk-VertriebsR/Tonner, § 312f BGB Rz. 8 sowie Brönneke in: Roßnagel, RMD, Teil 13, § 312f BGB Rz. 20.

268 Die Zustimmung des Kunden ist eine geschäftsähnliche Handlung. Daher genügt eine formularmäßige Zustimmung in einbezogenen AGB nicht, da dies gemäß § 308 Nr. 5 BGB eine unzulässige Erklärungsfiktion darstellt. Vielmehr muss vom Kunden eine separate Erklärung eingeholt werden. Vgl. Lütcke, § 312d BGB Rz. 58; Palandt/Heinrichs, § 312d BGB Rz. 7; MüKo/Wendehorst, § 312d BGB Rz. 95 f.; Dörrie, ZBB 2005, 121, 134; Kocher, DB 2004, 2679, 2683 und Felke/Jordans, WM 2005, 710, 711. So auch Fuchs, ZIP 2000, 1273, 1284 zu der noch weniger strengen Regelung des FernAbsG, die kein Ausdrücklichkeitserfordernis enthielt.

269 Die Beweislast für das Vorliegen der Erlöschenstatbestände liegt nach allgemeinen Grundsätzen beim Anbieter. Vgl. MüKo/Wendehorst, § 312d BGB Rz. 110.

270 Diese Pflicht besteht gemäß § 312c Abs. 2 Nr. 1 BGB i.V.m. § 1 Abs. 1 Nr. 10 BGB-InfoV. Der entsprechende Hinweis muss demnach etwa wie folgt lauten: „Ihr Widerrufsrecht erlischt vorzeitig, wenn der Vertrag vollständig erfüllt ist und Sie dem ausdrücklich zugestimmt haben.“ (vgl. Gestaltungshinweis Nr. 8 zum Muster für die Widerrufsbelehrung, Anlage 2 zu § 14 Abs. 1, 3 BGB-InfoV).

ist in solchen Fällen grundsätzlich sachgerecht, da der Vertrag vollständig erfüllt wurde und es zu keiner längeren Belastung des Verbrauchers kommen kann, die ein Widerrufsrecht rechtfertigen würde.[271] Auch hätte ein Widerrufsrecht für den Verbraucher hinsichtlich des bereits erfüllten Vertrags keine Vorteile, da auch im Fall des Widerrufs die erbrachte Dienstleistung voll zu vergüten wäre.[272]

Soweit die Informationspflichten ordnungsgemäß erfüllt wurden, dürfte der Anwendungsbereich dieser Ausnahmeregelung im Vergleich zu derjenigen betreffend sonstige Dienstleistungen[273] jedoch eher gering sein, da im Privatkundengeschäft selten Verträge geschlossen werden, für die ein Widerrufsrecht besteht und die ab Vertragsschluss innerhalb von zwei Wochen vollständig beiderseitig erfüllt werden. Für Dauerschuldverhältnisse wie Giroverträge oder für Kreditverträge hat die Ausnahme jedenfalls keine Bedeutung, da hier höchstens Teilleistungen sofort erfüllt werden.[274]

Entsprechend dem Wortlaut der Vorschrift soll das Erlöschen des Widerrufsrechts aufgrund dieser Ausnahmeregelung aber stets unabhängig vom Beginn der Widerrufsfrist erfolgen: es soll folglich weder daran gekoppelt sein, ob der Verbraucher zuvor ordnungsgemäß über sein Widerrufsrecht und die Rechtsfolgen seiner Zustimmung unterrichtet wurde, noch ob alle weiteren Informationspflichten nach § 312c Abs. 2 Nr. 1 BGB erfüllt wurden.[275] Hierdurch würde der Sinn und Zweck der Vorschrift bedenklich in Frage gestellt werden, da einem Anbieter praktisch die Möglichkeit eröffnet wird, sanktionslos jegliche Informationspflichten missachten zu können, wodurch das Widerrufsrecht letztlich umgangen werden kann.[276] Denn

271 Vgl. auch KOM(1999)385 endg. vom 23.07.1999, 7. Ähnlich Hk-VertriebsR/Tonner, § 312d BGB Rz. 21, der das Erlöschen des Widerrufsrecht bei einer bereits (teil-) ausgeführten Dienstleistung aufgrund des Rückabwicklungsaufwands für sachgerecht hält. Kritisch dagegen Reuter, Der Fernabsatz und seine rechtliche Ausgestaltung, 210, der in dem Erlöschen des Widerrufsrechts eine überflüssige Verkürzung der Verbraucherrechte sieht, sofern eine Rückabwicklung des Vertrags nicht unmöglich ist. Kritik auch von Härting/Schirmbacher, CR 2005, 48, 52 sowie vorangehend dies., DB 2003, 1777, 1781, die dazu anmerken, dass es durch das Erfordernis der beiderseitigen vollständigen Erfüllung der Verbraucher durch Nichtleistung in der Hand habe, das Erlöschen des Widerrufsrechts zu verhindern. Es dürfte aber wohl zu weit gehen, dem Verbraucher ein generelles Missbrauchspotenzial zu unterstellen.

272 Jedenfalls dann, wenn die Bedingungen des § 312d Abs. 6 BGB erfüllt sind.

273 Dort ist das Erlöschen des Widerrufsrechts gemäß § 312d Abs. 3 Nr. 2 BGB lediglich an die Zustimmung zum Beginn der Dienstleistungsausführung geknüpft.

274 Dazu auch Finke, Der Fernabsatz von Finanzdienstleistungen, 73, der deshalb weitergehend eine Aufsplittung des Vertrags in einzelne Vertragsteile vorschlägt. Denkbare kurz laufende Verträge wären z.B. der Verkauf von Reiseschecks oder der Abschluss von kurzfristigen Termingeldverträgen oder Versicherungen wie z.B. Reisegepäckversicherungen. Auf letztere ist jedoch abweichend das VVG anwendbar. Nach dessen § 48c Abs. 4 besteht im Regelfall für derartige Versicherungen ohnehin kein Widerrufsrecht.

275 Vgl. auch Palandt/Heinrichs, § 312d BGB Rz. 7; Bamberger/Roth/Schmidt-Räntsch, § 312d BGB Rz. 21; Lütcke, § 312d BGB Rz. 61. Dies geht noch deutlicher aus dem Wortlaut des entsprechenden Art. 6 Abs. 2 lit. c) FFARL hervor, wonach das Widerrufsrecht in diesen Fällen ohne weitere Voraussetzungen „ausgeschlossen“ ist.

276 Ebenso MüKo/Wendehorst, § 312d BGB Rz. 99. Kritik dazu auch von Wilmer in: Wilmer/

ein Verbraucher, der niemals über ein ihm zustehendes Widerrufsrecht und über die für ihn negativen Konsequenzen seiner Zustimmung belehrt wurde, wird zumeist bedenkenlos seine Zustimmung zur Erfüllung des Vertrags erteilen.[277] Da er davon ausgeht, fest an den Vertrag gebunden zu sein, wird er diesen dann regelmäßig auch vollständig erfüllen. Es erscheint jedoch zweifelhaft, einen Verbraucher in diesem Fall trotz fehlender Informationen an einem für ihn nachteiligen Vertrag festhalten zu lassen.

Deshalb darf diese Erklärung dem Verbraucher solange nicht zugerechnet werden und das Widerrufsrecht folglich nicht erlöschen, wie ihn der Unternehmer nicht ordnungsgemäß über die Rechtsfolgen seiner Zustimmung aufgeklärt hat oder er nachweisen kann, dass der Verbraucher anderweitig Kenntnis davon erlangt hat.[278] Die vom Kunden einzuholende Erklärung müsste daher etwa wie folgt lauten: „Ich wünsche die sofortige Ausführung des Geschäfts. In diesem Fall erlischt mein Widerrufsrecht nicht erst mit Ablauf der regulären Widerrufsfrist, sondern vorzeitig mit beiderseitiger vollständiger Erfüllung des Vertrags."

Für den rechtswidrig agierenden Anbieter, der sämtliche Informationspflichten missachtet, hätte dies dann die sachgerechte Konsequenz, dass er im Fall des Widerrufs aufgrund der Regelung des § 312d Abs. 6 BGB auch für eine bereits voll erbrachte Dienstleistung sämtliche Vergütungsansprüche verliert.

4.2.2.3 Folgen des Widerrufs

Hinsichtlich der Widerrufsfolgen kann grundsätzlich auf § 357 i.V.m. §§ 346 ff. BGB zurückgegriffen werden.[279] Der fristgerechte Widerruf des Verbrauchers führt

Hahn, Fernabsatzrecht, V 1 Rz. 47 und Reuter, Der Fernabsatz und seine rechtliche Ausgestaltung, 208 und 210.

277 So auch MüKo/Wendehorst, § 312c BGB Rz. 6. Der Verbraucher wird sich bei einer von ihm eingeholten Erklärung wie z.B. „Ich wünsche die sofortige Ausführung des Vertrags." wohl regelmäßig keine Gedanken bezüglich eines ihm zustehenden Widerrufsrechts machen.

278 Vgl. MüKo/Wendehorst, § 312d BGB Rz. 98 f. Dahingehend auch Reuter, Der Fernabsatz und seine rechtliche Ausgestaltung, 210. Zwar könnte man nun einwenden, dass das rechtswidrige Verhalten eines Anbieters in diesem Fall keineswegs folgenlos ist und es einer solchen Zurechnung folglich nicht bedarf, da dieser Verstoß zum einen nach UklaG oder UWG verfolgt werden kann, und zum anderen dem Verbraucher, der aufgrund der fehlenden Belehrung über sein Widerrufsrecht nun eventuell widerwillig den Vertrag erfüllt hat, ein Schadensersatzanspruch wegen Verletzung vorvertraglicher Informationspflichten zusteht. Jedoch erscheint es unbillig, den rechtsunkundigen Verbraucher auf die Durchsetzung dieses Anspruchs zu verweisen und ihn ansonsten am Vertrag festhalten zu lassen. Dies würde den Anbieter vielfach wieder sanktionslos stellen, da eine gerichtliche, aber auch außergerichtliche Durchsetzung von den meisten Verbrauchern vermutlich aus Unkenntnis oder aufgrund des befürchteten Aufwands gescheut werden wird. Dies würde dem Verbraucherschutzgedanken nicht gerecht werden, da sich der Verbraucher ja gerade ohne lange Auseinandersetzungen mit dem Anbieter von einem für ihn nachteiligen Vertrag lösen können soll.

279 Vgl. BT-Drs. 15/2946, 16.

folglich nicht dazu, dass der jeweilige Vertrag von Anfang an unwirksam gewesen ist und die Rückabwicklung der Leistungen nach Bereicherungsrecht erfolgt, sondern der zunächst wirksame Vertrag wird mit Wirkung ex nunc in ein Rückabwicklungsschuldverhältnis umgewandelt.[280]

Nach Maßgabe des § 346 Abs. 1 BGB müssen die Parteien nach erfolgtem Widerruf die empfangenen Leistungen einander zurückgewähren und die gezogenen Nutzungen herausgeben. Bei Dienstleistungen ist anstatt der Rückgewähr Wertersatz nach § 346 Abs. 2 Nr. 1 BGB zu leisten, da diese aufgrund ihres immateriellen Charakters naturgemäß nicht zurückgewährt werden können. Für die Berechnung des Wertersatzes ist nach der Vorgabe des Gesetzes grundsätzlich auf die vertraglich vereinbarte Vergütung abzustellen.[281] Dies führt dazu, dass die während der bisherigen Laufzeit des Vertrags bereits erhaltenen laufenden Gebühren und Entgelte regelmäßig bei der Bank verbleiben.

Um das Widerrufsrecht für den Verbraucher jedoch nicht ökonomisch wertlos zu machen und somit auszuhöhlen, stellt die FFARL in ihrem Art. 7 Abs. 1 ergänzend klar, dass der zu zahlende Betrag dabei maximal dem Anteil der bereits erbrachten Dienstleistung im Vergleich zum Gesamtumfang der Dienstleistung entsprechen darf und keinesfalls so bemessen sein darf, dass er als Vertragsstrafe ausgelegt werden kann. Folglich dürfte es z.B. nicht möglich sein, die bei Abschluss eines Bausparvertrags übliche Abschlussgebühr in Höhe von 1% der Abschlusssumme in voller Höhe zu beanspruchen.[282]

Beim Fernabsatz von Finanzdienstleistungen gilt des Weiteren die Besonderheit, dass die Bank nur dann einen Vergütungsanspruch für die im Zeitraum zwischen dem Abschluss des Vertrags und dem Widerruf des Kunden tatsächlich erbrachten Dienstleistungen hat, wenn sie mit ausdrücklicher Zustimmung des Kunden vor Ende der Widerrufsfrist mit der Ausführung der Dienstleistung begonnen hat und den Kunden zudem vor Vertragsschluss auf diese Rechtsfolge unter Angabe des für

280 Vgl. Palandt/Heinrichs, Überbl. vor § 104 BGB Rz. 32a und § 357 BGB Rz. 2; MüKo/Ulmer, § 355 BGB Rz. 33 und § 357 BGB Rz. 10; Hk-VertriebsR/Tonner, § 357 BGB Rz. 4 sowie Fuchs, ZIP 2000, 1273 ,1284. Ausführlich zu den Widerrufsfolgen bei mit einer Finanzdienstleistung verbundenen Verträgen siehe Finke, Der Fernabsatz von Finanzdienstleistungen, 81 ff.

281 § 346 Abs. 2 Satz 2 BGB. Vgl. dazu MüKo/Gaier, § 346 BGB Rz. 47; MüKo/Ulmer, § 357 BGB Rz. 20; Felke/Jordans, WM 2005, 710, 711; Finke, Der Fernabsatz von Finanzdienstleistungen, 77 f.; Schmidt-Räntsch, ZIP 1100, 1103. Bei Darlehensverträgen ist folglich nicht nur die Darlehensvaluta zurückzuzahlen, sondern diese auch mit dem Vertragszins zu verzinsen, soweit nicht ein niedrigerer Wert nachgewiesen werden kann. Anders dagegen Palandt/Heinrichs, § 346 BGB Rz. 10, wonach das vertragliche Entgelt stets um den Gewinnanteil zu kürzen sei.

282 Diese stellt zwar eine pauschalierte, laufzeitunabhängige Vergütung für den mit der Antragsbearbeitung verbundenen Verwaltungsaufwand des Anbieters dar (vgl. Schwintowski in: Schwintowski/Schäfer, Bankrecht, § 14 Rz. 82). Da dieser Betrag jedoch schnell einige hundert Euro betragen kann und das Geld für den Verbraucher im Fall des Widerrufs verloren wäre, würde er aufgrund dessen vermutlich von der Ausübung seines Widerrufsrechts absehen. Dies würde dem Schutzzweck jedoch zuwider laufen. So auch Reuter, Der Fernabsatz und seine rechtliche Ausgestaltung, 217.

die erbrachte Dienstleistung zu zahlenden Betrags[283] hingewiesen hat.[284] Hier könnte es sich anbieten, eine gestaffelte Pauschale oder entsprechende Prozentsätze in den Vertragsbestimmungen aufzuführen.[285] Die Beweislast für die anspruchsbegründenden Umstände liegt entsprechend der Gesetzesformulierung bei der Bank.[286]

Getrennt davon ergibt sich für den Verbraucher nach § 357 Abs. 1 Satz 1 i.V.m. § 346 Abs. 1 BGB als weitere Pflicht stets die Rückgewähr der von der Bank infolge des Fernabsatzvertrags empfangenen Leistungen wie z.B. die Darlehensvaluta.[287] In gleicher Weise muss die Bank dem Verbraucher beispielsweise eine von ihm erhaltene Termineinlage zurückerstatten, wobei sie den vom Verbraucher zu leistenden Wertersatz hiervon unmittelbar abziehen kann.[288] Diese Rückgewähransprüche unterliegen ausschließlich dem Rücktrittsrecht der §§ 346 ff. BGB und sind im Gegensatz zum Wertersatz für erbrachte Dienstleistungen weder daran gekoppelt, ob die Bank den Verbraucher hierüber unterrichtet hat, noch ob dieser dem Beginn der Dienstleistungsausführung zugestimmt hat.

283 Dieses auch in § 1 Abs. 1 Nr. 10 BGB-InfoV enthaltene Erfordernis ergibt sich zwar nicht eindeutig aus dem Wortlaut des § 312d Abs. 6 BGB, dafür umso deutlicher aus Art. 7 Abs. 3 Satz 1 FFARL.

284 § 312d Abs. 6 BGB. Vgl. auch BT-Drs. 15/2946, 23; Rott, BB 2005, 53, 60; Kocher, DB 2004, 2679, 2683; Knöfel, ZGS 2004, 182, 185 und Härting/Schirmbacher, DB 2003, 1777, 1781. Zur entsprechenden Regelung der FFARL siehe Reuter, Der Fernabsatz und seine rechtliche Ausgestaltung, 215 ff. und Finke, Der Fernabsatz von Finanzdienstleistungen, 77 f. Kritisch dazu Felke/Jordans, WM 2004, 166, 170 sowie Riesenhuber, WM 1999, 1441, 1446, nach dessen Auffassung jeder Verbraucher wissen müsse, dass er auch im Fall des Widerrufs für bereits erbrachte Dienstleistungen zahlen müsse. Deshalb sei es nicht gerechtfertig, dem Anbieter jeglichen Vergütungsanspruch zu verwehren, wenn dieser nicht nachweisen könne, den Verbraucher darüber informiert zu haben. Kritisch zu den aus § 312d Abs. 6 BGB resultierenden u.U. bedenklichen Rechtsfolgen im Falle eines Widerrufs Dörrie, ZBB 2005, 121, 134 f.

285 Zu den Möglichkeiten, dem Verbraucher den zu zahlenden Betrag im Voraus anzugeben vgl. KOM(1998)468 endg. vom 14.10.1998, 14 f. sowie Hoppmann, VersR 1999, 673, 678 f. Dass der Gestaltungshinweis 6 der Musterbelehrung in Anlage 2 zu § 14 BGB-InfoV diesen Anforderungen zur Angabe eines Betrags oder wenigstens einer Berechnungsgrundlage genügt, erscheint dabei sehr zweifelhaft. Dahingehende Kritik auch von Rott, BB 2005, 53, 58.

286 Vgl. BT-Drs. 15/2946, 23 sowie Rott, BB 2005, 53, 60 und Härting/Schirmbacher, CR 2005, 48, 53.

287 Vgl. dazu BGH NJW 2003, 422 f. und Nocke, FLF 2005, 114, 116. Des Weiteren besteht wohl ebenso die Pflicht des Verbrauchers zur Rückgabe von unterzeichneten Originaldokumenten (so noch Art. 8b des geänderten Richtlinienvorschlags, ABl. EG Nr. C 177 E vom 27.06.2000, 21).

288 Die maßgeblichen Fristen für die Erfüllung der Rückgewähransprüche ergeben sich aus § 357 Abs. 1 Satz 2, 3 i.V.m. § 286 Abs. 3 BGB. Vgl. dazu BT-Drs. 15/2946, 23 f. sowie zur entsprechenden Regelung der FFARL Finke, Der Fernabsatz von Finanzdienstleistungen, 79 f.

5. Kernfragen für die Anbieter von Finanzdienstleistungen

Nachfolgend wird auf ausgewählte Kernfragen für den Vertrieb von Bankdienstleistungen eingegangen und deren regelungstechnische Umsetzung innerhalb der neuen Fernabsatzvorschriften dargestellt.

5.1 Ausnahme von Folgevorgängen

Die oben dargelegten Schutzmechanismen würden in einigen Bereichen eine reibungslose und schnelle Abwicklung von Aufträgen im Fernabsatz erheblich erschweren. Insbesondere die zeitnahe Abwicklung des bargeldlosen Zahlungsverkehrs mit Überweisungen würde nahezu unmöglich werden. Da die Überweisung zum einen als eigenständiger Vertrag ausgestaltet ist,[289] der selbständig neben den die Kontobeziehung im übrigen regelnden Girovertrag tritt, und zum anderen aufgrund ihrer Zugehörigkeit zum Girogeschäft i.S.d. § 1 Abs. 1 Nr. 9 KWG eine Finanzdienstleistung darstellt, müssten für jede einzelne vom Kunden in Auftrag gegebene Online-Überweisung sämtliche Informationspflichten nach § 312c BGB erfüllt werden.[290] Darüber hinaus würde dem Kunden stets ein Widerrufsrecht für den einzelnen Überweisungsvertrag zustehen, sofern die Bank vom Kunden nicht dessen ausdrücklichen Wunsch zur sofortigen Ausführung vor Ablauf der Widerrufsfrist einholt. In gleicher Weise könnte auch die unverzügliche Ausführung einer Wertpapierorder nicht mehr gewährleistet werden, wie es gerade in diesem Bereich aber geboten ist.[291]

289 Seit dem das am 14.08.1999 in Kraft getretene Überweisungsgesetz (BGBl. I, 1642) ab dem 01.01.2002 auch auf Inlandsüberweisungen Anwendung findet, beruht die Überweisung gemäß § 676a BGB auf dem Überweisungsvertrag als Sonderform des Geschäftsbesorgungsvertrags i.S.d. § 675 BGB. Der Überweisungsvertrag verpflichtet die überweisende Bank auf Veranlassung ihres Kunden – dem Überweisenden – die Überweisung auszuführen. Vgl. ausführlich zum Überweisungsvertrag Schwintowski in: Schwintowski/Schäfer, Bankrecht, § 7 Rz. 113 ff.; Gößmann/van Look, WM 2000, Sonderbeilage 1, 25 ff.; Klamt/Koch, NJW 1999, 2776 ff. sowie insbesondere zu Haftungsfragen Risse/Lindner, BB 1999, 2201 ff.

290 So auch Hartmann, Die Bank 1999, 163 , 164 und Koch/Maurer, WM 2002, 2443, 2481, 2490.

291 Nach den „Sonderbedingungen für Wertpapiergeschäfte" (abgedruckt bei Jütten in: Hellner/Steuer, BuB, vor Rz. 7/1) führt die Bank Kundenaufträge zum Kauf oder Verkauf von Wertpapieren entweder als Kommissionärin durch (Nrn. 1 – 8 der Sonderbedingungen) oder tätigt mit dem Kunden Festpreisgeschäfte (Nr. 9 der Sonderbedingungen). Im ersten Fall schließt die Bank mit dem Kunden einen Kommissionsvertrag, welcher ein Geschäftsbesorgungsvertrag i.S.d. § 675 BGB ist. Diese Form ist der Regelfall für die Ausführung einer Kundenorder durch die Bank (so ausdrücklich für Direktbanken BGH NJW-RR 2002, 1344, 1345; vgl. dazu auch Mai, CR 2002, 200, 201). Bei einem Festpreisgeschäft, bei dem die Bank als Eigenhändlerin auftritt, schließt sie mit dem Kunden hingegen einen reinen Kaufvertrag. Vgl.

5.1.1 Vorgänge im Anschluss an eine erstmalige Dienstleistungsvereinbarung

Aus Sicht der Praxis normiert § 312b Abs. 4 Satz 1 BGB diesbezüglich nun eine weit reichende Ausnahmeregelung, die die Anwendbarkeit des Fernabsatzrechts bei Folgevorgängen eingrenzt und den Banken somit die Abwicklung dieser Geschäfte erheblich erleichtert.[292] Demnach sind solche Vorgänge von den Fernabsatzvorschriften ausgenommen, die im Anschluss an eine sie erfassende erstmalige Dienstleistungsvereinbarung erfolgen.[293]

Soweit folglich im Rahmen eines zwischen einer Direktbank und ihrem Kunden geschlossenen Girovertrags Einzelverträge wie z.B. die angesprochenen Überweisungsverträge geschlossen werden, finden die Fernabsatzvorschriften nur auf die erstmalige Dienstleistungsvereinbarung als Grundvertrag Anwendung, in diesem Fall nur auf den Vertrag über das Girokonto. Hinsichtlich des einzelnen Überweisungsvertrags muss der Kunde weder gesondert informiert werden noch steht ihm dafür ein Widerrufsrecht zu.[294]

Die Ausnahme derartiger einzelner Folgevorgänge von den Fernabsatzvorschriften dient jedoch nicht nur der Praktikabilität bei der Ausführung der Dienstleistungen, sie ist auch hinsichtlich der Schutzbedürftigkeit der Verbraucher sachge-

dazu Schäfer in: Schwintowski/Schäfer, Bankrecht, § 16 Rz. 22 ff. In beiden Fällen liegt somit ein Vertrag vor, der – soweit im Fernabsatz geschlossen – den neuen Regelungen unterliegen würde.

292 Siehe dazu auch Härting/Schirmbacher, CR 2005, 48 f.; Vander, MMR 2005, 139, 140 und Kocher, DB 2004, 2679, 2680. Die Regelung dient der Umsetzung von Art. 1 Abs. 2 FFARL. Ausgangspunkt für diese Vorschrift ist die Erkenntnis der Kommission, dass Finanzdienstleistungen, die sowohl sukzessive als auch eine Reihe von getrennten Vorgängen umfassen können, in den einzelnen Mitgliedstaaten unterschiedlichen Rechtskonstruktionen unterliegen. Mit der getroffenen Regelung sollte sichergestellt werden, dass die Anwendbarkeit der FFARL nicht von der nationalen Dogmatik abhängig ist, sondern aufgrund inhaltlicher Kriterien einheitlich zur Anwendung kommt. Vgl. die Begründung der Kommission in KOM(1998)468 endg. 14.10.1998, 11 sowie Erwägungsgrund 16 FFARL.

293 Kritisch zu bewerten ist hierbei die sprachliche Verkürzung im Vergleich zum Wortlaut der Richtlinie. Verwendet die FFARL in Art. 1 Abs. 2 den Begriff „erstmalige Dienstleistungsvereinbarung", spricht § 312b Abs. 4 BGB nur noch von einer „erstmaligen Vereinbarung". Zur leichteren Erfassung des Erklärungsgehalts der Vorschrift wäre eine Beibehaltung des Richtlinienwortlauts wünschenswert gewesen. Gelungener erscheint hier die Umsetzung des österreichischen Gesetzgebers in § 2 Fern-Finanzdienstleistungs-Gesetz vom 21.06.2004 (ÖBGBl. I Nr. 62/2004). Kritisch zum Wortlaut auch Zentraler Kreditausschuss (Hrsg.), Stellungnahme zum Gesetzentwurf, 4 f.

294 Vgl. die Begründung der Kommission in KOM(1998)468 endg. 14.10.1998, 11 sowie Erwägungsgrund 17 FFARL. Siehe ebenso die Regierungsbegründung BT-Drs. 15/2946, 19. Ferner dazu Riesenhuber, WM 1999, 1441, 1443; Hartmann, Die Bank 1999, 163, 164; Hadding, ÖBA 2001, 105, 108; Härting/Schirmbacher, CR 2002, 809, 810; Koch/Maurer, WM 2002, 2443, 2481, 2490; Ring in: Burkhardt/Körnert/Walther, FS Lohmann, 321, 335; Rott, BB 2005, 53, 54; Escher in Lehmann, Electronic Business in Europa, 585, 622 sowie Reich in: Reich/Micklitz, Europäisches Verbraucherrecht, § 24 Rz. 17.

recht.[295] Deutlich wird dies am Beispiel des Überweisungsvertrags: Die Grundlage für die Ausführung der Überweisung bildet regelmäßig der zuvor bei der Begründung der Geschäftsbeziehung zwischen der Bank und dem Kunden geschlossene Girovertrag gemäß § 676f BGB. Dieser ist ein Dauerschuldverhältnis mit dem Ziel der Abwicklung des bargeldlosen Zahlungsverkehrs und stellt einen rahmenartigen Vertrag für die ihn konkretisierenden Einzelverträge und Weisungen des Kunden dar, die dann zu Buchungen auf dem Konto führen, welches für den Kunden aufgrund des Girovertrags einzurichten und zu führen ist.[296] Dahingehend umfasst der Girovertrag als gesetzlichen Mindestinhalt die Verpflichtung der Bank, eingehende Zahlungen auf dem Konto gutzuschreiben und abgeschlossene Überweisungsverträge zu Lasten dieses Kontos abzuwickeln.[297] Da die Fernabsatzvorschriften auf diesen Rahmenvertrag uneingeschränkt Anwendung finden, sind auch die von dem Girovertrag umfassten wesentlichen Leistungsmerkmale – unter anderem also die Ausführung von Überweisungen – dem Kunden bei Abschluss des Girovertrags gemäß § 1 Abs. 1 Nr. 4 BGB-InfoV dazulegen und verständlich zu beschreiben.[298] Werden die davon umfassten Einzelverträge später dann abgeschlossen, besteht aus Verbraucherschutzgründen kein Anlass, die Schutzvorschriften wiederholt zur Anwendung kommen zu lassen.[299] Denn der Kunde hat bereits bei der Kontoeröffnung Kenntnis über die wesentlichen Rechte und Pflichten auch der Folgevorgänge erlangt, welche ihm folglich vertraut sein müssen. Daher brauchen dem Kunden weder die bereits erteilten Informationen nochmals übermittelt werden, noch kann dieser den im Wege der Fernkommunikation geschlossenen Überweisungsvertrag nach den Fernabsatzvorschriften widerrufen.[300]

295 Positiv dazu auch Finke, Der Fernabsatz von Finanzdienstleistungen, 37; Hartmann, Die Bank 1999, 163, 164; Ring in: Burkhardt/Körnert/Walther, FS Lohmann, 321, 335 und Zentraler Kreditausschuss (Hrsg.), Stellungnahme zum Gesetzentwurf, 4. Einschränkend Reuter, Der Fernabsatz und seine rechtliche Ausgestaltung, 195.

296 Vgl. Palandt/Sprau, § 676f BGB Rz. 1 und Klamt/Koch, NJW 1999, 2776.

297 § 676f Abs. 1 BGB. Vgl. ausführlich zum Inhalt des Girovertrags Palandt/Sprau, § 676f BGB Rz. 4 und 6 ff.; Schwintowski in: Schwintowski/Schäfer, Bankrecht, § 7 Rz. 26 ff.; Gößmann/van Look, WM 2000, Sonderbeilage 1, 18 ff.

298 Da der Kunde seine Entscheidung über den Abschluss des Vertrags wesentlich an den beinhalteten Leistungen ausrichten wird, ist hier eine bloße Nennung der Leistungsmerkmale nicht ausreichend. Vielmehr müssen die einzelnen Leistungen verständlich beschrieben werden. Vgl. dazu Hk-VertriebsR/Micklitz, § 312c BGB Rz. 74 und Palandt/Heinrichs, § 1 BGB-InfoV Rz. 3.

299 So auch BT-Drs. 15/2946, 19 und Hartmann, Die Bank 1999, 163, 164.

300 Dem Kunden steht aber weiterhin unabhängig davon eine Kündigungsmöglichkeit des Überweisungsvertrags nach § 676a Abs. 4 BGB zu. Hiernach ist eine Kündigung solange möglich, bis der Überweisungsbetrag der Bank des Begünstigten zur Gutschrift auf dessen Konto endgültig zur Verfügung steht. Vgl. dazu Palandt/Sprau, § 676a BGB Rz. 12; Schwintowski in: Schwintowski/Schäfer, Bankrecht, § 7 Rz. 129 f.; Gößmann/van Look, WM 2000, Sonderbeilage 1, 33 f. sowie Grundmann, WM 2000, 2267, 2275 f.

5.1.2 Folgevorgänge ohne erstmalige Dienstleistungsvereinbarung

Von dieser Ausnahmeregelung sind hinsichtlich der Informationspflichten ebenfalls gleichartige, in einem zeitlichen Zusammenhang stehende Vorgänge erfasst, für die kein Grund- bzw. Rahmenvertrag vorliegt.[301] Soweit der Abstand zwischen diesen einzelnen Vorgängen nicht mehr als ein Jahr beträgt, besteht zwar jeweils ein Widerrufsrecht für den neuen Vorgang. Die Bank hat aber die Informationspflichten nach § 312c BGB nur einmal beim ersten Vorgang in dieser Reihe zu erfüllen und braucht sie bei den darauf folgenden Verträgen nicht zu wiederholen, da dem Kunden die maßgeblichen Informationen bereits zuvor für seine Entscheidung vorlagen.[302] Bei längeren Zeitabständen wurde seitens des europäischen Gesetzgebers jedoch berechtigterweise wohl davon ausgegangen, dass der Verbraucher die beim ersten Vorgang dieser Reihe erteilten Informationen zumindest teilweise wieder vergessen hat oder die Informationen nebst den Vertragsbestimmungen nicht mehr vorliegen hat und von daher ein neues Informationsbedürfnis besteht.[303]

Um das Ziel der zugrunde liegenden Richtlinie, ein höheres Maß an Verbraucherschutz zu gewährleisten, nicht zu untergraben, ist diese Regelung allerdings eng auszulegen. Ein besonderes Informationsbedürfnis des Verbrauchers und somit eine wiederholte Informationspflicht besteht nur dann nicht, wenn sich die Vorgänge derart gleichen, dass die Vertragsmodalitäten und somit die von der Bank zu erbringenden Informationen insbesondere im Hinblick auf den Gesamtpreis und die Steuern oder Kosten[304] absolut identisch sind.[305] Zudem sollte die Bank den Kunden bei einem erneuten Vertragsschluss stets auf die bereits erteilten und für den neuen Vertrag ebenfalls gültigen Informationen hinweisen.

5.1.3 Änderungen der erstmaligen Dienstleistungsvereinbarung

In gleicher Weise muss genau geprüft werden, ob durch die nachträgliche Änderung eines laufenden Rahmenvertrags ein neues Schutzbedürfnis des Kunden entstanden ist und ihm unter Umständen ein neues Widerrufsrecht zu gewähren ist. Zu denken

301 § 312b Abs. 4 Satz 2, 3 BGB. In Erwägungsgrund 17 FFARL sind hierfür als Beispiel die Zeichnung neuer Anteile desselben Investmentfonds genannt. Zu denken ist weiterhin an die Verlängerung eines laufenden oder der Abschluss eines zweiten Termingeldvertrags für einen neuen Geldbetrag oder die Beantragung einer weiteren Kreditkarte.

302 Vgl. dazu Riesenhuber, WM 1999, 1441, 1443; Finke, Der Fernabsatz von Finanzdienstleistungen, 38 f. sowie Rott, BB 2005, 53, 55. A.A. Schneider, VersR 2004, 696, 670, der in Fällen, in den eine Verlängerung eines bestehenden Versicherungsvertrags nicht bereits in den Bedingungen festegelegt wurde und die Verlängerung daher gesondert vereinbart werden muss, eine erneute Anwendung der Schutzvorschriften befürwortet.

303 Ebenso Kriegner, Die Fernabsatz-RL für Finanzdienstleistungen, 70 f.

304 Informationspflichten der Bank gemäß § 1 Abs. 1 Nr. 7 und 8 BGB-InfoV.

305 So auch Kocher, DB 2004, 2679, 280; Finke, Der Fernabsatz von Finanzdienstleistungen, 39 und Reuter, Der Fernabsatz und seine rechtliche Ausgestaltung, 196.

ist hier zum einen an die in unregelmäßigen Abständen erfolgenden Änderungen der AGB-Banken, die der gesamten Geschäftsverbindung zwischen dem Kunden und der Bank zugrunde liegen, insbesondere Änderung der Entgelte und Zinsen für einzelne Dienstleistungen.[306]

Erfolgt eine Änderung dieser Bedingungen, ist dies jedoch kein neuer Vertrag, sondern der bestehende Vertrag wird in geänderter Form fortgeführt. Diese Änderungen müssen dem Kunden aufgrund der vertraglichen Vereinbarung jeweils schriftlich mitgeteilt werden. Insbesondere bei Preiserhöhungen steht dem Kunden zudem ein außerordentliches Kündigungsrecht zu.[307] Das Fernabsatzrecht findet auf derartige Vertragsanpassungen folglich keine Anwendung.

Zu prüfen ist dies zum anderen auch bei später vereinbarten Zusatzdienstleistungen, die nicht bereits typischerweise von der erstmaligen Dienstleistungsvereinbarung erfasst sind. Diese fallen nicht unter die Ausnahmeregelung des § 312b Abs. 4 Satz 1 BGB.[308] Erweiterungen des Ursprungsvertrags um neue Dienstleistungen unterliegen folglich stets den Fernabsatzvorschriften. Diese gelten als Zusatzvertrag, über den der Verbraucher erneut vollumfänglich zu unterrichten ist.[309] So ist beispielsweise die Aushändigung einer Kreditkarte nicht mehr typischerweise Bestandteil des Girovertrags.[310]

Gleiches gilt für die Ausgabe einer ec-/ Maestro-Karte.[311] Zwar besteht dabei regelmäßig ein enger Zusammenhang zu dem Girovertrag, der stets Voraussetzung für die Ausgabe einer ec-/ Maestro-Karte ist, da die mit der Karte vorgenommenen Zahlungen über das Girokonto abgewickelt werden. Da der Kunde mit der Karte jedoch einen Anspruch auf Benutzung der Geldausgabeautomaten und zur Teilnahme am electronic-cash Verfahren erhält, ist die Bank aufgrund des Missbrauchsrisi-

306 Diese Änderungsmöglichkeiten sind bereits aufgrund der Einbeziehung der AGB im ursprünglichen Vertrag festgelegt und ergeben sich im einzelnen aus Nr. 1 Abs. 2 (AGB-Änderung) und Nr. 12 Abs. 3 (Änderung von Zinsen und Entgelten) der AGB-Banken.

307 Nr. 1 Abs. 2 Satz 1 (Mitteilung der Änderungen), Nr. 12 Abs. 4 (Kündigungsrecht) AGB-Banken.

308 Kritisch zum Wortlaut der Vorschrift Finke, Der Fernabsatz von Finanzdienstleistungen, 37, der die in der Vorschrift genannten Kriterien für eine dahingehende eindeutige Abgrenzung als zu ungenau erachtet.

309 Vgl. Erwägungsgrund 17 FFARL sowie BT-Drs. 15/2946, 19.

310 Bei dem eigenständigen Kreditkartenvertrag (Emissionsvertrag) zwischen dem Kunden als Karteninhaber und der Bank als Kartenherausgeberin handelt es sich um einen auf Dauer angelegten entgeltlichen Geschäftsbesorgungsvertrag gemäß § 675 BGB. Vgl. dazu BGH NJW 2002, 3698 sowie Schwintowski in: Schwintowski/Schäfer, Bankrecht, § 13 Rz. 20; Hofmann, BKR 2003, 321, 322 und Gößmann in: Horn/Schimansky, Bankrecht, 67, 74 ff. Ausführlich zu den Rechtsverhältnissen im Kreditkartengeschäft siehe Blaurock in: Derleder/Knops/Bamberger, Handbuch Bankrecht, § 43 Rz. 10 ff.

311 Das Kürzel „ec“ steht nach dem Wegfall der eurocheque-Garantie zum 01.01.2002 für „electronic-cash“. An der Verwendung als Zahlungskarte und der Konzeption des Zahlungssystems hat sich hierdurch jedoch nichts verändert. Für diese Art von Zahlungskarten werden seitdem teilweise auch andere Bezeichnungen verwendet: so sprechen die Sparkassen abweichend von der SparkassenCard oder die LBBW von der LBBW Card plus, wohl um die Identifikation des Kunden mit der Bank zu stärken.

kos – sei es durch vertragswidrigen Einsatz der Karte durch den Kunden selbst oder aufgrund Missbrauch durch Dritte – nicht bereits durch den bestehenden Girovertrag dazu verpflichtet, eine solche Karte auszugeben.[312] Für die Ausgabe einer ec-/ Maestro-Karte ist vielmehr ein eigenständiger Kartenvertrag erforderlich.[313]

Wird dem Kunden im Rahmen der Kontoverbindung erst später eine ec-/ Maestro-Karte ausgegeben, besteht für ihn ein Informationsdefizit, da die Rechte und Pflichten des Kartenvertrags nicht Gegenstand der Informationspflichten des damaligen Girovertrags waren. Folglich sind für diesen Zusatzvertrag zum einen die Informationspflichten nach § 312c BGB vollständig zu erfüllen, zum anderen hat der Kunde hierfür ein separates Widerrufsrecht. Ein Widerruf des Zahlungskartenvertrags würde jedoch nur diesen Vertrag beenden. Die mit der Karte über das Girokonto getätigten Verfügungen bleiben vom Widerruf hingegen unberührt. Diese sind ihrerseits vom Girovertrag erfasst und unterliegen folglich nicht dem Fernabsatzrecht.

5.1.4 Einbeziehung von Dienstleistungen aufgrund ausdrücklicher Regelung

Der Umfang der Dienstleistungen, die aufgrund der Zugehörigkeit zu einer erstmaligen Dienstleistungsvereinbarung nicht selbst den Fernabsatzvorschriften unterliegen, ergibt sich nicht nur aufgrund des Typus der Grundvereinbarung, sondern richtet sich ebenso nach der vertraglichen Vereinbarung. Die Ausnahmeregelung des § 312b Abs. 4 Satz 1 BGB eröffnet den Banken dahingehend die Möglichkeit, viele der im Zusammenhang mit einem Grundvertrag stehenden Dienstleistungen, die nicht bereits typischerweise davon umfasst sind, durch vertragliche Einbeziehung in die erstmalige Dienstleistungsvereinbarung aus dem Anwendungsbereich der Fernabsatzvorschriften auszunehmen. Dies reduziert den Aufwand sowohl für die Erfüllung der Informationspflichten als auch für den Nachweis über den Zugang sämtlicher Informationen erheblich, da die Informationserteilung nur einmal bei der ersten Vereinbarung erfolgen muss.[314] Zudem können damit die Risiken eines trotz sorgfältiger Beachtung der Informationspflichten eventuell unbegrenzten Widerrufsrechts für die einzelnen Dienstleistungen gemindert werden.

312 Vgl. dazu Canaris, Bankvertragsrecht, Rz. 527g; Gößmann, WM 1998, 1264, 1265 und Schwintowski in: Schwintowski/Schäfer, Bankrecht, § 12 Rz. 29.

313 Der Kartenvertrag stellt einen entgeltlichen Geschäftsbesorgungsvertrag dar, der den „Bedingungen für den ec-/ Maestro-Service“ (ec-Bedingungen) unterliegt (abgedruckt und kommentiert bei Werner in: Hellner/Steuer, BuB, Rz. 6/1763 ff.). Diese sprechen in Abschnitt II Nr. 5 und 6 ebenso von einem „ec-Kartenvertrag“. Vgl. dazu Gößmann, WM 1998, 1264, 1265 m.w.N. und Russenschuck, Auszahlung von Bargeld, 64 f. Anders dagegen Canaris, Bankvertragsrecht, Rz. 527h, der die Vereinbarung über die Ausgabe der Karte nicht als eigenständigen Vertrag, sondern lediglich als unselbständige ergänzende Nebenabrede zum Girovertrag ansieht. Diesem folgend ebenso Schwintowski in: Schwintowski/Schäfer, Bankrecht, § 12 Rz. 28.

314 Zu Nachweismöglichkeiten über die erfolgte Informationserteilung siehe unten Kapitel 5.4.

Da sich der Inhalt des Girovertrags über den gesetzlichen Mindestinhalt hinaus grundsätzlich nach der vertraglichen Vereinbarung richtet,[315] kann die Bank individuell bestimmen, welche Dienstleistungen im Einzelnen von diesem umfasst sein sollen. Folglich kann die Bank im Rahmen der Kontoeröffnung mit dem Kunden vereinbaren, dass neben den gesetzlichen Mindestinhalten und den üblichen Standarddienstleistungen[316] weitere typische, mit dem Konto in Zusammenhang stehende Dienstleistungen wie beispielsweise die besagte Ausgabe und Nutzung einer Zahlungskarte und die Einräumung eines Überziehungskredits vom Girovertrag umfasst sind, wie dies auch zumeist der Fall ist.[317] Die erstmalige Dienstleistungsvereinbarung besteht in diesem Fall somit aus einem erweiterten Girovertrag einschließlich der darin einbezogenen Vereinbarungen über die Zahlungskarte und den Überziehungskredit. Bei einem späteren Zahlungsvorgang oder der Abhebung am Geldausgabeautomaten mittels dieser Karte profitiert die Bank dann von der Ausnahmeregelung des § 312b Abs. 4 Satz 1 BGB, da diese Vorgänge von der Erstvereinbarung umfasst sind und ungeachtet ihrer rechtlichen Ausgestaltung lediglich als Vorgänge einer Vertragsausführung anzusehen sind[318] und infolgedessen nicht er-

315 In der Regel richtet sich dies nach den einschlägigen AGB der Bank. Vgl. Palandt/Sprau, § 676f BGB Rz. 4 und Schwintowski in: Schwintowski/Schäfer, Bankrecht, § 7 Rz. 24.

316 Dies sind in der Regel die Einrichtung von Daueraufträgen, bei denen sich die Bank verpflichtet, Überweisungen in der Zukunft auszuführen, die Abbuchungen von Lastschriften vom Konto des Kunden im Einzugsermächtigungsverfahren (vgl. zu letzterem Palandt/Sprau, § 676 BGB Rz. 29 f. und Schwintowski in: Schwintowski/Schäfer, Bankrecht, § 8 Rz. 37 ff.) sowie das Scheckinkasso, also die Einziehung vom Kunden eingereichter Schecks. Zu letzterem ist die Bank allerdings bereits aufgrund eines bestehenden Girovertrags verpflichtet, da diesem eine entsprechende Inkassoabrede immanent ist; vgl. OLG Bremen, NJW-RR 1991, 365, 366 und Canaris, Bankvertragsrecht, Rz. 688. Zum Scheckinkasso siehe weiterhin Schwintowski in: Schwintowski/Schäfer, Bankrecht, § 9 Rz. 166 ff.

317 Weitere optionale Dienstleistungen sind beispielsweise die Ausgabe von Scheckvordrucken mit der Verpflichtung zu Scheckeinlösungen gemäß den „Bedingungen für den Scheckverkehr“ (abgedruckt bei Nobbe in: Schimansky/Bunte/Lwowski, Bankrechts-Handbuch, Anh. 2 zu §§ 60 – 63). Hierfür ist ein eigenständiger Scheckvertrag erforderlich. Vgl. dazu Canaris, Bankvertragsrecht, Rz. 681 f. und Schwintowski in: Schwintowski/Schäfer, Bankrecht, § 9 Rz. 18 ff. Ebenso kann mit dem Kunden eine Lastschriftinkassoabrede zur aktiven Teilnahme am Lastschriftverfahren getroffen werden, was jedoch im Privatkundengeschäft eher selten vorkommen dürfte. Vgl. zu der Rechtsbeziehung zwischen Gläubiger und Inkassobank beim Lastschriftverfahren Schwintowski in: Schwintowski/Schäfer, Bankrecht, § 8 Rz. 21 ff.

318 Dieses Ergebnis würde in Deutschland momentan auch ohne diese Ausnahmeregelung gelten. Rechtlich weist der Kunde sowohl durch die ec-Karten-Zahlung als auch durch die Zahlung mittels Kreditkarte, soweit die Bank Kartenherausgeberin ist, seine Bank i.S.v. §§ 675, 665 BGB an, einen bestimmten Betrag einem anderen zur Tilgung seiner Verbindlichkeit zur Verfügung zu stellen. Siehe dazu Schwintowski in: Schwintowski/Schäfer, Bankrecht, §§ 12 Rz. 28, 13 Rz. 21 sowie Gößmann, WM 1998, 1264, 1267. Aufgrund der Ausnahmeregelung würde dies jedoch auch bei einer veränderten Rechtslage gelten. So waren z.B. Inlandsüberweisungen vor Anwendung des Überweisungsgesetzes (BGBl 1997 I, 1642) bis 31.12.2001 statt als Vertrag als Weisung (i.S.v. § 665 BGB) im Rahmen des Girovertrags ausgestaltet (vgl. zur alten Rechtslage Palandt/Sprau, 61. Auflage, § 676f BGB Rz. 31 ff.). Zur Abhebung an Geldausgabeautomaten siehe auch unten Kapitel 5.2.

neut den Informationspflichten und einem Widerrufsrecht des Verbrauchers unterliegen.[319]

Die Bank muss jedoch in jedem Fall explizit auf die lückenlose Erfüllung der Informationspflichten nach § 312c BGB achten, insbesondere die von dem Girovertrag erfassten Dienstleistungen in der Leistungsbeschreibung vollständig aufführen und beschreiben, da ansonsten die Gefahr besteht, dass die erstmalige Dienstleistungsvereinbarung wegen mangelnder Erfüllung der Informationspflichten einem unbefristeten Widerrufsrecht unterliegt. Da sich die Bank im Streitfall auf das Vorliegen der Ausnahmetatbestände berufen wird, obliegt ihr entsprechend den allgemeinen Grundsätzen hierfür die Beweislast.

Für den Kunden bedeutet dies nun freilich, dass er gleich zu Beginn der Geschäftsbeziehung eine Fülle an Informationen und Vertragsunterlagen über den Girovertrag und die davon umfassten Leistungen erhält, durch die er sich wahrlich erst einmal „durcharbeiten" muss.[320]

Zum Teil wird die Bank insbesondere Neukunden jedoch nicht alle Dienstleistungen sofort bei der Kontoeröffnung zur Verfügung stellen wollen. Gerade die Ausstellung einer Kreditkarte oder die Einräumung eines Überziehungskredits werden oftmals von der Prüfung der Bonität und der Zuverlässigkeit des Kunden abhängig gemacht. So ist der Abschluss eines Überziehungskreditvertrags[321] oftmals an einen bestimmten monatlichen Geldeingang oder eine mehrmonatige einwandfreie Kontoführung geknüpft. Werden diese Leistungen bei der Kontoeröffnung nicht tatsächlich vereinbart, hat dies zur Folge, dass sie nicht Bestandteil der erstmaligen Dienstleistungsvereinbarung sind.

Für die Bank ergeben sich aber dennoch Vorteile, wenn sie dem Kunden bereits bei der Girokontoeröffnung alle Informationen über diese optionalen Dienstleistungen erteilt. Erfolgt die Einräumung des Überziehungskredits später nach Ablauf der „Probezeit" beispielsweise durch die Unterrichtung des Kunden per Brief, dann genügt es, den Kunden auf die ihm bereits vorliegenden und noch aktuellen Informationen hinzuweisen und ihn über sein Widerrufsrecht zu belehren.[322]

319 Vgl. dazu die Begründung der Kommission in KOM(1998)468 endg. 14.10.1998, 11. Allerdings steht dem Kunden für den Girovertrag wie bisher ein zweiwöchiges bzw. einmonatiges Widerrufsrecht zu. Um das Risiko einer umfassenden Rückabwicklung zu umgehen, wird die Bank in diesem Fall mit der Ausführung des Vertrags regelmäßig wohl erst nach Ablauf der Widerrufsfrist beginnen. Zu der Reichweite des Widerrufs des Girovertrags s.u. Kapitel 5.6.2.

320 Zum Umfang der Informationsschriften siehe auch unten Fußnote 400 und 473.

321 § 493 BGB.

322 Allerdings genügt dies bei Informationen, die älter als ein Jahr sind, nicht mehr. Entsprechend § 312b Abs. 4 Satz 3 BGB müssen die Informationen dann wieder vollständig neu erteilt werden.

5.1.5 Relevanz der Ausnahmeregelung für nicht im Fernabsatz geschlossene erstmalige Dienstleistungsvereinbarungen

Fraglich erscheint die Anwendbarkeit der Fernabsatzvorschriften auf im Fernabsatz geschlossene Einzelverträge oder Folgeverträge, wenn die zugrunde liegende erstmalige Dienstleistungsvereinbarung oder der vorhergehende Vertrag nicht im Fernabsatz, sondern als Präsenzgeschäft in der Filiale abgeschlossen wurde. Dies stellt bis zu einer abschließenden Klärung durch die Rechtsprechung einen gewissen Unsicherheitsfaktor dar.[323]

Deutlich wird dies an folgendem praktischen Beispiel: Wird der Girovertrag zwischen dem Kunden und der Bank in der Filiale abgeschlossen, handelt es sich um einen Vertragsschluss unter Anwesenden, auf den die Fernabsatzvorschriften niemals Anwendung finden. Zumeist wird bei der Kontoeröffnung heutzutage zusätzlich gleichzeitig eine Teilnahmevereinbarung für das Online- oder Telefon-Banking geschlossen, welche als selbständiger Vertrag in diesem Fall ebenfalls nicht den Fernabsatzvorschriften unterliegt. Erteilt der Kunde aufgrund dieser Vereinbarung später im Rahmen des Online-Banking Überweisungsaufträge, so erfolgen diese hingegen unter ausschließlicher Verwendung von Fernkommunikationsmitteln und es liegt entsprechend dem Wortlaut des § 312b Abs. 1 Satz 1 BGB ein Fernabsatzvertrag vor.

Die gleiche Frage stellt sich hinsichtlich der Erteilung der Informationspflichten, wenn die Verlängerung eines Termingeldvertrags, der erstmalig bei einem Beratungsgespräch in der Filiale abgeschlossen wurde, binnen Jahresfrist im Wege des Fernabsatzes erfolgt.

Verneint man nun für die Online-Überweisungen die Anwendbarkeit des § 312b Abs. 4 Satz 1 BGB mit der Begründung, dass die Ausnahmeregelung nach ihrem Sinn und Zweck nur dann greift, wenn für den zugrunde liegenden Girovertrag die Fernabsatzvorschriften zuvor zur Anwendung kamen, da dem Kunden ansonsten in unzulässiger Weise sein Recht auf Informationserteilung entzogen würde, müsste die Bank zumindest für den ersten im Fernabsatz geschlossenen Überweisungsvertrag sämtliche sich aus dem Fernabsatzrecht ergebenden Pflichten erfüllen. Dem Kunden müssten folglich vor der Online-Überweisung lückenlos die geforderten Informationen erteilt werden und ihm würde ein Widerrufsrecht für diesen Einzelvertrag zustehen. Für weitere zeitnahe Online-Überweisungen würde eine Wiederholung der Informationserteilung aufgrund der Ausnahmeregelung des § 312b Abs. 4 Satz 2 BGB zwar entbehrlich werden, dem Kunden würde aber solange die erstmalige Information noch nicht erfolgt ist für jede Online-Überweisung ein zweiwöchiges Widerrufsrecht zustehen, falls nicht bei jeder Überweisung der ausdrückliche Wunsch des Kunden zur sofortigen und vollständigen Erfüllung des Vertrags einge-

323 Die nachfolgenden Ausführungen basieren neben den zitierten Quellen auf telefonisch geführten Gesprächen mit einer Bank und einem Branchenverband.

holt wird.[324] Dies ist jedoch praktisch kaum durchführbar und erscheint zudem hinsichtlich des Schutzes des Verbrauchers nicht erforderlich.

Denn der Kunde hatte bei Abschluss des Girovertrags und der Vereinbarung über das Online-Banking in der Filiale die Möglichkeit, sich umfassend über die mit dem Vertrag verbundenen Risiken und Pflichten zu informieren, weshalb kein Informationsdefizit über die Einzelheiten des Vertrags bestehen kann.[325] Für die weiteren im Fernabsatz geschlossenen und an den Girovertrag anschließenden Vorgänge besteht daher kein zusätzliches Schutzbedürfnis, weshalb eine Anwendbarkeit der Fernabsatzvorschriften auf diese Vorgänge nicht notwendig erscheint.[326] Dem steht auch der Wortlaut des § 312b Abs. 4 Satz 1 BGB nicht entgegen. So ist es für die Anknüpfung an die Ausnahmeregelung nicht erforderlich, dass die erstmalige Dienstleistungsvereinbarung selbst im Fernabsatz geschlossen wurde.

Anderes dürfte allerdings hinsichtlich des im Fernabsatz vereinbarten Neuabschlusses eines Termingeldvertrags gelten. So wird entsprechend der Gesetzesbegründung zum zeitlichen Anwendungsbereich der neuen Vorschriften in diesem Fall eine vollständige Erteilung der Fernabsatzinformationen erforderlich sein.[327] Dies erscheint auch sachgerecht, da der Kunde nicht auf ihm zuvor erteilte absatzformspezifische Informationen zurückgreifen kann und daher trotz des im Grundsatz bekannten Vertragsablaufs zumindest für die dahingehend nun vorgeschriebenen, ihm jedoch noch nicht bekannten Informationen ein Aufklärungsbedürfnis besteht.[328] Ein Widerrufsrecht für den neuen Vertrag steht ihm ohnehin zu.

Jedoch wird es den Banken bis zu einer eventuellen höchstrichterlichen Klärung zur Vermeidung von möglichen Nachteilen – insbesondere durch das Widerrufsrecht – zu empfehlen sein, auch bei in der Filiale abgeschlossenen erstmaligen Dienstleistungsvereinbarung wie beispielsweise Giroverträgen, die für eine Nutzung mittels Online-Banking angemeldet werden, sicherheitshalber die Fernabsatzpflichten zu erfüllen.[329] Dem Kunden sollten also gemäß § 312c Abs. 2 BGB die jeweiligen Informationen in Textform mitgeteilt sowie ein Widerrufsrecht für den Girovertrag eingeräumt werden.[330] Durch diese weite Anwendung der Fernabsatzvorschriften steigt zwar der Aufwand für die Banken nicht unerheblich, zumal dadurch auch

324 Falls der Zeitabstand zwischen zwei Überweisungen jedoch ein Jahr überschreitet, so müssten auch die Informationspflichten erneut erfüllt werden.

325 So auch explizit Riesenhuber, WM 1999, 1441, 1443 und Kriegner, Die Fernabsatz-RL für Finanzdienstleistungen, 69.

326 Im Ergebnis ebenso Härting/Schirmbacher, CR 2005, 48, 49.

327 Vgl. BT-Drs. 15/2946, 24.

328 Dahingehend Wohl auch Härting/Schirmbacher, CR 2005, 48, 49.

329 Zu derselben Einschätzung gelangt man in Bankenkreisen und plant, die Vorgehensweise daran auszurichten (gemäß telefonisch geführter Gespräche mit einer Bank und einem Branchenverband).

330 Um Schwierigkeiten bei der Rückabwicklung hinsichtlich der einzelnen zwischenzeitlich online ausgeführten Vorgänge im Falle des Widerrufs des Girovertrags zu vermeiden, könnte es für die Bank ratsam sein, den Zugang für das Online-Banking erst nach Ablauf der zweiwöchigen Widerrufsfrist frei zu schalten. Vgl. dazu auch unten Kapitel 5.6.2.

für die nicht im Fernabsatz geschlossenen erstmaligen Dienstleistungsvereinbarungen ein Widerrufsrisiko besteht, jedoch würde damit das von den Fernabsatzvorschriften angestrebte Verbraucherschutzniveau in jedem Fall gewahrt bleiben.

5.1.6 Relevanz der Ausnahmeregelung für Altverträge

Insbesondere für die in § 312b Abs. 4 BGB genannten Vorgänge ist auch der zeitliche Anwendungsbereich der neuen Fernabsatzvorschriften zu prüfen, um nicht unbewusst ein unbefristetes Widerrufsrecht entstehen zu lassen.

Die entsprechende Überleitungsvorschrift in Art. 229 § 11 Abs. 1 Satz 2 EGBGB beschränkt den Anwendungsbereich dahingehend, dass für Vertragsverhältnisse im Sinne des § 312b Abs. 4 Satz 1 BGB auf den Zeitpunkt der Entstehung dieser erstmaligen Dienstleistungsvereinbarung abzustellen ist.[331] Somit findet das neue Fernabsatzrecht beispielsweise weder auf einen vor dem 08.12.2004 geschlossenen Girovertrag noch auf die davon erfassten Vorgänge wie z.B. Online-Überweisungen Anwendung, unabhängig davon, ob diese vor oder nach in Kraft treten der neuen Regelungen in Auftrag gegeben wurden.[332] Da nach bisherigem Recht bei Finanzdienstleistungen nicht nach der Absatzform unterschieden wurde, gilt dies zudem unabhängig davon, ob der Girovertrag vor dem 08.12.2004 im Fernabsatz oder unter Anwesenden in der Bankfiliale zustande gekommen ist.[333] Etwas anderes gilt jedoch für nach dem 07.12.2004 geschlossene Zusatzvereinbarungen, um die der bestehende Altvertrag erweitert wird. Da diese nicht von der Ausnahmeregelung erfasst sind, sondern als Zusatzverträge angesehen werden, finden auf sie die Fernabsatzvorschriften voll Anwendung, soweit sie im Fernabsatz abgeschlossen werden.

Wird ein Folgevertrag im Sinne des § 312b Abs. 4 Satz 2 BGB nach dem Stichtag des 07.12.2004 geschlossen, besteht für diesen ersten Folgevertrag eine neuerliche Pflicht zur Erteilung der Informationen, selbst wenn der Vertragsschluss binnen Jahresfrist seit dem letzten Vertrag geschieht.[334]

331 Gemäß der Gesetzesbegründung verlange es der Schutzzweck der FFARL nicht, dass Altverträge neuen Sachverhalten gleichgestellt werden. Vgl. dazu BT-Drs. 15/2946, 24.

332 So auch Zentraler Kreditausschuss (Hrsg.), Stellungnahme zum Gesetzentwurf, 9.

333 Vgl.auch Zentraler Kreditausschuss (Hrsg.), Stellungnahme zum Gesetzentwurf, 9 f.

334 Vgl. BT-Drs. 15/2946, 24.

5.2 Behandlung von Selbstbedienungsterminals

5.2.1 Anwendbarkeit der Ausnahmeregelung des § 312b Abs. 3 Nr. 7 lit. a) BGB im Bankbereich

Vom Anwendungsbereich der Fernabsatzvorschriften ausgenommen sind nach § 312b Abs. 3 Nr. 7 lit. a) BGB alle Verträge, die „unter Verwendung von Warenautomaten oder automatisierten Geschäftsräumen" geschlossen werden. Der Grund dieser Ausnahmeregelung für beispielsweise Getränkeautomaten oder Münzwaschsalons wird regelmäßig darin gesehen, dass hier schon gar keine Fernkommunikationsmittel für den Vertragsschluss zum Einsatz kommen, da sowohl die zum Vertragsschluss führenden Erklärungen als auch die sofortige Erfüllungshandlung mittels derselben technischen Einrichtung vorgenommen wird.[335] Weiterhin wird die Ausnahmeregelung dadurch begründet, dass den Informationspflichten bei Verwendung dieser Einrichtungen nur schwerlich nachgekommen werden könne und ein Widerrufsrecht nicht sinnvoll durchgeführt werden könne. Da zudem die betreffenden Waren oder Dienstleistungen typischerweise genau sichtbar seien, greife auch schon der allgemeine Schutzzweck des Fernabsatzrechts nicht.[336]

Unter automatisierten Geschäftsräumen sind grundsätzlich auch Selbstbedienungsfilialen im Bankbereich zu verstehen, die nur aus technischen Einrichtungen wie Selbstbedienungsterminals, Geldausgabeautomaten und Kontoauszugsdruckern bestehen.[337] Derartige Geräte sind ferner üblicherweise im Eingangsbereich von Bankfilialen aufgestellt oder befinden sich teils auch außerhalb der Geschäftsräume der Bank, wie etwa in Einkaufszentren. Im letztgenannten Fall befinden sich die Geräte zwar nicht in einem abgeschlossenen Raum, jedoch kann es im Hinblick auf den Schutzzweck beim Begriff des automatisierten „Geschäftsraumes" nicht auf den Standort derartiger automatischer Einrichtungen ankommen.[338]

335 Vgl. Micklitz in: Reich/Micklitz, Europäisches Verbraucherrecht, § 15 Rz. 11 und MüKo/Wendehorst, § 312b BGB Rz. 90.

336 Vgl. BT-Drs. 14/2658, 33 sowie MüKo/Wendehorst, § 312b BGB Rz. 89; Palandt/Heinrichs, § 312b BGB Rz. 17; Hk-VertriebsR/Micklitz, § 312b BGB Rz. 93; Härting, FernAbsG, § 1 Rz. 159 ff.; Lütcke, § 312b BGB Rz. 134; Bamberger/Roth/Schmidt-Räntsch, § 312b BGB Rz. 48; Fuchs, ZIP 2000, 1273, 1275 und Kamanabrou, WM 2000, 1417, 1421. Kritisch zu der Ausnahmeregelung im Hinblick auf die Informationspflichten Brönneke in: Roßnagel, RMD, Teil 13, § 312b BGB Rz. 98.

337 So auch Brönneke in: Roßnagel, RMD, Teil 13, § 312b BGB Rz. 98; Härting, FernAbsG, § 1 Rz. 161 und Lütcke, § 312b BGB Rz. 136. Mit Selbstbedienungsterminals sind hier technische Geräte gemeint, an denen der Kunde Kontobewegungen wie beispielsweise Überweisungen in Auftrag geben kann. Diese Geräte werden teilweise auch Kontenmanager genannt. Teils sind diese Funktionen auch in Kontoauszugsdruckern integriert. Hier gilt das Nachfolgende jedoch entsprechend.

338 Vgl. MüKo/Wendehorst, § 312c BGB Rz. 91, die darauf hinweist, dass die Vorschrift diesbezüglich weit auszulegen sei. Ähnlich auch Härting, FernAbsG, § 1 Rz. 163 f. und Pützhoven, Verbraucherschutz im Fernabsatz, 54.

5.2.2 Relevanz für einzelne Vorgänge

Würde diese Ausnahmeregelung nun auch auf Verträge über Finanzdienstleistungen, die mittels Selbstbedienungsterminals geschlossen werden, Anwendung finden, wäre die jetzige Fassung dieser Vorschrift nicht mit der FFARL vereinbar, da diese eine solche Ausnahme für Finanzdienstleistungen nicht kennt.[339] Der durch die FFARL angestrebte Schutz der Verbraucher würde dadurch unzulässig eingeschränkt werden. Bedurfte es bisher keiner weiteren dahingehenden Untersuchung, da Finanzdienstleistungen ohnehin nach § 312b Abs. 3 Nr. 3 BGB vom Anwendungsbereich des Fernabsatzrechts ausgenommen waren, ist nun zu prüfen, inwieweit die Ausnahmeregelung im Finanzdienstleistungsbereich greift.

Betrachtet man die Abhebung eines Geldbetrags mit Hilfe der ec-Karte am Geldausgabeautomaten, so könnte man zunächst einen klassischen Automatenvertrag annehmen, da sowohl die Handlungen des Kunden (Einführen der Karte, Eingabe der PIN und Angabe des Auszahlungsbetrags), als auch die Erfüllungshandlungen der Bank (Ausgabe des Geldbetrags) mittels derselben technischen Einrichtung vorgenommen werden.

Die zur Nutzung der Automaten erforderliche Zugangskarte in Form einer ec- oder Kundenkarte ist jedoch zwangsläufig an eine bestehende Kontoverbindung geknüpft. Daher stellt die Verfügung am Geldausgabeautomaten keinen eigenständigen „Abhebungsvertrag" dar, sondern ist lediglich die Ausübung des auf Auszahlung gerichteten girovertraglichen Weisungsrechts in besonderer Art, so als würde der Kunde eine Barauszahlung am Schalter verlangen.[340] Da die Verfügung am Geldausgabeautomaten rechtlich unselbständig ist, kommt eine selbständige Anwendung der Fernabsatzvorschriften nicht in Betracht, so dass sich die Frage der Richtlinienkonformität der Ausnahmeregelung in diesem Fall überhaupt nicht stellt.

An den Selbstbedienungsterminals besteht üblicherweise die Möglichkeit zur Eingabe von Überweisungsaufträgen, zur Einrichtung eines Dauerauftrags oder der Übertragung von Guthaben auf andere Konten des Kunden. Ebenso steht zumeist eine Funktion für das Aufladen einer Geldkarte zur Verfügung. Aufgrund der Voraussetzung eines bestehenden Grundvertrags zur Nutzung dieser Funktionen findet auf diese Vorgänge das Fernabsatzrecht ungeachtet der Ausnahmeregelung für Warenautomaten oder automatisierte Geschäftsräume ebenso keine Anwendung, da sie

339 Kritisch zu dieser Ausnahmeregelung auch Finke, Der Fernabsatz von Finanzdienstleistungen, 129 und 177.

340 Vgl. Canaris, Bankvertragsrecht, Rz. 527d; Palandt/Sprau, § 676h BGB Rz. 11; Schwintowski in: Schwintowski/Schäfer, Bankrecht, § 12 Rz. 3; Russenschuck, Auszahlung von Bargeld, 69; Gößmann, WM 1998, 1264, 1272 und Kümpel, WM 1997, 1037, 1038. Dies gilt nicht nur bei Abhebungen an Geldausgabeautomaten der eigenen Bank. Auch bei einer Auszahlung am Geldausgabeautomaten einer fremden Bank bestehen zwischen dem den Automaten betreibenden Kreditinstitut und dem Karteninhaber als Nichtkunde keine vertraglichen Beziehungen, auf die die Fernabsatzvorschriften anzuwenden wären. Vgl. dazu ausführlich Canaris, Bankvertragsrecht, Rz. 527r ff.; Russenschuck, Auszahlung von Bargeld , 87 ff. und Gößmann, WM 1998, 1264, 1273.

bereits unter die Ausnahmeregelung des § 312b Abs. 4 Satz 1 BGB fallen. Im Falle der Überweisungsverträge findet das Fernabsatzrecht deshalb auch bei Abgabe der Vertragserklärung über das Selbstbedienungsterminal keine Anwendung, da diese als Folgevorgänge von einem zwangsläufig bestehenden Girovertrag erfasst sind.[341] Zur Nutzung der Geldkartenfunktion[342] ist ebenso ein mit der Bank vorher geschlossener Kartenvertrag nötig, dessen rechtliche Grundlage die besonderen Regelungen für die Geldkarte in Abschnitt III Nr. 3.1 – 3.6 der „Bedingungen für den ec-/ Maestro-Service" sind.[343] Der Aufladevorgang stellt nun wiederum einen Folgevorgang dieser erstmaligen Dienstleistungsvereinbarung dar, auf den die Fernabsatzvorschriften zuvor Anwendung fanden. Der Aufladevorgang selbst unterliegt ungeachtet seiner rechtlichen Ausgestaltung[344] folglich nicht dem Fernabsatzrecht. Somit bedarf es auch für diese an Selbstbedienungsterminals ausführbaren Vorgänge keines Rückgriffs auf die Ausnahmevorschrift des § 312b Abs. 3 Nr. 7 lit. a) BGB.

Teilweise stehen den Kunden an den Selbstbedienungsterminals aber noch weitere Funktionen wie die Eröffnung zusätzlicher Giro- oder Sparkonten oder die Beantragung von ec-/ Maestro-Karten oder Kreditkarten zur Verfügung. Hierbei werden jedoch bereits die Vertragserklärungen nicht unmittelbar über das Selbstbedienungsterminal abgegeben, sondern der Kunde kann lediglich die jeweiligen Vertragsformulare anfordern, die ihm anschließend per Post zur Unterschrift zugesandt werden.

Das Selbstbedienungsterminal hat in diesen Fällen lediglich die Funktion eines Kommunikationsmittels, vergleichbar mit dem heimischen PC mit Internetanschluss, dessen Benutzung dazu dient, Unterlagen anzufordern, um einen weiteren Vertrag abschließen zu können. Bei der Zusendung der Vertragsunterlagen per Post besteht für die Bank dann problemlos die Möglichkeit, die nach § 312c Abs. 1, 2 BGB vorgeschriebenen Informationspflichten zu erfüllen, weshalb kein Grund ersichtlich ist, die Schutzvorschriften nicht zur Anwendung kommen zu lassen.[345] Eine Berufung auf die Ausnahmevorschrift für automatisierte Geschäftsräume wäre hier nicht statthaft.

Dies muss auch dann gelten, wenn die über ein Selbstbedienungsterminal abgegebene Erklärung eine Vertragserklärung des Verbrauchers darstellt, die direkt zum

341 Da es für das Vorliegen einer Überweisung nicht erforderlich ist, dass der Überweisende und der Begünstige verschiedene Personen sind, gilt auch der Kontoübertrag als Überweisung i.S.v. § 676a BGB. Vgl. Schwintowski in: Schwintowski/Schäfer, Bankrecht, § 7 Rz. 116.

342 Der die Geldkarte verkörpernde Chip ist dabei meistens auf der ec-Karte aufgebracht, befindet sich teilweise aber auch auf kontoungebundenen Karten. Vertiefend zu den rechtlichen Aspekten der Geldkarte siehe Kümpel, WM 1997, 1037 ff.

343 Vgl. dazu Schwintowski in: Schwintowski/Schäfer, Bankrecht, § 15 Rz. 64 ff. und Gößmann in: Horn/Schimansky, Bankrecht, 67, 69 f. und 93 ff. Für die kontoungebundenen Geldkarten werden die in den ec-Bedingungen enthaltenen Regelungen zur Geldkarte in einem selbständigen Vertragsverhältnis vereinbart, vgl. Pfeiffer, NJW 1997, 1036, 1037.

344 So wird der Aufladevorgang teilweise als geschäftsbesorgungsrechtliche Einzelweisung eingeordnet (so etwa Pfeiffer, NJW 1997, 1036, 1038), teilweise als Forderungskauf erblickt (so Groß in: Horn/Lwowski/Nobbe, FS Schimansky, 165, 169).

345 Vgl. dazu MüKo/Wendehorst, § 312b BGB Rz. 90 und Lütcke, § 312b BGB Rz. 135.

Abschluss eines erstmaligen Vertrags führt. Zu denken ist etwa an eine Funktion, die es ermöglicht, über das Selbstbedienungsterminal Scheckvordrucke anzufordern, wodurch unter Umständen ein Scheckvertrag geschlossen wird.[346] Denn allen Fällen, die bisher von der Ausnahmeregelung des § 312b Abs. 3 Nr. 7 BGB erfasst sind, ist es gemein, dass nicht nur die zum Vertragsschluss führenden Erklärungen, sondern eben auch die Leistungserbringung mittels derselben technischen Einrichtung erfolgt.[347] Dies ist im Unterschied zu Warenautomaten bei den Vorgängen an Selbstbedienungsterminals jedoch nicht der Fall, weshalb diese Verträge voll den Fernabsatzvorschriften unterliegen.[348] Die Ausnahmeregelung würde daher auch bei direkter Anwendung auf die Überweisungsverträge, die mittels Selbstbedienungsterminals angebahnt werden, nicht greifen, da dabei über die technische Einrichtung ebenfalls keine sofortige Leistungserbringung erfolgt.

5.3 Anforderungen an die Informationserteilung

5.3.1 Transparenz der Informationen

Damit die Informationspflichten ihren Zweck, den Ausgleich des Informationsdefizits im Fernabsatz gegenüber dem Vertragsschluss unter Anwesenden, auch erfüllen können, müssen sämtliche geschuldeten Informationen gemäß dem Transparenzgebot des § 312c Abs. 1 Satz 1 BGB stets in klarer und verständlicher, in einer der eingesetzten Kommunikationstechnik angepassten Weise gestaltet sein.[349]

Dies bezieht sich zunächst auf die Darbietung der Informationen an sich. Um den Verbraucher nicht irrezuführen, müssen sie folglich hinsichtlich des Druckbilds[350], Aufbaus und Umfangs sowie der sprachlichen Ausdrucksweise so gestaltet sein,

346 Fordert ein Kunde, mit dem bisher kein Scheckvertrag geschlossen wurde, über das Terminal Scheckvordrucke an und sendet die Bank ihm diese nach gegebenenfalls erfolgter Bonitätsprüfung zu, so stellt dies den (konkludenten) Abschluss des Scheckvertrags dar (vgl. Canaris, Bankvertragsrecht, Rz. 682 ff.; siehe dazu auch oben Fußnote 317).

347 Vgl. MüKo/Wendehorst, § 312b BGB Rz. 90.

348 Allenfalls könnte bei einem abzuschließenden Vertrag aufgrund der Ausnahmeregelung des § 312b Abs. 4 Satz 2 BGB auf die Informationserteilung verzichtet werden, wenn es sich um einen identischen weiteren Vertrag beispielsweise über eine zweite Kreditkarte handelt. Dies ist jedoch von der Verwendung eines Selbstbedienungsterminals unabhängig.

349 Dieses Erfordernis gilt sowohl für die Vorabinformationen (§ 312c Abs. 1 BGB) als auch für die Übermittlung der Informationen in Textform (§ 312c Abs. 2 Nr. 1 BGB). Vgl. MüKo/Wendehorst, § 312c BGB Rz. 37 und Rz. 98; Hk-VertriebsR/Micklitz, § 312c BGB Rz. 44 und 48 f. Vgl. zu dieser Bestimmung auch Erwägungsgrund 21 FFARL sowie Art. 3 Abs. 2 FFARL.

350 Bei der zulässigen Übermittlung der Informationen nach § 1 Abs. 1 und Abs. 2 BGB-InfoV innerhalb der maßgeblichen Vertragsunterlagen bzw. AGB sind insbesondere die Vorgaben nach § 1 Abs. 4 Satz 3 BGB-InfoV zum Druckbild zu beachten. Vgl. zur Zulässigkeit der Informationsübermittlung in ABG Hk-VertriebsR/Micklitz, § 312c BGB Rz. 35 ff. und Fuchs, ZIP 2000, 1273, 1278.

dass der rechtsunkundige Durchschnittsverbraucher[351] den Inhalt von selbst und ohne Einholung von Rechtsrat verstehen kann.[352]

Trotz einer fehlenden gesetzlichen Regelung[353] wurde bisher überwiegend vertreten, dass auch die zur Informationserteilung verwendete Sprache diesen Anforderungen entsprechen müsse, mithin also eine Sprache zu verwenden sei, von der ausgegangen werden könne, dass der angesprochene Kundenkreis dieser auch mächtig sei.[354] Die Ausdehnung des Transparenzgebots auf die zu verwendende Sprache wirft jedoch Folgeprobleme auf, für die nur unzureichende Lösungsmöglichkeiten genannt werden.[355]

351 Auch für den Bereich des Internets dürfte mittlerweile von dem Leitbild des informierten, aufmerksamen und verständigen Verbrauchers auszugehen sein. Die früher teilweise vertretene Auffassung (so von Reich, EuZW 1997, 581, 584), wonach Angebote im Internet zuweilen komplizierter gestaltet werden könnten als in Printmedien, dürfte heute angesichts der Verbreitung des Internets als Messenmedium keine Gültigkeit mehr besitzen. So auch Kamanabrou, WM 2000, 1417, 1422 und Meents, Verbraucherschutz im Internet, 192 f. Allgemein zum gemeinschaftsrechtlichen Verbraucherleitbild siehe Tilmann in: Erdmann u.a., FS Piper, 481 ff. und Reich in: Reich/Micklitz, Europäisches Verbraucherrecht, § 1 Rz. 37 f. m.w.N.

352 Demnach sind lediglich Verweise auf gesetzliche Vorschriften und die durchgängige Verwendung juristischer Fachbegriffe, deren Kenntnis beim Verbraucher nicht vorausgesetzt werden kann, nicht zulässig. Vgl. Reich, NJW 1995, 1857, 1860; MüKo/Wendehorst, § 312c BGB Rz. 37 und Aigner/Hofmann, MMR Beilage 8/2001, 30, 32. Zur europarechtlich geforderten Verständlichkeit von Verbraucherinformationen siehe Rott, ZVglRWiss 98 (1999), 382, 400 ff. sowie Mankowski, <http://www.vur-online.de/beitrag/19.html>, Abschnitt II.3.

353 So enthielt bisher weder § 312c BGB noch die BGB-InfoV eine ausdrückliche Regelung, in welcher Sprache die Informationen zu erteilen sind (vgl. im Gegensatz dazu die Regelung in § 483 Abs. 1 BGB zu der Vertrags- und Prospektsprache bei Teilzeit-Wohnrechteverträgen oder § 123 InvG, wonach die dort geforderten Anlegerinformationen in deutscher Sprache zur Verfügung zu stellen sind). Die allgemeine Fernabsatzrichtlinie überließ dies in Erwägungsgrund 8 den einzelnen Mitgliedstaaten. Die FFARL enthält in Erwägungsgrund 31 eine ähnliche Regelung. Kritik zu diesen offenen Regelungen bei Heiss, IPRax 2003, 100, 103 sowie vorangehend Downes/Heiss, ZVglRWiss 98 (1999), 28, 35 ff. Siehe zu den verschiedenen diesbezüglich in den Mitgliedstaaten ergangenen Regelungen Rott, ZVglRWiss 98 (1999), 382, 383 ff.

354 So müsse die verwendete Sprache regelmäßig der Verkehrssprache am Wohnsitz des Verbrauchers entsprechen, folglich also Deutsch gegenüber dem deutschen Durchschnittsverbraucher. Bei Sprachminderheiten und ausländischen Kunden wird z.T. gefordert, dass abweichend eine für diese Personen verständliche Sprache gewählt werden müsse. Teilweise wird es der Einfachheit halber aber als ausreichend erachtet, bei Angeboten im Internet die Informationen in Englisch als der viel zitierten „lingua franca" des Internets bereitzuhalten. Vgl. dazu (in jeweils unterschiedlicher Schärfe) Reich, EuZW 1997, 581, 584; Fuchs, ZIP 2000, 1273, 1277 f.; Kamanabrou, WM 2000, 1417, 1422; Rott, ZVglRWiss 98 (1999), 382, 405 f.; Hoenike/Hülsdunk, MMR 2002, 415, 417; Meents, Verbraucherschutz im Internet, 190 ff.; Reuter, Der Fernabsatz und seine rechtliche Ausgestaltung, 201; Finke, Der Fernabsatz von Finanzdienstleistungen, 53 f. Ebenso MüKo/Wendehorst, § 312c BGB Rz. 39; Bamberger/Roth/Schmidt-Räntsch, § 312c BGB Rz. 16 und ähnlich Palandt/Heinrichs, § 312c BGB Rz. 2 (immer wenn Deutsch Verhandlungssprache ist und der Vertrag deutschem Recht untersteht). Einschränkend Hk-VertriebsR/Micklitz, § 312c BGB Rz. 45 ff. Ablehnend dagegen Heiss, IPRax 2003, 100, 103.

355 So wird vereinzelt gar gefordert, dass ein Anbieter, der nicht bereit sei, die Informationen in

Angesichts der Neuregelung in § 1 Abs. 2 Nr. 6 BGB-InfoV erscheint diese Auffassung jedenfalls für den Fernabsatz von Finanzdienstleistungen nunmehr jedoch ohnehin fraglich. Denn der Unternehmer ist demgemäß keineswegs dazu verpflichtet, eine bestimmte Sprache zu verwenden, sondern er muss nur angeben, in *welcher* Sprache er die geforderten Informationen mitteilen wird.[356] Freilich wird sich ein Anbieter für den deutschen Markt schon aus kommerziellen Gründen der deutschen Sprache bedienen.[357] Ein Zwang hierzu besteht jedoch nicht.

5.3.2 Zeitpunkt der Informationserteilung

Zeitlich muss die Informationserteilung sowohl in der vorvertraglichen als auch in der vertraglichen Phase wie bereits erwähnt grundsätzlich „rechtzeitig" vor Abgabe der Vertragserklärung des Verbrauchers erfolgen. Dem Verbraucher soll es dadurch ermöglicht werden, die Informationen vor Eintritt seiner vertraglichen Bindung durchzulesen und für eine angemessene Zeitdauer prüfen und gegebenenfalls mit anderen Angeboten vergleichen zu können, um seine Entscheidung in Kenntnis dieser Bestimmungen treffen zu können.[358] Ein eventuell erforderlicher Mindestzeitraum zwischen Informationserteilung und Abgabe der Vertragserklärung kann dabei nicht pauschal festgelegt werden, da es der Anbieter schon gar nicht in der Hand hat, wann der Verbraucher seine Vertragserklärung abgibt. Maßstab hierfür ist vielmehr die Bedeutung und Komplexität der jeweiligen Finanzdienstleistung und ob auf-

fremden Sprachen anzubieten, obwohl sein Angebot u.a. auch an ausländische Kunden gerichtet sei, auf das Auslandsgeschäft verzichten müsse (so Kamanabrou, WM 2000, 1417, 1422 f. und Finke, Der Fernabsatz von Finanzdienstleistungen, 54). Aufgrund dieser Abgrenzungsfragen wird letztlich vertreten, dass sich der Anbieter regelmäßig darauf verlassen dürfe, dass ein Verbraucher, der sich auf eine bestimmte Sprache als Verhandlungssprache einlasse, die Informationen in dieser Sprache auch verstehe. Diese Vermutung könne bereits durch den bloßen Besuch einer in einer bestimmen Sprache gehaltenen Website begründet werden (so MüKo/Wendehorst, § 312c BGB Rz. 40 und Mankowski, <http://www.vur-online.de/beitrag/19.html>, Abschnitt II.7.).

356 Vgl. dazu auch die entsprechende Regelung in Art. 3 Abs. 1 Nr. 3 lit. g) FFARL sowie Erwägungsgrund 31 FFARL, wo ausdrücklich von einer „Wahl der Sprache durch den Anbieter" gesprochen wird. Siehe dazu Heiss, IPRax 2003, 100, 103 f. und Kriegner, Die Fernabsatz-RL für Finanzdienstleistungen, 139. A.A. dagegen Rott, BB 2005, 52, 57, wonach sich aus Nr. 6 eine freie Sprachenwahl nicht entnehmen lasse sowie auch Gruber in: Graf/Gruber, Rechtsfragen des Internetbanking, 118, 133 f., der die Informationen dennoch in einer für den Verbraucher verständlichen Sprache fordert. Solange der Verbraucher sich nicht mit einer abweichenden Regelung einverstanden erklärt, ist Gruber jedoch darin zuzustimmen, dass der Anbieter für die Vertragsbedingungen und die Vorabinformationen dieselbe Sprache zu verwenden hat, in der er beim Verbraucher geworben hat und in der er sich verpflichtet, während der Vertragslaufzeit mit dem Verbraucher zu kommunizieren.

357 So auch Gruber in: Graf/Gruber, Rechtsfragen des Internetbanking, 118, 134.

358 Vgl. Erwägungsgrund 21 FFARL sowie MüKo/Wendehorst, § 312c BGB Rz. 25; Härting/Schirmbacher, CR 2005, 48, 49 und Fuchs, ZIP 2000, 1273, 1276 f.

grund dessen der Schutzzweck der Norm zum Zeitpunkt der Informationserteilung im Einzelfall gewahrt ist.[359] Der Verbraucher wird bei im Internet zur Verfügung gestellten oder postalisch übermittelten Informationen regelmäßig jedoch genügend Zeit haben, diese vor Abgabe seiner Vertragserklärung zu studieren.[360]

Problematisch erscheinen nur diejenigen Fälle, in denen der Anbieter einen bestimmten Zeitpunkt für den Vertragsschluss vorgibt und der Verbraucher durch zögerliches zur Verfügung stellen und Übermitteln der Informationen zur vorschnellen und unüberlegten Abgabe einer bindenden Vertragserklärung veranlasst wird. Hier muss es dem Anbieter untersagt sein, den Verbraucher dahingehend unter Druck zu setzen.[361]

5.3.3 Darbringung der Informationen

Aufgrund der harten Rechtsfolge des § 312d Abs. 2 i.V.m. § 355 Abs. 3 Satz 3 BGB, wonach das Widerrufsrecht des Verbrauchers bei unzulänglicher Informationserteilung unbegrenzt fortbesteht, muss die Bank neben der formalen Ausgestaltung insbesondere auf die Vollständigkeit der von ihr geschuldeten Informationen achten. Dabei kann die Bank über die Art und Weise der Darbringung der Informationen in gewissem Umfang frei entscheiden, da hierfür weder eine bestimmte Gestaltung noch ein bestimmtes Medium vorgeschrieben ist.

So ist es grundsätzlich möglich, alle Informationen in den jeweils maßgeblichen Vertragstext oder die AGB zu integrieren.[362] Da im weitgehend standardisierten Privatkundengeschäft jedoch üblicherweise sowohl standardisierte Vertragsformulare als auch die einheitlichen AGB-Banken für alle „Privatkundensegmente" (sowohl „Filialkunden" als auch „Direktkunden") verwendet werden, ist eine Einarbeitung der Informationen in diese Unterlagen mitunter nicht gewollt. Zudem würde das Vertragsformular stark aufgebläht und für die Kunden mitunter sehr unübersichtlich werden.

359 Vgl. dazu bereits BT-Drs. 14/2658, 38. Ferner ebenso Finke, Der Fernabsatz von Finanzdienstleistungen, 54 f. und Reuter, Der Fernabsatz und seine rechtliche Ausgestaltung, 200. Zum FernAbsG ebenso Fuchs, ZIP 2000, 1273, 1277; Riehm, Jura 2000, 505, 510; Kamanabrou, WM 2000, 1417, 1422. Ebenso zum bisherigen § 312c BGB MüKo/Wendehorst, § 312c BGB Rz. 25; Palandt/Heinrichs, § 312c BGB Rz. 3 und Ott, WRP 2003, 945, 953. Anders dagegen Hk-VertriebsR/ Micklitz, § 312c BGB Rz. 31 f., der pauschal eine Mindestfrist von drei Tagen fordert.

360 So auch Fuchs, ZIP 2000, 1272, 1277.

361 Vgl. dazu BT-Drs. 14/2658, 38; MüKo/Wendehorst, § 312c BGB Rz. 26; Finke, Der Fernabsatz von Finanzdienstleistungen, 55 sowie plakativ Fuchs, ZIP 2000, 1273, 1277: unzulässige Druckausübung z.B. durch ein blinkendes Icon auf der Homepage: „Dieses Angebot gilt nur noch 2 Minuten!".

362 In diesem Fall sind insbesondere die Hervorhebungspflichten nach § 1 Abs. 4 Satz 3 BGB-InfoV zu beachten.

Eine weitere Möglichkeit zur Erfüllung der Informationspflichten wäre eine vorgeschaltete Rahmenvereinbarung bei der Begründung der Geschäftsbeziehung mit Neukunden.[363] Auf der Grundlage einer solchen Rahmenvereinbarung besteht für den Kunden anschließend die Möglichkeit, durch einfache Mitteilung die Eröffnung der in der Vereinbarung aufgeführten Kontoarten einschließlich der zugehörigen Produkte bei der Bank zu beantragen, welche diese gegebenenfalls nach vorheriger Bonitätsprüfung sodann für den Kunden eröffnet.[364] Da dem Kunden jedoch neben den AGB für sämtliche in der Rahmenvereinbarung aufgeführten Konten und Dienstleistungen auch die jeweils ergänzenden Sonderbedingungen mitzuteilen sind, stellt dieses Modell einen erheblichen anfänglichen Aufwand dar.

In Bankenkreisen wird daher ein Modell favorisiert, nach dem alle fernabsatzrechtlich geforderten Angaben in eine separate, produktbezogene Informationsschrift zu dem jeweiligen Fernabsatzvertrag aufgenommen werden, die dann zusammen mit den relevanten Vertragsbestimmungen zu einem „Informationspaket" zusammengefasst wird.[365] Dies erleichtert den Banken zum einen die Überprüfung der Vollständigkeit der Informationen und bietet zum anderen Erleichterungen hinsichtlich der späteren Beweisbarkeit einer lückenlos erfolgten Informationserteilung.[366]

5.3.3.1 Vorvertragliche Phase

Sofern die Informationserteilung nicht in einem Akt durch die sofortige Übermittlung sämtlicher Informationen in Textform erfolgt, wird die Informationspflicht in der vorvertraglichen Phase nach § 312c Abs. 1 Satz 1 BGB dadurch erfüllt, dass die Bank dem Verbraucher die jeweiligen Informationen „zur Verfügung stellt". Durch diese Formulierung wird klar gestellt, dass es nicht notwendig ist, dass der Verbraucher die Informationen sofort in seinen Händen hält. Auch auf eine tatsächliche Kenntnisnahme der Informationen durch den Verbraucher – also einen Informationserfolg – kommt es nicht an.[367] Ebenso bestehen keine Vorschriften darüber, auf welche Weise die Informationen zur Verfügung zu stellen sind.

363 Die Rahmenvereinbarung stellt einen Antrag des Kunden für die künftige Eröffnung von näher bezeichneten Konten einschließlich zugehöriger Produkte dar. Die Rahmenvereinbarung sollte dabei die im Privatkundengeschäft üblichen Kontoarten und Produkte wie z.B. Girokonten nebst ec-/ Maestro-Karte, Spar- und Geldmarktkonten, Wertpapierdepots sowie die Möglichkeit der Teilnahme am Online- und Telefonbanking umfassen.

364 Die Antragstellung kann dann persönlich, per Telefon, Brief, Fax, E-Mail oder via Online-Banking erfolgen.

365 Gemäß telefonisch geführter Gespräche mit einer Bank und einem Branchenverband. Vgl. auch Dörrie, ZBB 2005, 121, 130.

366 Vgl. dazu unten Kapitel 5.4.

367 Vgl. BT-Drs. 15/2946, 20 sowie Hk-VertriebsR/Micklitz, § 312c BGB Rz. 51; Bamberger/Roth/Schmidt-Räntsch, § 312c BGB Rz. 16; MüKo/Wendehorst, § 312c BGB RZ. 36; Härting/Schirmbacher, CR 2005, 48, 49; Kocher, DB 2004, 2679, 2680; Fuchs, ZIP 2000, 1273,

Die Darbietung der Informationen muss sich jedoch an den AGB-rechtlichen Einbeziehungserfordernissen orientieren.[368] So muss die Bank dem Verbraucher stets einen ausdrücklichen Hinweis auf die Bereitstellung der Informationen geben. Informiert sich der Verbraucher beispielsweise im Internet über die von der Bank angebotenen Produkte, so muss auf der jeweiligen Produktinformationsseite ein deutlich gestalteter Hinweis auf die weiteren Informationen enthalten sein. Diese selbst können dann entweder direkt auf der jeweiligen Internetseite in einem separaten Fenster oder einer Infobox dargestellt oder über einen deutlich erkennbaren Hyperlink aufrufbar sein.[369] Das komplette Informationspaket kann aber ebenso mittels einer Download-Funktion zum Abruf bereitgehalten werden.[370] Bei per Brief oder E-Mail unterbreiteten Vertragsangeboten kann das komplette Informationspaket in Papierform beigelegt bzw. als E-Mail Anhang übermittelt werden.

Will die Bank ihre Kunden oder Neukunden hingegen lediglich durch Werbeschreiben über bestimmte Angebote oder Dienstleistungen informieren, wird sie diesen Schreiben, insbesondere bei per Briefpost unterbreiteten Angeboten, aus Kostengründen vermutlich nicht sofort sämtliche fernabsatzrechtlich geforderten Informationen beilegen, sondern lediglich einen Hinweis auf eine Abrufmöglichkeit erteilen. Dabei ist jedoch zu beachten, dass ein Wechsel des Fernkommunikationsmittels zur Erlangung der Informationen dem Verbraucher regelmäßig nicht zumutbar ist.[371] Der Verbraucher kann also beispielsweise bei einem per Briefpost übermittelten Vertragsangebot nicht ohne weiteres auf im Internet abrufbare Informatio-

1277 und Meents, Verbraucherschutz im Internet, 189.

368 Vgl. MüKo/Wendehorst, § 312c BGB Rz. 29 ff.; Felke, Kreditvertrieb über Internet, 143 sowie Fuchs, ZIP 2000, 1273, 1277.

369 Vgl. ausführlich zur Erfüllung von Informationspflichten im Internet durch das Setzen von Hyperlinks Ott, WRP 2003, 945 ff. (insbesondere zu Informationspflichten im Fernabsatz wie vor, 945, 952 ff.). Hierbei ist zu beachten, dass die Informationserteilung unzureichend sein kann, wenn der Kunde nur über mehrere Schritte zu den Informationen gelangen kann (vgl. OLG München MMR 2002, 463, 464). Erforderlich ist weiterhin ein klarer und unmissverständlicher Hinweis auf die Informationen oder die Anbringung an einer herausgehobenen Stelle im Online-Formular (vgl. OLG Karlsruhe MMR 2002, 618 f.). Dagegen sieht das OLG Frankfurt die bloße Verlinkung der Pflichtangaben als nicht genügend an und fordert darüber hinaus sogar eine vorherige Zwangsführung des Verbrauchers auf eine entsprechende Informationsseite (vgl. OLG Frankfurt MMR 2001, 529, 530; ebenso bereits Meents, Verbraucherschutz im Internet, 188 f.). Diese Ansicht dürfte zumindest beim Fernabsatz von Finanzdienstleistungen nicht mehr begründet sein, da der Verbraucher ohnehin vor Abgabe seiner Vertragserklärung über die Informationen in Textform verfügen muss. Mit Recht dagegen bereits Steins, MMR 2001, 530, 531; MüKo/Wendehorst, § 312c BGB Rz. 30 und Ott, WRP 2003, 945, 955. Eine Verlinkung ausreichen lassen ebenso Hoenike/Hülsdunk, MMR 2002, 415, 417; Härting, FernAbsG, § 2 Rz. 63; Kamanabrou, WM 2000, 1417, 1422 und Fuchs, ZIP 2000, 1273, 1277.

370 Strenger dagegen Hk-VertriebsR/Micklitz, § 312c BGB Rz. 50, wonach der Anbieter die geforderten Informationen auf jeder Website in einer speziell markierten Informationsbox wiederholen müsse.

371 So auch MüKo/Wendehorst, § 312c BGB Rz. 34 und Härting, FernAbsG, § 2 Rz. 64. Anders dagegen Bamberger/Roth/Schmidt-Räntsch, § 312c BGB Rz. 16.

nen verwiesen werden, da er eventuell über keinen Internetzugang verfügt und die Informationen somit nicht abrufen kann.

5.3.3.2 Vertragliche Phase

Beim Fernabsatz von Finanzdienstleistungen kommt es entscheidend darauf an, dass die gebotenen Informationen dem Verbraucher noch vor Abgabe seiner Vertragserklärung, also spätestens in der vertraglichen Phase, dauerhaft zur Verfügung stehen (§ 312c Abs. 2 Nr. 1 Alt. 1 BGB). Ausnahmsweise genügt die Übermittlung der Informationen unverzüglich nach Vertragsschluss, wenn der Vertrag auf Verlangen des Verbrauchers telefonisch oder unter Verwendung eines anderen Fernkommunikationsmittels geschlossen wird, das die Mitteilung in Textform vor Vertragsschluss nicht gestattet.[372]

Zur Erreichung des angestrebten Schutzzwecks ist es nun nicht mehr ausreichend, dass die Informationen lediglich zur Einsicht oder zum Abruf zur Verfügung gestellt werden, vielmehr müssen die Informationen nach dem Verbraucher in Textform gemäß § 126b BGB mitgeteilt werden.[373] Dies erfordert zugleich den tatsächlichen Zugang der Informationen beim Verbraucher i.S.d. § 130 Abs. 1 Satz 1 BGB.[374]

Demzufolge ist die Pflicht dann erfüllt, wenn die Bank dem Verbraucher die Informationen auf Papier oder als Textdatei auf CD-ROM, DVD oder Diskette vor Vertragsschluss zusendet.[375] Ebenso genügt die Übermittlung der Informationen als Datei in einer E-Mail oder eine Übertragung per Download-Funktion auf die Festplatte des Computers des Verbrauchers den Anforderungen der Textform.[376]

Aufgrund fehlender gesetzlicher Vorgaben ist dabei allerdings fraglich, welches Dateiformat bzw. welche Art von Datenträger die Bank zu verwenden hat, damit die Informationen für den Verbraucher auch tatsächlich lesbar sind und somit ihre Wir-

372 § 312c Abs. 2 Nr. 1 Alt. 2 BGB.

373 Kritisch zu der Umsetzung des nunmehr in Art. 2 lit. f) FFARL definierten Begriffs des „dauerhaften Datenträgers“ durch die Textform nach § 126b BGB Finke, Der Fernabsatz von Finanzdienstleistungen, 140, 183. Kritisch bereits MüKo/Wendehorst, § 312c BGB Rz. 7, 88 ff. A.A. Felke/Jordans, WM 2004, 166, 169, wonach die Textform den Anforderungen der FFARL genüge.

374 Vgl. BT-Drs. 14/7052, 191 sowie Hk-VertriebsR/Micklitz, § 312c BGB Rz. 57; MüKo/Wendehorst, § 312c BGB Rz. 95 und Bamberger/Roth/Schmidt-Räntsch, § 312c BGB Rz. 21.

375 Vgl. statt vieler Palandt/Heinrichs, § 126b BGB Rz. 3 sowie Hk-VertriebsR/Micklitz, § 312c BGB Rz. 57. Vgl. ebenso Erwägungsgrund 20 FFARL.

376 Vgl. dazu BT-Drs. 14/2658, 40 f. sowie Piepenbrock/Schmitz, K&R 2000, 378, 382 und Bülow/Artz, NJW 2000, 2049, 2055. Dazu ebenso Zentraler Kreditausschuss (Hrsg.), Stellungnahme zum Gesetzentwurf, 6 f. Die Möglichkeit der Übermittlung der Informationen per Download-Funktion wollte die Kommission im ersten Entwurf zur FFARL noch ausschließen, indem es den Anforderungen nicht genügen sollte, wenn der Verbraucher die Aufzeichnung der Daten selbst hätte vornehmen müssen (vgl. KOM(1998)468 endg. vom 14.10.1998, 12). Diese Ansicht ist mit der neuen Formulierung des Art. 2 lit. f) FFARL jedoch überholt.

kung erst erreichen können.[377] Am sachgerechtesten erscheint diesbezüglich die noch in Art. 3a Nr. 3 des geänderten Richtlinienvorschlags[378] enthaltene Regelung, wonach die Parteien den zu benutzenden Datenträger einvernehmlich festlegen sollen. Da jedoch gerade im Internet keine persönliche Kommunikation stattfindet, ist dies oftmals schwer durchführbar. Es müsste aber auch genügen, wenn die Bank mehrere gängige Formate, in denen sie die Informationen bereithält, anbietet und der Kunde sich aus diesen dann das für sich passende Format auswählt.[379]

Nicht den Anforderungen der Textform entspricht jedoch die bloße Darstellung der Informationen auf den Internetseiten der Bank, jedenfalls solange der Verbraucher die jeweilige Website nicht tatsächlich dauerhaft auf seiner PC-Festplatte oder z.B. auf Diskette gespeichert oder ausgedruckt hat.[380] Daran dürfte auch der in Erwägungsgrund 20 FFARL genannte Fall nichts ändern, wonach eine Internet-Website, auf der die Informationen dargestellt sind, auch ohne Speicherung ein dauerhafter Datenträger sei, wenn eine Einsichtsmöglichkeit in die Informationen für eine angemessene Dauer besteht und wenn die unveränderte Reproduktion der Website in diesem Zeitraum gewährleistet ist. Eine vom Anbieter unterhaltene Internetseite dürfte diesen Anforderungen regelmäßig nicht entsprechen.[381] Zwar lässt sich eine im Browser-Fenster aufgerufene und im flüchtigen RAM-Speicher des PCs vorübergehend gespeicherte Website grundsätzlich beliebig lange einsehen.[382]

377 So kann es beispielsweise bei der Übermittlung der Informationen auf einer Diskette vorkommen, dass der Empfänger über kein Diskettenlaufwerk verfügt, wie dies gerade bei neueren Laptops der Fall ist. Ebenso ist es möglich, dass das jeweilige Dateiformat nicht gelesen werden kann, da der Empfänger nicht über das entsprechende Programm verfügt. Dabei ist fraglich, ob dem Verbraucher der technische Aufwand zugemutet werden kann, etwa den Acrobat Reader zur Anzeige von PDF-Dateien auf seinem Rechner zu installieren, wenn er hierüber noch nicht verfügt. Vgl. hierzu BT-Drs. 14/2658, 41. Ausführlich zu dieser Frage auch Finke, Der Fernabsatz von Finanzdienstleistungen, 59 ff., der deshalb in diesem Punkt eine konkret-individuelle Betrachtungsweise fordert.

378 ABl. EG Nr. C 177 E vom 27.06.2000, 21.

379 Ebenso Fuchs, ZIP 2000, 1273, 1279; MüKo/Wendehorst, § 312c BGB Rz. 93 und Kriegner, Die Fernabsatz-RL für Finanzdienstleistungen, 172. Strenger dagegen Finke, Der Fernabsatz von Finanzdienstleistungen, 62, der eine grundsätzliche Prüfpflicht des Anbieters fordert, sofern der Verbraucher nicht die Übermittlung in einem bestimmten Format ausdrücklich wünsche.

380 Vgl. bereits BT-Drs. 14/7052, 195 und BT-Drs. 14/2658, 40. Ebenso LG Kleve NJW-RR 2003, 196 zum dauerhaften Datenträger nach § 361a Abs. 3 BGB a.F. Zur Textform gem. § 126b BGB vgl. Hk-VertriebsR/Micklitz, § 312c BGB Rz. 57; MüKo/Wendehorst, § 312c BGB Rz. 95; Palandt/Heinrichs, § 312c BGB Rz. 7; Bamberger/Roth/Schmidt-Räntsch, § 312c BGB Rz. 21; Kocher, DB 2004, 2679, 2682; Härting/Schirmbacher, DB 2003, 1777, 1780. Zu § 361a Abs. 3 BGB a.F. ebenso Fuchs, ZIP 2000, 1273, 1279 und Kamanabrou, WM 2000, 1417, 1423. Anders dagegen Steins, MMR 2002, 53, 59 sowie zu § 361a Abs. 3 BGB a.F. auch OLG München, MMR 2001, 536, 537 f.; Gaertner/Gierschmann, DB 2000, 1601, 1062 und Waldenberger, K&R 1999, 345, 348.

381 So auch Finke, Der Fernabsatz von Finanzdienstleistungen, 59 f. und Gruber in: Graf/Gruber, Rechtsfragen des Internetbanking, 118, 133.

382 Jedenfalls solange das Fenster nicht geschlossen oder der PC abgeschaltet wird, da aufgrund der Flüchtigkeit des RAM-Speichers ein Wegfall der Versorgungsspannung zum Verlust der

Jedoch kann die ins Internet gestellte Website regelmäßig jederzeit seitens des Anbieters geändert werden, ohne dass der Verbraucher hierauf Einfluss hat.[383] Deshalb ist eine unveränderte Wiedergabe der Informationen bei einem erneuten Aufruf der Website nicht sichergestellt, solange der Verbraucher diese nicht ausgedruckt oder auf einem nichtflüchtigen Speicher wie etwa auf der Festplatte seines PCs abgespeichert hat.[384]

5.3.4 Sonderrecht bei Finanzdienstleistungen

Eine Besonderheit beim Finanzdienstleistungsvertrieb im Fernabsatz stellt das Recht des Verbrauchers nach § 312c Abs. 3 BGB dar, wonach dieser jederzeit einmalig während der Laufzeit des Vertrags von der Bank verlangen kann, dass ihm die Vertragsbestimmungen kostenlos in einer Urkunde zur Verfügung gestellt werden.[385] Der Begriff „Urkunde" orientiert sich an § 126 BGB: es ist somit ein Ausdruck auf Papier zur Verfügung zu stellen, der jedoch keiner Unterzeichnung bedarf.[386] Hierzu wird der Aufbau umfangreicher Datenbanken erforderlich sein, da die Bank sämtliche im Kundenverkehr verwendeten Vertragstexte sowie AGB archivieren muss. Die Unterlagen sind auch dann aufzubewahren, wenn sie für Neuverträge zwischenzeitlich geändert wurden oder überhaupt nicht mehr verwendet werden, weil z.B. das jeweilige Produkt nicht mehr aktiv angeboten wird. Je nach Laufzeit der einzelnen Verträge kann dies unter Umständen weit über die handelsrechtlichen Aufbewahrungspflichten hinausgehen. Vereinfacht wird dies aber dadurch, dass im Privatkundengeschäft zumeist standardisierte Vertragsbestimmungen verwendet werden.

5.4 Folgen der Beweislastverteilung

Wie dargestellt beginnt der Lauf der Widerrufsfrist grundsätzlich zum Zeitpunkt des Vertragsschlusses, nach § 312d Abs. 2 BGB jedoch frühestens mit der Übermittlung aller geforderten Informationen in Textform. Da die Bank gemäß § 355 Abs. 2 Satz 4 BGB im Streitfall die Beweislast für den Fristbeginn trägt, muss sie folglich sowohl die lückenlose Übermittlung aller von ihr zu erteilenden Informationen so-

gespeicherten Daten führt. Vgl. dazu Infineon Technologies (Hrsg.), Halbleiter, 185.

383 Etwas anderes würde dann gelten, wenn Websites in einer Form präsentiert werden könnten, die eine inhaltliche Veränderung seitens des Anbieters der Finanzdienstleistung ausschließt.

384 So auch die Begründung in BT-Drs. 14/7052, 195. Zwar lässt sich nahezu jede Internetseite mit einigen Mausklicks auf der Festplatte des Computers speichern. Da die Bank aber keine Möglichkeit hat, die Speicherung auf der Festplatte zu veranlassen, sie jedoch die Beweislast für den tatsächlichen Zugang der Informationen trägt, dürfte diese Möglichkeit nur theoretischer Natur sein, zumindest solange keine Möglichkeit besteht, die vom Verbraucher vorgenommene Speicherung oder den Ausdruck nachzuweisen. Eine bloße Aufforderung an den Kunden hierzu genügt jedenfalls nicht (vgl. BT-Drs. 14/2658, 40 f.). So aber Waldenberger, K&R 1999, 345, 348 und Nocke, FLF 2005, 73, 77.

385 Kritisch zu diesem Erfordernis Härting/Schirmbacher, CR 2002, 809, 814.

386 Vgl. dazu BT-Drs. 15/2946, 21 f. und 37; Rott, BB 2005, 53, 59 sowie Härting/Schirmbacher, DB 2003, 1777, 1781.

wie deren Zugang beim Verbraucher als auch den Zeitpunkt des Vertragsschlusses nachweisen.[387] Gelänge ihr der Nachweis über die ordnungsgemäße Informationserteilung im Streitfall nicht, wäre der Lauf der Widerrufsfrist noch nicht in Gang gesetzt und der Verbraucher würde auch noch nach Monaten über ein Widerrufsrecht für den jeweiligen Vertrag verfügen.

Da die Dokumentation über die erfolgte Informationserteilung für die Bank daher von größter Bedeutung ist, sollte sie sich den Erhalt der Informationen vom Verbraucher stets bestätigen lassen.[388] Der Umstand, dass die Bank die Informationspflichten vor Vertragsschluss erfüllen kann und muss, wirkt sich grundsätzlich vereinfachend auf die Beweissituation aus. Dennoch können hierbei Probleme auftauchen, da sich nicht alle oben genannten Möglichkeiten für die Erfüllung der Informationspflichten in gleicher Weise eignen, da weiterhin ein reibungsloser und vor allem kundenfreundlicher Vertragsschluss gewährleistet sein muss. [389]

5.4.1 Nachweis des Beginns der Widerrufsfrist

In den Fällen, in denen nicht die Möglichkeit vorgesehen ist, dass sich der Verbraucher die Vertragsunterlagen selbst aus dem Internet herunter laden kann, sondern diese erst nach vorheriger Anforderung – sei es telefonisch, via Internet oder mittels Antwortkarte – von der Bank per Post zugesandt werden, ist ein Nachweis über die erfolgte Informationserteilung vergleichsweise einfach zu erlangen. Dem Kunden werden dabei neben dem eigentlichen Vertragsformular die in der Informationsschrift zusammengefassten fernabsatzrechtlichen Informationen sowie die relevanten AGB in Papierform übermittelt.[390] Der Kunde gibt seine Vertragserklärung dann wie herkömmlich dadurch ab, dass er die ausgefüllten und unterschrieben Vertragsunterlagen – nach gegebenenfalls mittels Postident-Verfahren erfolgter Identifizierung – an die Bank per Post zurückschickt. Zu Zwecken der Beweissicherung wird

387 Vgl. MüKo/Wendehorst, § 312c BGB Rz. 79; Palandt/Heinrichs, §§ 312c BGB Rz. 7, 355 BGB Rz. 23. Die Beweispflicht der Bank für den Zugang der Informationen gemäß § 130 BGB ergibt sich ferner bereits aus den allgemeinen Grundsätzen, wonach die Beweislast für den Zugang einer Erklärung und dessen Zeitpunkt derjenige trägt, der sich darauf beruft – regelmäßig also die Bank; vgl. Palandt/Heinrichs, § 130 BGB Rz. 21.

388 Hierauf weisen auch MüKo/Wendehorst, § 312c BGB Rz. 79; Bülow/Artz, NJW 2000, 2049, 2055; Gaertner/Gierschmann, DB 2000, 1601, 1602 und Piepenbrock/Schmitz, K&R 2000, 378, 382 hin.

389 Die nachfolgenden Ausführungen basieren neben den zitierten Quellen auf telefonisch geführten Gesprächen mit einer Bank.

390 Alternativ können dem Kunden die Fernabsatzinformationen sowie die AGB auch auf einer Diskette, CD-ROM oder DVD geschickt werden. Um die Lesbarkeit der Informationen zu gewährleisten, sollte dies jedoch zuvor mit dem Kunden abgestimmt werden. Dies könnte etwa durch ein Auswahlfeld oder per Nachfrage bei telefonischer Anforderung erfolgen (vgl. oben Kapitel 5.3.3.2).

der Kunde dabei aufgefordert, eine gesondert zu unterschreibende[391] Empfangsbestätigung über den Erhalt der beigelegten Informationen mitzuschicken.[392] Diese Empfangsbestätigung ist dann von der Bank möglichst an zentraler Stelle zu archivieren, um sie bei Bedarf vorliegen zu haben.[393]

Für eine Übermittlung in Papierform spricht bereits das Recht des Verbrauchers, zwar nicht die Fernabsatzinformationen, jedoch die Vertragsbestimmungen ohnehin in einer Urkunde, also in Papierform, verlangen zu können. Dadurch könnte die Bank gleichzeitig diese Pflicht vorab erfüllen.[394]

Anstatt per Post können dem Kunden oder Interessenten die Vertragsunterlagen nach Anforderung ebenso in elektronischer Form als Datei an seine angegebene E-Mail Adresse geschickt werden oder der Kunde kann sich diese direkt von der Internet-Website als Datei über einen Down-Load Link herunter laden. Hier bietet es sich an, das eigentliche Vertragsformular zusammen mit den AGB und der Informationsschrift samt der gesonderten Empfangsbestätigung zu einer Datei zusammenzufassen. Dadurch wird sichergestellt, dass dem Kunden mit Erhalt des Vertragsformulars gleichzeitig alle fernabsatzrechtlich geforderten Informationen erfolgreich mitgeteilt wurden. Nachdem der Kunde sich die entsprechenden Vertragsseiten ausgedruckt hat, erfolgt der weitere Ablauf dann entsprechend den obigen Ausführungen.

Vielfach wird den Kunden bei Vertragsschlüssen über das Internet als Hilfestellung die Möglichkeit angeboten, die notwendigen persönlichen Daten in einem geführten Online-Dialog einzugeben. Nach erfolgter Eingabe werden die Daten automatisch in das anschließend erstellte und abrufbare Vertragsformular eingefügt. In dieser Variante kann sich die bereits früher vereinzelt geforderte Zwangsführung[395] des Nutzers auf eine vor Abschluss des Online-Dialogs geschaltete Pflichtseite anbieten, auf welcher der Kunde eine E-Mail an sich anfordern oder einen Down-Load mit den entsprechenden Informationen durchführen muss, um den Vorgang fortset-

391 Die Empfangsbestätigung ist gemäß § 309 Nr. 12 BGB vom Kunden gesondert zu unterschreiben, um rechtliche Wirksamkeit zu erlangen.

392 Vgl. dazu auch Nocke, FLF 2005, 73, 77. Um sicherzustellen, dass die Bank die Empfangsbestätigung erhält, könnte sie den Kunden ausdrücklich darauf hinweisen, dass die Bank die Dienstleistung nicht vor dem Erhalt der Erklärung ausführen wird.

393 Eine Archivierung in der jeweiligen Filiale erscheint hier nicht sinnvoll, da die Bestätigung z.B. nach einem erfolgten Wohnortwechsel des Kunden unter Umständen aufwändig recherchiert werden müsste.

394 Dies ist aufgrund des Wortlauts des § 312c Abs. 3 BGB jedoch unsicher, da sich hieraus nicht ergibt, ob der Verbraucher, wenn er die Vertragsbestimmungen bereits vor Vertragsschluss erhalten hat, diese während der Vertragslaufzeit nochmals in einer Urkunde anfordern kann. Folgt der Vertragsschluss jedoch in zeitlicher Nähe nach Erhalt der Unterlagen wird man unter Zuhilfenahme der Gesetzesbegründung jedoch davon ausgehen können, dass der Verbraucher die Vorlage nicht mehrfach wird fordern können (vgl. dazu BT-Drs. 15/2946, 37).

395 Vgl. dazu bereits OLG Frankfurt MMR 2001, 529, 530 sowie Meents, Verbraucherschutz im Internet, 188 f. Eine Zwangsführung schlagen ebenso Hoenike/Hülsdunk, MMR 2002, 415, 420 vor.

zen zu können.[396] Dies ließe sich sehr einfach in den Ablauf des Online-Dialogs integrieren.

Diese Vorgehensweise bietet sich auch dann an, wenn der Vertragsschluss unmittelbar über das Internet erfolgt. So besteht für Kunden, die bereits Online-Banking betreiben, zumeist die Möglichkeit, etwa einen Sparplan oder ein Wertpapierdepot im Rahmen des Online-Dialogs direkt mittels der Freigabe einer TAN abzuschließen bzw. zu eröffnen. Da für den Vertragsschluss keine Vertragsunterlagen gespeichert und ausgedruckt werden müssen, erscheint dies die einzige Möglichkeit, den Zugang der Informationen beim Kunden vor Abgabe der Vertragserklärung sicherzustellen.

Generiert der Kunde wie auf der Pflichtseite aufgefordert die E-Mail an sich, so sollte die Bank zu Zwecken der Beweissicherung die erfolgte Absendung der E-Mail in ihrem System protokollieren. Da der Beweiswert solcher einfachen elektronischen Protokolle aufgrund deren Manipulierbarkeit jedoch fraglich ist,[397] sollte nach Möglichkeit zusätzlich stets eine automatische Eingangs- oder Lesebestätigung der abgeschickten E-Mail vom Empfänger-System abfragen.[398]

Gleiches gilt, wenn der Kunde den Down-Load der Informationen auf seine Festplatte durchführt. Hier sollte versucht werden, den Übertragungsvorgang des Datenpakets an den Kundenrechner in geeigneter Weise zu protokollieren.[399] Darüber hinaus sollte die Bank als weitere Indizien den Kunden auf einer daran anschließenden Pflichtseite mittels Auswahlfelder danach fragen, ob die Übermittlung der Dateien erfolgreich war.[400] Betreibt der Kunde bereits Online-Banking, so kann dieser

396 So beispielsweise die Vorgehensweise von der Dresdner Bank AG für den Online-Antrag zur Eröffnung eines Girokontos. Vgl. <http://www.dresdner-bank.de>, besucht am 06.12.2004.

397 Diesbezüglich weist Herwig, MMR 2001, 145, 146 unter Zugrundelegung der Rechtsprechung zum Beweis des Zugangs eines Telefax darauf hin, dass dem Ausdruck eines einfachen E-Mail-Sendeprotokolls aufgrund der leichten Manipulierbarkeit keinerlei Beweiswert zukomme. Ebenso auch Mankowski, NJW 2004, 1901 und Ernst, MDR 2003, 1091, 1092.

398 So wird davon ausgegangen, dass das Protokoll der Eingangsbestätigung einen Anscheinsbeweis dafür darstellt, dass die E-Mail den Posteingang des Empfängers bei dessen E-Mail-Server erreicht hat. Einen darüber hinausgehenden Beweiswert besitzt die Lesebestätigung, da sie dokumentiert, dass auf der Seite des Empfängers die E-Mail tatsächlich geöffnet wurde. Nachteilig daran ist jedoch, dass der Kunde diese Lesebestätigung durch entsprechende Konfiguration seines Systems verweigern kann. Siehe zum Nachweis des Zugangs von elektronischen Willenserklärungen Herwig, MMR 2001, 145, 146 f.; Mankowski, NJW 2004, 1901, 1904; Thot/Gimmy in: Kröger/Gimmy, Handbuch Internetrecht, 3, 10; Ernst, MDR 2003, 1091 ff. sowie Ultsch, NJW 1997, 3007 ff. Zu der Frage, wie nachgewiesen werden kann, dass die Erklärung mit dem vom Erklärenden behaupteten Inhalt zugegangen ist, siehe Mankowski, NJW 2004, 1901, 1905 f. Vgl. dazu auch OLG Hamburg MMR 2002, 677. Zum Beweiswert von E-Mails auch Roßnagel/Pfitzmann, NJW 2003, 1209 ff.

399 Zum Nachweis der erfolgreichen Übermittlung genügt dabei allerdings weder ein Einzelverbindungsnachweis der Telekom noch das sog. Leonardo-Protokoll mit Angaben über Größe und die durch den Absender vorgegebene Bezeichnung der Dateien. So das OLG Hamburg MMR 2002, 677 (zur Einbeziehung von AGBs).

400 Im Beispiel der Kontoeröffnung bei der Dresdner-Bank AG (vgl. Fußnote 396) wird der Kunde vor Abschluss des Online-Dialogs auf einer Pflichtseite dazu aufgefordert, die Fernabsatzinformationen über einen Down-Load Link als PDF-Datei herunter zu laden und auf seinem PC

auch aufgefordert werden, den erfolgreichen Erhalt der Informationen mit der Freigabe einer TAN zu bestätigen.[401]

Eine weitere Möglichkeit, einen Nachweis zu erhalten, besteht darin, einen individuellen Code in die dem Kunden zugesandten Unterlagen zu integrieren. Die Bank müsste den Kunden in diesem Fall anschließend auffordern, diesen in den zuvor übermittelten Unterlagen enthaltenen Code in ein Pflichtfeld auf der Vertragsschlussseite einzutragen, welcher der Bank dann zusammen mit der Vertragserklärung zugeht.[402]

Insbesondere bei der elektronischen Beweissicherung muss jedoch gewährleistet sein, dass die zum Nachweis dienenden Daten bzw. die generierten Protokolle eindeutig dem einzelnen Kunden zugeordnet werden können. Hierzu werden der Aufbau und die Pflege komplexer Dokumentationssysteme sowie Datenbanken erforderlich werden. Ein generelles Problem dabei ist, dass aufgrund von teilweise langen Laufzeiten der Vertragsverhältnisse und insbesondere wegen des möglicherweise „ewigen" Widerrufsrechts des Kunden darüber hinaus sichergestellt werden muss, dass die gespeicherten Daten unter Umständen auch noch nach Jahrzehnten gelesen werden können. Angesichts der immer kürzer werdenden Zeitabstände bis eine neue Technologiegeneration auf den Markt kommt, muss dabei neben der Haltbarkeit der verwendeten Datenträger auch an das Vorhandensein von entsprechenden Lesegeräten in der Zukunft gedacht werden.[403] Die Gewährleistung der Datenintegrität und der Lesbarkeit der Daten wird in der Praxis mittlerweile als ernst zu nehmendes Problem erachtet.[404]

Dem Versand der Unterlagen in elektronischer Form stehen jedoch nicht nur aufgrund der genannten Schwierigkeiten hinsichtlich der Beweissicherung, sondern auch aus Vertriebssicht trotz der erheblichen Kostenvorteile im Vergleich zum Postversand große Bedenken gegenüber. Denn aufgrund des Umfangs der mitzuteilenden Informationen kann die Größe der zu übermittelnden Dateien selbst bei einem Dateiformat mit geringem Speicherbedarf wie PDF mehrere hundert KByte betragen.[405] Insbesondere bei Nutzung des Internets mit einer analogen Modemverbin-

zu speichern. Um den Vorgang fortsetzten zu können, muss der Kunde über ein Ankreuz-Feld bestätigen, dass er die Informationen „zur Kenntnis genommen" hat. Dieses Ankreuz-Feld wird dabei erst nach Anklicken des Down-Load Links frei geschaltet.

401 Dahingehend auch Lütcke, § 312c BGB Rz. 103. Dieser Angabe kommt aufgrund § 309 Nr. 12 BGB jedoch nur dann eine rechtliche Wirkung zu, wenn der Verbraucher die Erklärung mit einer gesonderten elektronischen Signatur versieht. Aufgrund der geringen Verbreitung derartiger Signaturen im privaten Bereich dürfte dies aber nur selten der Fall sein, weshalb diesen Erklärungen des Kunden nur eine Indizienwirkung zukommen kann.

402 Vgl. dazu auch den Vorschlag von Finke, Der Fernabsatz von Finanzdienstleistungen, 62.

403 Zur Haltbarkeit von Speichermedien siehe Landwehr, Infoweek 14/2001, 21 ff.

404 Vgl. dazu Stern, Allianz-Journal 3/2004, 53.

405 So besteht z.B. bei der Dresdner Bank AG nur das Online-Antragsformular zur Eröffnung eines „Dresdner Online Kontos" aus einem 9-seitigen PDF-Dokument mit einer Größe von 409 KByte. Die zugehörige Informationsschrift mit den Fernabsatzinformationen einschließlich aller relevanten Geschäfts- und Sonderbedingungen besteht aus einem weiteren PDF-Dokument mit 44 Seiten Umfang und einer Größe von 661 KByte.

dung kann dies möglicherweise über das von den Kunden akzeptierte Maß hinausgehen, was unter Umständen dazu führen könnte, dass Kunden aufgrund der aufzuwendenen Zeit vom Vertragsschluss Abstand nehmen, zumal wenn sie sich die Vertragsunterlagen vorerst nur zur Information herunter laden möchten.[406] Daher sollte die Bank den Kunden vor Beginn des Online-Dialogs möglichst darauf hinweisen, welchen Umfang die zu übermittelnden Dateien haben und welche Zeitdauer dies je nach Internetverbindung voraussichtlich in Anspruch nehmen wird. Zudem sollte für die Kunden aus diesem Grund nach wie vor stets die Möglichkeit bestehen, die Unterlagen per Post in Papierform anfordern zu können.

5.4.2 Nachweis des Vertragsschlusses

Wurden dem Verbraucher zuvor alle Informationen übermittelt, so ist der Zeitpunkt des Vertragsschlusses maßgeblich für den Beginn der Widerrufsfrist. Dementsprechend muss dieser Zeitpunkt von der Bank dokumentiert werden, was in der Praxis teilweise zu Schwierigkeiten führen kann.[407] Denn hierbei ist zu unterscheiden, ob die Erklärung des Kunden die Annahme des zuvor von der Bank unterbreiteten Angebots darstellt, oder ob der Antrag des Kunden erst von der Bank angenommen wird. Letzteres wird insbesondere im Aktivgeschäft wegen der zumeist erforderlichen Bonitätsprüfungen regelmäßig der Fall sein.

Kommt der Vertrag durch die Annahmeerklärung des Kunden zustande, so kann der Zeitpunkt des Vertragsschlusses im Briefverkehr oder bei per Fax übermittelten Erklärungen des Kunden problemlos durch das Anbringen eines Eingangsstempels mit dem Datum des Eingangs bei der Bank auf dem Vertragsformular dokumentiert werden. Bei E-Mails ist ebenso der Zeitpunkt des Zugangs der E-Mail mit der entsprechenden Annahmeerklärung des Kunden im Banksystem zu protokollieren.[408]

406 Da die Kunden die Unterlagen in dieser Variante selbst ausdrucken müssen, besteht zudem die Möglichkeit bzw. „Gefahr", dass die Kunden aus Versehen das komplette Dokument, also auch die umfangreichen Bedingungen, mit ausdrucken. Aufgrund des Umfangs könnte dies einigen Unmut bei den Kunden hervorrufen, da dafür die private Druckerpatrone verbraucht wird. Aufgrund des Seitenumfangs dürfte aus diesem Grund auch eine Übermittlung der Informationen per Fax regelmäßig ausscheiden.

407 Vgl. dazu auch Nocke, FLF 2005, 114, f.

408 Für den Zugang von E-Mails gibt es keine Besonderheiten im Vergleich zur herkömmlichen Willenserklärung. Da bei Unternehmen zu den gewöhnlichen Geschäftszeiten eine regelmäßige Überwachung und Leerung der Mailbox als Empfangsvorrichtung erwartet werden kann, gehen folglich alle E-Mails, die im Laufe eines Tages während der Geschäftszeiten in der Mailbox auf dem Server des Providers für die Bank gespeichert werden, an diesem Tag zu. Siehe dazu LG Nürnberg-Fürth, NJW-RR 2002, 1721, 1722 sowie die herrschende Lehre: MüKo/Einsele, § 130 BGB Rz. 18 f.; Palandt/Heinrichs, § 130 BGG Rz. 7a; Hk-VertriebsR/Micklitz, § 312e BGB Rz. 103; Gößmann in: Häuser u.a., FS Hadding, 819, 824 ff.; Mehrings: in Hoeren/Sieber, HMR, Nr. 13.1 Rz. 215 ff.; Mankowski, NJW 2004, 1901, 1902; Koch/Maurer, WM 2002, 2443, 2481, 2484 f.; Krüger/Bütter, WM 2001, 227 ff. sowie Ultsch, NJW 1997, 3007, 3008. Ausführlich dazu auch Borges, Verträge im elektronischen Geschäftsver-

Gleiches gilt im Internet für den Zugang der vom Kunden durch den letzten „Bestätigungsklick" oder durch Freigabe einer TAN[409] im Online-Banking abgegebenen Vertragserklärung.[410]

Ist hingegen die Erklärung des Kunden erst ein Antrag, der von der Bank angenommen wird, so kommt es für den Fristbeginn auf den Zugang der entsprechenden Annahmeerklärung beim Kunden an, soweit der Zugang dieser Erklärung beim Kunden wie beispielsweise beim Überweisungsvertrag im Online-Banking nach § 151 BGB nicht entbehrlich ist.[411] Den Tag des Zugangs der Annahmeerklärung kennt zunächst aber nur der Kunde, nicht hingegen die Bank.

Übermittelt die Bank ihre Annahmeerklärung per Brief, so kommt als Zugangsnachweis das klassische Einschreiben mit Rückschein oder Einwurfeinschreiben in Betracht.[412] Das Einschreiben mit Rückschein stellt jedoch aufgrund der hohen Kosten und der anschließenden Notwendigkeit zur Archivierung der Rückscheine sowie der Kundenunfreundlichkeit dieser Form nur eine bedingt praktikable Möglichkeit dar.[413] Weiterhin könnte erwogen werden, vom Kunden wiederum eine

kehr, 219 ff. Enger dagegen Herwig, MMR 2001, 145, 146: Zugang nur bei Speicherung auf dem Rechner des Empfängers. Die Regelung des § 312e Abs. 1 Satz 2 BGB hat hinsichtlich des Zugangs der Erklärung des Verbrauchers nur einen klarstellenden Charakter und bewirkt keine Verschiebung des Zugangszeitpunkts; vgl. dazu Mehrings in: Hoeren/Sieber, HMR, Nr. 13.1 Rz. 198 ff. Insofern kritisch zu dieser Vorschrift Hk-VertriebsR/Micklitz, § 312e BGB Rz. 103. Zweifelnd hinsichtlich des Regelungsgehalts dieser Vorschrift auch Palandt/Heinrichs, § 312e BGB Rz. 7 und Brönneke in: Roßnagel, RMD, Teil 13, Vor §§ 312b ff. BGB Rz. 66.

409 Vgl. die „Besonderen Bedingungen für das Online-Banking mit PIN und TAN" z.B. der Deutschen Postbank AG (Nr. 3 Abs. 1) oder der Landesbank Rheinland-Pfalz (Nr. 4), wonach Willenserklärungen des Kunden durch die Freigabe einer TAN abgegeben werden.

410 Dabei ist zu unterscheiden, ob die Erklärung des Kunden wie eine E-Mail an die Empfängerbank gelangt (hier gelten die in Fußnote 408 beschriebenen Grundsätze), oder ob eine automatisierte elektronische Verarbeitung der Erklärung erfolgt, wie dies z.B. bei Überweisungen oder der Erteilung einer Order beim Online-Brokerage üblicherweise der Fall ist. In diesem Fall geht die Erklärung der Bank zu, sobald sie die Schnittstelle zwischen öffentlichem Telekommunikationsnetz und der Empfangsvorrichtung der Datenverarbeitungsanlage der Bank passiert hat. Vgl. dazu Palandt/Heinrichs, § 130 BGB Rz. 7a; Mehrings in: Hoeren/Sieber, HMR, Nr. 13.1 Rz. 219; Gößmann in: Häuser u.a., FS Hadding, 819, 827; Borges, Verträge im elektronischen Geschäftsverkehr, 273; Koch/Maurer, WM 2002, 2443, 2481, 2484 f.; Krüger/ Bütter, WM 2001, 221, 228 und Wiesgickl, WM 2000, 1039, 1045.

411 Vgl. ausführlich zum Zustandekommen eines Überweisungsvertrags im Online-Banking Koch/ Maurer, WM 2002, 2443, 2481, 2485 f.

412 Vgl. Palandt/Heinrichs, § 130 BGB Rz. 21 und Nocke, FLF 2005, 114, 115. Zur Zugangsvermutung bei Einwurfeinschreiben vgl. AG Paderborn, NJW 2000, 3722, 3723; Reichert, NJW 2001, 2523 und Dübbers, NJW 1997, 2503 f. A.A. LG Potsdam NJW 2000, 3722 (in diesem Fall fehlte jedoch eine ordnungsgemäße Dokumentation).

413 So auch Nocke, FLF 2005, 114, 115. So wird sich ein Großteil der Kunden zu den üblichen Zustellzeiten wohl regelmäßig nicht in der Wohnung aufhalten, weshalb diese zur Abholung der Sendung eine Postfiliale aufsuchen müssen. Sollte dies nicht innerhalb einer Woche erfolgen, so wird das Einschreiben ohne anders lautende Anweisung wieder an den Absender zurückgeschickt. Die z.T. angeführte Möglichkeit der Zugangsvereitelung durch den Kunden bei

unterschriebene Empfangsbestätigung der Annahmeerklärung anzufordern.[414] Eine Annahme per Faxbestätigung ist aufgrund der mangelnden Beweiskraft des Sendeprotokolls wenig empfehlenswert.[415] Um ihre Position im Streitfalle zu verbessern, könnte die Bank daher als weitere Möglichkeit mit dem Kunden vereinbaren, dass der Kunde gemäß § 151 BGB auf die Annahmeerklärung der Bank verzichtet.[416] Dies würde es der Bank ermöglichen, sowohl den Zeitpunkt des Vertragsschlusses als auch den Beginn der Widerrufsfrist zu bestimmen und damit auch zu beweisen.[417] Allerdings sollte der Kunde in diesem Fall unbedingt unverzüglich über den Fristbeginn informiert werden, um den Schutzzweck der Widerrufsfrist nicht zu unterlaufen.

Beim Versenden der Annahmeerklärung in einer E-Mail an den Kunden bestehen die gleichen Nachweismöglichkeiten wie oben in Kapitel 5.4.1 dargelegt.

5.5 Besonderheiten beim Fernabsatz von Finanzdienstleistungen via Telefon

Erfolgt der Geschäftsabschluss über die Finanzdienstleistungen im Wege des telefonischen Kontakts, gelten aufgrund der Eigenart dieses Kommunikationsmittels einige Besonderheiten.[418] Teilweise werden dabei die Anforderungen an die Informationserteilung aus Gründen der Praktikabilität abgesenkt, da sie aufgrund der eingeschränkten Möglichkeiten über das Telefon nicht sinnvoll durchgeführt werden können. Ebenso werden aber zum Schutz des Verbrauchers an anderer Stelle die

Verwendung von Einschreiben mit Rückschein (so etwa Reichert, NJW 2001, 2523 f.) spielt hier jedoch keine Rolle.

414 Ob der Kunde diese nach Vertragsschluss allerdings abgibt, ist fraglich. Die Bank könnte jedoch vorsehen, dass sie – soweit dies möglich ist – erst nach Erhalt dieser Erklärung mit der Vertragsausführung beginnt und den Kunden darauf entsprechend hinweisen.

415 Dies kann höchstens als Indiz herangezogen werden. Vgl. zum Beweiswert des Sendeberichts etwa BAG NZA 2003, 158, 159; BGH NJW 1995, 665 sowie Palandt/Heinrichs, § 130 BGB Rz. 21 und Herwig, MMR 2001, 145, 146. Siehe dazu auch neuerlich Riesenkampff, NJW 2004, 3296, der eindringlich einen Anscheinsbeweis für den OK-Vermerk des Fax-Sendeprotokolls fordert.

416 Vgl. Palandt/Heinrichs, § 151 BGB Rz. 3.

417 Vgl. dazu auch Nocke, FLF 2005, 114, 115.

418 Zu der wettbewerbsrechtlichen Zulässigkeit telefonischer Anrufe bei Erstkontakt gemäß § 7 Abs. 2 Nr. 2 UWG siehe Baumbach/Hefermehl/Köhler, § 7 UWG Rz. 32 ff. Demnach ist die Telefonwerbung gegenüber Verbrauchern ohne deren Einwilligung als unzumutbare Belästigung i.S.v. § 7 Abs. 1 UWG anzusehen. Vgl. ferner dazu von Livonius, BKR 2005, 12, 19 f. und Lettl, GRUR 2000, 977 ff. Die in Art. 10 Abs. 2 FFARL enthaltene Regelungsoption, wonach die Mitgliedstaaten bestimmen können, dass die Benutzung des Telefons entweder nur mit Zustimmung des Verbrauchers zulässig ist (sog. „opt-in"-Regelung) oder nur dann erfolgen darf, wenn der Verbraucher keine deutlichen Einwände dagegen erhebt (sog. „opt-out"-Regelung), brauchte vom deutschen Gesetzgeber daher nicht gesondert umgesetzt werden (vgl. BT-Drs. 15/2946 16 f. sowie ferner bereits BT-Drs. 142658, 24).

Informationspflichten verschärft, da durch die unmittelbare persönliche Kommunikation eine erhöhte Überrumpelungsgefahr besteht.

Infolgedessen ist die Bank einerseits gemäß § 312c Abs. 1 Satz 2 BGB verpflichtet, unmittelbar zu Beginn eines von ihr veranlassten Telefongesprächs zunächst stets ihren Namen bzw. Firma nebst ihrer Rechtsform sowie zusätzlich den geschäftlichen Zweck des Telefonats unaufgefordert und verständlich dazulegen.[419] Der Verbraucher muss dadurch eindeutig den Charakter des Gesprächs erkennen können – eben ob der Anrufer das Ziel verfolgt, ihm etwas verkaufen zu wollen.[420]

Andererseits wird der vorvertragliche Informationskatalog, der dem Verbraucher nach § 312c Abs. 1 BGB zur Verfügung gestellt werden muss, eingeschränkt. Soweit der Verbraucher darüber informiert wurde, dass ihm auf Wunsch weitere Informationen näher zu bezeichnender Art übermittelt werden können und er ausdrücklich auf die Übermittlung dieser Informationen verzichtet hat, beschränkt sich der Umfang der während des Gesprächs zu erteilenden Informationen ausnahmsweise auf die Angaben nach § 1 Abs. 1 BGB-InfoV.[421] Damit stellt das Gesetz jedoch immer noch weitaus höhere Anforderungen als die FFARL in ihrem entsprechenden Art. 3 Abs. 3 lit. b).[422] Eine plausible Begründung für diese Abweichungen enthält die Gesetzesbegründung dabei nicht.[423] Diese Verschärfung mag aufgrund Art. 4 Abs. 2 FFARL gemeinschaftsrechtlich zwar zulässig sein,[424] jedoch bedeutet dies eine weitere Einschränkung des ohnehin bereits reglementierten telefonischen Fernabsatzes.[425] Zudem erscheinen die ungünstig gewählten zusätzlich zu erteilenden Informationen einer rationalen Entscheidung des Verbrauchers über den Vertragsschluss nicht unbedingt hilfreich: zwar muss der Verbraucher über das jeweilige Handelsregister und die zugehörige Registernummer informiert werden, auf weitaus wichtigere Informationen wie beispielsweise zu vertraglichen Kündigungsbedingungen oder auf ein Risikohinweis kann jedoch verzichtet werden.[426]

419 Vgl. dazu MüKo/Wendehorst, § 312c BGB Rz. 16 ff.; Hk-VertriebsR/Micklitz, § 312c BGB Rz. 24 und Bamberger/Roth/Schmidt-Räntsch, § 312c BGB Rz. 13 f.

420 So treffend Hk-VertriebsR/Micklitz, § 312c BGB Rz. 24.

421 § 1 Abs. 3 BGB-InfoV. Zum Umfang der Hinweispflicht auf die Art der weiteren Informationen vgl. Finke, Der Fernabsatz von Finanzdienstleistungen, 51. Demnach wird es zulässig sein, dass die Bank die Art der weiteren lieferbaren Informationen in angemessener Art und Weise zusammenfasst, da sonst keine Erleichterung aufgrund dieser Vorschrift gegeben wäre.

422 Kritisch bereits zu den Anforderungen der FFARL Micklitz in: Reich/Micklitz, Europäisches Verbraucherrecht, § 7 Rz. 27.

423 Vgl. BT-Drs. 15/2946, 26 f. und 40.

424 So auch Rott, BB 2005, 53, 58. Zweifelnd hingegen Felke/Jordans, WM 2004, 166, 168 und Finke, Der Fernabsatz von Finanzdienstleistungen, 181.

425 Dahingehende Kritik bei Vander, MMR 2005, 139, 140; Felke/Jordans, NJW 2005, 710, 711; dies., WM 2004, 166, 168; Rössel, IT-RB 2004, 236, 237 f. sowie Zentraler Kreditausschuss (Hrsg.), Stellungnahme zum Gesetzentwurf, 11 f. A.A. Härting/Schirmbacher, DB 2003, 1777, 1780, die darin eine Erleichterung für den telefonischen Vertragsschluss bei Finanzdienstleistungen erkennen.

426 Vgl. ebenso Finke, Der Fernabsatz von Finanzdienstleistungen, 181 und Zentraler Kreditausschuss (Hrsg.), Stellungnahme zum Gesetzentwurf, 12.

Die geforderten Informationen können dem Verbraucher dann entweder direkt von dem Mitarbeiter vorgelesen werden oder sie können über ein Voice-Mail-System abgespielt werden.[427]

In den Fällen, in denen wie bei Nutzung des Telefons eine formgebundene Kommunikation mit dem Verbraucher nicht möglich ist, ist die in § 312c Abs. 2 BGB geforderte Übermittlung der Informationen sowie der Vertragsbestimmungen in Textform vor Abgabe der Vertragserklärung des Verbrauchers schlicht kaum möglich, sofern der telefonische Kontakt nicht lediglich dazu genutzt werden soll, den Kunden über das Produkt zu informieren, während der eigentliche Vertragsschluss durch den anschließenden Austausch von Vertragsunterlagen per Briefpost erfolgt. Wenn der Vertragsschluss aber unmittelbar telefonisch erfolgen soll, können die Informationen – insbesondere die Widerrufsbelehrung – zwangsläufig erst nach Vertragsschluss in Textform übermittelt werden. Dies hat jedoch zur Folge, dass die Widerrufsfrist ab Zugang der Informationen beim Verbraucher nunmehr einen Monat beträgt.[428] Dies gilt nach derzeitiger Lage ebenso, wenn der Vertrag auf Verlangen des Verbrauchers telefonisch geschlossen wurde und die Mitteilung in Textform wie vorgeschrieben unverzüglich nach Abschluss des Vertrags erfolgt.[429]

In gleicher Weise kommt jedoch auch bei einem telefonischen Vertragsschluss vereinfachend die Ausnahmevorschrift des § 312b Abs. 4 BGB zum Tragen. Erteilt der Kunde beispielsweise im Rahmen des Telefon-Banking eine Wertpapier-Kauforder, so muss die Bank weder die dem Gespräch vorgeschalteten Informationen gemäß § 312c Abs. 1 Satz 2 BGB erteilen, da der Anruf in diesem Fall vom Kunden ausgeht, noch müssen die weiteren Informationspflichten erfüllt werden, da dieser Vorgang von dem für die Ausführung der Order bzw. für die Verbuchung und Verwahrung der Wertpapiere notwendigen Depotvertrag als erstmaliger Dienstleistungsvereinbarung erfasst ist.[430] Ähnliches gilt, wenn beispielsweise der Bankberater bei dem Kunden anruft, da sein Festgeld zur Prolongation ansteht. Aufgrund § 312b Abs. 4 Satz 2 BGB ist eine Informationserteilung in diesem Fall entbehrlich. Auch müssten zu Beginn des Telefonats noch nicht einmal die Informationen nach § 312c Abs. 1 Satz 2 BGB genannt werden. Jedoch wird dies in der Regel dennoch geschehen, da sich der Bankmitarbeiter üblicherweise sowohl unter Angabe seines Namens und der Firma der Bank als auch unter Angabe des Zwecks seines Anrufs bei dem Kunden melden wird.

427 Vgl. MüKo/Wendehorst, § 312c BGB Rz. 31, 33.

428 § 355 Abs. 2 Satz 2 BGB.

429 § 312c Abs. 2 Nr. 1 BGB besagt zwar, dass bei telefonischem Vertragsschluss eine Mitteilung unverzüglich nach Vertragsschluss ausreichend ist, ein entsprechender Ausschluss von § 355 Abs. 2 Satz 2 BGB findet sich jedoch nicht. Die Spezialregelung des § 312d Abs. 2 BGB verdrängt nur § 355 Abs. 2 Satz 1 BGB. Berechtigte Kritik hierzu von Finke, Der Fernabsatz von Finanzdienstleistungen, 186, der in der generellen Verlängerung der Widerrufsfrist einen Verstoß gegen die FFARL sieht, welcher eine derartige Verlängerung unbekannt ist. Kritik auch von Bitkom (Hrsg.), Stellungnahme zum Gesetzentwurf, 10, die dies als Diskriminierung moderner Kommunikationstechniken und als zu berichtigendes „Redaktionsversehen“ ansehen.

430 § 312b Abs. 4 Satz 1 BGB.

Besonderheiten ergeben sich beim Fernabsatz via Telefon auch für den Nachweis über die anfängliche Informationserteilung bzw. den Verzicht sowie über das Zustandekommen des Vertrags, falls dieser unmittelbar im Rahmen des Telefongesprächs erfolgt. Dazu sollte das Gespräch mit Einwilligung des Kunden nach Möglichkeit mit einer entsprechenden Datumsangabe aufgezeichnet werden, um den Beweis führen zu können.[431] Besteht diese Möglichkeit nicht oder liegt kein Einverständnis des Kunden vor, sollte der Vertragsschluss in jedem Fall von dem Bankmitarbeiter protokolliert werden. Für die nachfolgende Übermittlung der Informationen und den Nachweis über den Zugang bieten sich grundsätzlich alle in Kapitel 5.4 genannten Möglichkeiten an.

5.6 Besonderheiten einzelner Finanzdienstleistungen

Aufgrund ihren Eigenarten unterliegen einzelne Finanzdienstleistungen besonderen Regelungen oder beinhalten produktspezifische Fragen, die nachfolgend dargelegt werden sollen.

5.6.1 Behandlung volatiler Geschäfte

Bei Finanzdienstleistungen, deren Preis von der Entwicklung auf den Finanzmärkten abhängt und von den Vertragsparteien nicht beeinflusst werden kann, müssen zwei unterschiedliche Interessenlagen berücksichtigt werden. Einerseits besteht für den Verbraucher aufgrund der Preisschwankungen ein besonderes Ertrags- bzw. Verlustrisiko, vor dem er möglichst geschützt werden muss. Andererseits besteht aber auch ein überragendes Bestandsinteresse des Anbieters der Finanzdienstleistung, weshalb die allgemeinen Fernabsatzregeln hier nicht ohne weiteres gelten können.[432]

Demzufolge besteht für den Anbieter in diesen Fällen eine gesteigerte Aufklärungs- und Beratungspflicht. Sofern sich die Finanzdienstleistung auf volatile Finanzinstrumente bezieht, die mit speziellen Risiken behaftet sind oder die nicht beeinflussbaren Preisschwankungen unterliegen, muss der Verbraucher im Rahmen der vorvertraglichen Informationserteilung auf diese Tatsachen hingewiesen werden. Ebenso ist bei diesen Finanzdienstleistungen mit spekulativem Charakter stets darauf hinzuweisen, dass in der Vergangenheit erwirtschaftete Erträge kein Indikator für künftige Erträge sind.[433] Namentlich hiervon erfasst sind u.a. Dienstleistungen

431 So auch Rott, BB 2005, 53, 58. Zur Zulässigkeit von Tonträgeraufnahmen des gesprochenen Worts siehe Schönke/Schröder/ Lenckner, § 201 StGB Rz. 11 ff.

432 So auch Riesenhuber, WM 1441, 1448 f.

433 Informationspflicht nach § 1 Abs. 2 Nr. 2 BGB-InfoV. Positiv dazu Reuter, Der Fernabsatz und seine rechtliche Ausgestaltung, 198. Kritisch zum Schutzausmaß dieser Informationen Gruber in: Graf/Gruber, Rechtsfragen des Internetbanking, 118, 136. Aufgrund der Formulierung, dass lediglich ein „Hinweis" zu geben ist, wird in der Tat keine detaillierte Risikoaufklä-

im Zusammenhang mit Aktien, Zertifikaten, Anteilen an Investmentfonds einschließlich offener Immobilienfonds, Schuldverschreibungen, Optionsscheinen, Devisen sowie Derivaten wie z.B. Finanz- oder Zinstermingeschäfte, Zins-, Devisen- oder Equity-Swaps sowie jegliche Form von Kauf- oder Verkaufsoptionen.[434] Die zuletzt genannten Geschäfte dürften im Privatkundenbereich allerdings eher seltener vorkommen.

Da die Anschaffung und Veräußerung dieser Finanzinstrumente regelmäßig Wertpapierdienstleistungen nach § 2 Abs. 3 WpHG darstellen, bestehen neben den besonderen fernabsatzrechtlichen Informationspflichten weiterhin die allgemeinen und besonderen Informations- und Verhaltenspflichten nach den §§ 31, 32 WpHG sowie die besonderen Informationspflichten bei Termingeschäften nach § 37d WpHG.[435] Diese erfolgen üblicherweise zu Beginn der Geschäftsbeziehung durch standardisierte Risikoaufklärungsbroschüren sowie anhand vom Kunden separat zu unterschreibender Unterrichtungsschriften.[436]

Aufgrund der Preisschwankungen muss aber gleichzeitig das Schutzbedürfnis des Verbrauchers an anderer Stelle zurücktreten. Würde dem Verbraucher für diese Geschäfte ein Widerrufsrecht zustehen, so würde das Preis- bzw. Kursrisiko in unangemessener Weise einseitig auf den Anbieter verlagert.[437] Demzufolge ist das Widerrufsrecht bei volatilen Geschäften gemäß § 312d Abs. 4 Nr. 6 BGB ausgeschlossen, soweit nicht ein anderes bestimmt ist.[438] Damit wird zu Recht verhindert, dass der Verbraucher auf Kosten der Bank spekulieren kann, indem er beispielsweise eine Wertpapierorder innerhalb der Widerrufsfrist widerruft, nachdem das gekaufte Wertpapier an Wert verloren hat.[439] Auf das Nichtbestehen eines Widerrufsrechts für diese Geschäfte ist der Verbraucher vor Vertragsschluss entsprechend hinzuweisen.[440]

rung vorzunehmen sein. Aufgrund eventueller Haftungsrisiken wird es den Banken jedoch zu empfehlen sein, die Informationen nicht zu knapp zu fassen.

434 Vgl. ausführlich zum Umfang des Begriffs Finanzinstrumente im Sinne des § 1 Abs. 11 KWG Boos/Fischer/Schulte-Mattler/Fülbier, § 1 KWG Rz. 195 ff.

435 Zusammenfassend zu den Informations- und Verhaltenspflichten nach dem WpHG vgl. von Livonius, BKR 2005, 12, 18 f. Ausführlich zu den Informationspflichten nach § 31 Abs. 2 Nr. 2 WpHG vgl. Assmann/Schneider/Koller, § 31 WpHG Rz. 96 ff.; zu den Informationspflichten nach § 37d Abs. 1 WpHG siehe Assmann/Schneider/Mülbert, § 37d WpHG Rz. 6 ff. und Knops in: Derleder/Knops/Bamberger, Handbuch Bankrecht, § 47 II.

436 Vgl. NJW 2000, 359 ff. (zu Aufklärungspflichten beim sog. Discount Brokerage).

437 Vgl. BT-Drs. 15/2946, 22.

438 Siehe aber zum Widerrufsrecht beim Erwerb von in- oder ausländischen Investmentanteilen nach InvG unten Kapitel 6.1 (insbesondere die dortige Fußnote 477).

439 Vgl. dazu bereits die Begründung der Kommission in KOM(1998)468 endg. vom 14.10.1998, 14. Ebenso Riesenhuber, WM 1998, 1441, 1448; Drygala in: Schneider u.a., FS Lutter, 1563, 1578; Reuter, Der Fernabsatz und seine rechtliche Ausgestaltung, 208 f.; Kriegner, Die Fernabsatz-RL für Finanzdienstleistungen, 200 ff.; Finke, Der Fernabsatz von Finanzdienstleistungen, 71 f. und Rott, BB 2005, 53, 59 f.

440 § 1 Abs. 1 Nr. 10 BGB-InfoV. Der Verbraucher müsste dann im Rahmen der Depoteröffnung etwa wie folgt unterrichtet werden: „Für einzelne Aufträge, durch die Sie Wertpapiere erwer-

Zu beachten ist dabei, dass der Ausschluss dieser Geschäfte vom Widerrufsrecht absolut gilt und an keine weiteren Voraussetzungen gebunden ist. Die Regelung ist daher trotz der der Ausnahmeregelung des § 312b Abs. 4 BGB keineswegs entbehrlich: zwar ist für die Erteilung einer Wertpapierorder regelmäßig ein bestehender Depotvertrag erforderlich, weshalb diese Einzelanschaffungen in der Regel bereits nach § 312b Abs. 4 Satz 1 BGB von den Fernabsatzvorschriften ausgenommen sind.[441] Stellt sich jedoch nachträglich heraus – beispielsweise erst im Laufe eines Gerichtsverfahrens –, dass die Informationserteilung über den Depotvertrag unzureichend war, wäre das Informationsbedürfnis des Verbrauchers hinsichtlich des einzelnen Wertpapierauftrags wohl nicht entfallen. Dies könnte dazu führen, dass der Wertpapierauftrag selbst den Fernabsatzvorschriften unterliegen würde. Dem Verbraucher würde folglich ein Widerrufsrecht dafür zustehen, welches aufgrund der dann fehlenden Belehrung zeitlich unbegrenzt fortbestanden hat. Dies wird durch die Ausschlussregelung des § 312d Abs. 4 Nr. 6 BGB verhindert.

Von dieser Ausnahmeregelung ist auch der Kauf neuer Aktien im Rahmen einer Aktienemission erfasst. Aktienemissionen an das Publikum sind überwiegend Fremdemissionen, bei denen ein Emissionskonsortium von Banken die zu platzierenden Wertpapiere vom Emittenten auf eigenes Risiko übernimmt und ihrerseits beim Publikum absetzt.[442] Die Entgegennahme von Zeichnungsaufträgen und der Verkauf der Aktien stellt zweifelsohne eine Bankdienstleistung und somit eine dem Fernabsatzrecht unterliegende Finanzdienstleistung dar.[443] Die Preisfeststellung erfolgt dabei üblicherweise im Rahmen des sog. Bookbuilding-Verfahres, d.h. es ist zum Zeitpunkt der Zeichnung durch die Anleger in der Order-Phase lediglich eine Preisspanne festgelegt, innerhalb derer sich der endgültige Emissionspreis bewegen wird. Der Preis, zu dem die Zuteilung erfolgt, wird erst nach Abschluss der Order-Phase unter Berücksichtigung der Marktverhältnisse festgelegt.[444] Somit unterliegt der Preis der neu emittierten Aktien ebenso wie der von bereits börsengehandelten Aktien nicht beeinflussbaren Schwankungen des Marktes, weshalb das Widerrufsrecht für das Kaufangebot nach Beendigung der Order-Phase ausgeschlossen ist.[445]

ben oder veräußern, steht Ihnen kein Widerrufsrecht zu."

441 Vgl. Erwägungsgrund 17 FFARL sowie BT-Drs. 15/2946. 19.

442 Zu den Formen von Emissionen vgl. Schäfer in: Schwintowski/Schäfer, Bankrecht, § 23 Rz. 5 f. Die im Gegensatz seltene Form der Eigenemission, bei der der Emittent die Wertpapiere direkt, ohne Einschaltung eines Intermediärs bei den Anlegern platziert, hat allerdings kürzlich durch den Börsengang des Internet-Suchmaschinen Anbieters Google neue Beachtung gefunden. Vgl. dazu Neubacher, Börsen-Zeitung vom 05.06.2004, 8.

443 So auch Drygala in: Schneider u.a., FS Lutter, 1563, 1580. Zu den Rechtsbeziehungen zwischen der Bank und dem Verbraucher als Anleger aufgrund des Platzierungsvorgangs vgl. Schäfer in: Schwintowski/Schäfer, Bankrecht, § 23 Rz. 115 f.

444 Zum Ablauf des Bookbuilding-Verfahres siehe Schäfer in: Schwintowski/Schäfer, Bankrecht, § 23 Rz. 74 sowie Willamowski, Bookbuilding, 55 ff. Das früher gebräuchliche Festpreisverfahren wird mittlerweile nicht mehr angewandt, vgl. Groß, ZHR 162 (1998), 318, 319.

445 Bis zu diesem Zeitpunkt können die Anleger jedoch zur praxisgerechten Durchführung des Bookbuildings unabhängig von der Absatzform ihr Angebot abweichend von § 145 BGB zurückziehen. Vgl. Schäfer in: Schwintowski/Schäfer, Bankrecht, § 23 Rz. 74; Willamowski,

5.6.2 Reichweite des Widerrufs eines Girovertrags

Wie erläutert, sind die einzelnen im Fernabsatz geschlossenen Überweisungsverträge gemäß § 312b Abs. 4 Satz 1 BGB insgesamt von den Fernabsatzvorschriften ausgenommen, da sie von dem zugrunde liegenden zuvor geschlossenen Girovertrag als erstmaliger Dienstleistungsvereinbarung erfasst sind. Infolge dieser Funktion des Girovertrags stellt sich im Fall des Widerrufs eines im Fernabsatz geschlossenen Girovertrags die Frage, welche Auswirkungen ein solcher Widerruf auf die einzelnen Überweisungsverträge hat, die auf der Grundlage des jeweiligen Girovertrags geschlossen und von der Bank bereits ausgeführt wurden.[446]

Widerruft der Verbraucher den Girovertrag, erfasst dieser Widerruf nicht gleichzeitig alle zuvor im Fernabsatz geschlossenen Überweisungsverträge, sondern betrifft zunächst nur den jeweiligen Girovertrag. Dies entspricht grundsätzlich auch den Interessen des Verbrauchers, da dieser mit den getätigten Überweisungen regelmäßig eine Geldschuld aus einem zwischen ihm und einem Dritten geschlossenen Vertrag, z.B. einem Kaufvertrag, begleichen wollte, wovon anzunehmen ist, dass dies unabhängig vom Fortbestand des Girovertrags weiterhin Gültigkeit haben soll. Als Folge des Widerrufs des Girovertrags fällt jedoch der Ausnahmegrund i.S.d § 312b Abs. 4 Satz 1 BGB weg, weshalb sich insbesondere die Frage stellt, ob dem Verbraucher nunmehr für die ausgeführten Überweisungsverträge ein separates Widerrufsrecht zusteht, da diese ohne einen solchen Rahmenvertrag ebenfalls den Fernabsatzvorschriften unterliegen würden.

Gegen die Anwendung der Fernabsatzvorschriften auf die einzelnen Überweisungsverträge spricht, dass der Widerruf des Girovertrags nicht ex tunc wirkt, sondern erst vom Zeitpunkt der Widerrufserklärung an für die Zukunft seine Wirkung entfaltet.[447] Folglich wurde der Girovertrag nicht ersatzlos vernichtet, sondern hat als Ausnahmegrund bis zum Zeitpunkt des Widerrufs noch bestanden, weshalb die einzelnen im Fernabsatz geschlossenen Überweisungsverträge, die vor dem Widerruf des Girovertrags durchgeführt wurden, noch von der Ausnahmeregelung des § 312b Abs. 4 Satz 1 BGB erfasst waren. Ebenso gegen eine Widerrufsmöglichkeit spricht die Regelung des § 676a Abs. 4 BGB zur Kündigungsmöglichkeit des Überweisenden. Diese ist demnach nur solange möglich, bis der Überweisungsbetrag der Bank des Begünstigten zur Gutschrift auf dessen Konto endgültig zur Verfügung steht.[448] Unter Zuhilfenahme dieser Vorschrift ist ab diesem Zeitpunkt auch eine

Bookbuilding, 166 ff.; Groß, ZHR 162 (1998), 318, 329 sowie Hein, WM 1996, 1, 4. Anders wohl Drygala in: Schneider u.a., FS Lutter, 1563, 1581 f., wonach Anleger ihr Angebot auch während der Order-Phase grundsätzlich nicht zurückziehen könnten.

446 Die nachfolgenden Ausführungen basieren neben den zitierten Quellen auf telefonisch geführten Gesprächen mit einer Bank.

447 Vgl. Palandt/Heinrichs, Überbl. vor § 104 BGB Rz. 32a und § 357 BGB Rz. 2; MüKo/Ulmer, § 355 BGB Rz. 33 und § 357 BGB Rz. 10; Hk-VertriebsR/Tonner, § 357 BGB Rz. 4. Vgl. dazu auch oben Kapitel 4.2.2.3.

448 Vgl. dazu obige Fußnote 300.

Widerrufsmöglichkeit des Überweisungsvertrags abzulehnen, da damit eine absolute zeitliche Grenze vorgegeben ist, bis zu der eine Überweisung widerrufen werden könnte. Dies hätte jedoch zur Folge, dass dem Verbraucher in keinem Fall ein Widerrufsrecht für die einzelnen Überweisungsverträge zusteht.

Sollte man dem Verbraucher deshalb für die jeweiligen Überweisungsverträge ein separates Widerrufsrecht zubilligen, so ist zunächst zu prüfen, ob dieses durch die vollständige Erfüllung des Überweisungsvertrags nicht erloschen ist.[449] Die Erfüllung eines Vertrags kann jedoch nur dann zum Erlöschen des Widerrufsrechts führen, wenn der Verbraucher entsprechend der Voraussetzung des § 312d Abs. 3 Nr. 1 BGB seinen ausdrücklichen Wunsch zur vollständigen Erfüllung geäußert hat. Eine dahingehende Erklärung wird dem Verbraucher während des Online-Dialogs üblicherweise durch ein entsprechendes Auswahlfeld abverlangt.[450] Erfolgt eine derartige Abfrage jedoch nicht, ist das Widerrufsrecht noch nicht erloschen. Denn aufgrund des Ausdrücklichkeitserfordernisses wird diese Voraussetzung nicht allein mit der aufgrund einer fehlenden abweichenden Vereinbarung jedem Überweisungsvertrag immanenten Bedingung, dass diese baldmöglichst zu bewirken ist, erfüllt sein, obwohl dies regelmäßig ebenfalls im Interesse des Verbrauchers liegen wird.[451]

Demgemäß könnte der Verbraucher einzelne im Fernabsatz geschlossene Überweisungsverträge unter Umständen ebenso widerrufen, woraufhin diese gemäß § 357 Abs. 1 BGB nach den Vorschriften über den gesetzlichen Rücktritt abzuwickeln wären. Durch den Widerruf kann jedoch nur das Deckungsverhältnis zwischen dem Überweisenden und seiner Bank, also der Überweisungsvertrag, berührt werden.[452] Soweit die Bank dem Verbraucher infolge des Widerrufs die von ihm emp-

449 Nach § 676a Abs. 1 BGB schuldet die Bank bei institutsinternen Überweisungen im Ergebnis die Gutschrift auf dem Konto des Begünstigten und bei Überweisungen auf Konten bei einer anderen Bank die Gutschrift auf dem Eingangskonto dieses Kreditinstituts. Die Pflichten des Überweisenden sind die Zahlung des vereinbarten oder üblichen Entgelts sowie Vorschuss der Aufwendungen nach §§ 675 Abs. 1, 669 BGB. Die Bank macht diesen Anspruch auf Vorschuss in der Regel durch Belastung des Kontos des Überweisenden geltend, um für die Aufwendungen, die ihr bei Durchführung der Überweisung entstehen, gedeckt zu sein. Somit tritt die Erfüllungswirkung dann ein, wenn der Überweisungsbetrag auf dem jeweiligen Konto gutgeschrieben ist. Vertiefend zu den Pflichten der Bank sowie des Überweisenden im Rahmen des Überweisungsvertrags siehe Gößmann/van Look, WM 2000, Sonderbeilage 1, 28 ff.; Nobbe, WM 2001, Sonderbeilage 4, 6 ff.; Schwintowski in: Schwintowski/Schäfer, Bankrecht, § 7 Rz. 132 ff. und Palandt/Sprau, § 676a BGB Rz. 14 f.

450 So wird der Kunde üblicherweise gefragt, ob die Überweisung „sofort" oder als Terminüberweisung zu einem sodann anzugebenden „späteren Zeitpunkt" ausgeführt werden soll.

451 § 676a Abs. 2 Satz 1 BGB. Dies gilt nicht für Terminüberweisungen, bei denen der Verbraucher wie dargestellt ausdrücklich einen in der Zukunft liegenden Termin für die Ausführung der Überweisung angibt. Vgl. zu den Ausführungsfristen für Überweisungen Gößmann/van Look, WM 2000, Sonderbeilage 1, 31; Schwintowski in: Schwintowski/Schäfer, Bankrecht, § 7 Rz. 134 und Palandt/Sprau, § 676a BGB Rz. 16.

452 Vgl. BGH NJW 2003, 582, 583 sowie Schwintowski in: Schwintowski/Schäfer, Bankrecht, § 7 Rz. 166, 186; Palandt/Sprau, § 812 BGB Rz. 50 ff. und Nobbe, WM 2001, Sonderbeilage 4, 24. Zu den im Einzelnen bestehenden Vertragsbeziehungen beim Überweisungsvertrag siehe Schwintowski in: Schwintowski/Schäfer, Bankrecht, § 7 Rz. 120 ff.

fangene Leistung zurückgewähren muss, gehört hierzu auch der Überweisungsbetrag, den die Bank durch den vom Überweisenden zu leistenden Vorschuss gemäß §§ 675 Abs. 1, 669 BGB erhalten hat. Der Kunde ist jedoch nach wie vor durch die von der Bank ausgeführte Überweisung von seiner Schuld gegenüber dem Begünstigten befreit, weshalb die Bank einen bereicherungsrechtlichen Erstattungsanspruch gegen den Überweisenden in Höhe des Überweisungsbetrags geltend machen kann.[453] Somit würde ein separates Widerrufsrecht für die einzelnen Überweisungsverträge zu demselben wirtschaftlichen Ergebnis führen und dem Verbraucher keine unsachgerechten Vorteile gewähren.

5.6.3 Verbraucherdarlehensverträge

Bei einem im Fernabsatz geschlossenen Verbraucherdarlehensvertrag sind aufgrund des Günstigkeitsprinzips in § 312c Abs. 4 BGB sowohl hinsichtlich der zu erteilenden Informationen als auch beim Widerrufsrecht produktspezifische Besonderheiten zu beachten. Primär ist für den Abschluss eines Verbraucherdarlehensvertrags auch im Fernabsatz wie bisher gemäß § 492 Abs. 1 Satz 1 BGB zum Schutz des Verbrauchers die Schriftform vorgeschrieben.[454] Infolgedessen kann der Vertrag über ein Verbraucherdarlehen im Fernabsatz nicht unmittelbar über das Internet, sondern letztlich nur via Briefpost abgeschlossen werden. Der Anbieter kann den Vertragsentwurf aber auch per E-Mail an den Verbraucher senden, der diesen dann ausdruckt und unterschrieben an die Bank zurückschickt. Die gesetzlich angeordnete Schriftform kann bislang nicht durch die Verwendung einer qualifizierten elektronischen Signatur ersetzt werden.[455]

Wird ein Verbraucherdarlehensvertrag auf diese Weise im Fernabsatz abgeschlossen, so sind zusätzlich zu den aufgrund der Absatzform zu erteilenden Informationen nach § 312c BGB i.V.m. § 1 BGB-InfoV die produktspezifischen Angaben nach § 492 Abs. 1 Satz 5 Nr. 1 – 7 BGB zu erteilen.[456] Werden diese Anforde-

453 Vgl. zum Bereicherungsausgleich bei fehlerhaftem Deckungsverhältnis Schwintowski in: Schwintowski/Schäfer, Bankrecht, § 7 Rz. 169 ff., 186 ff.; Palandt/Sprau, § 812 BGB Rz. 51 f. und Nobbe, WM 2001, Sonderbeilage 4, 24 ff.

454 Zu den Erleichterungen der Schriftform durch § 492 Abs. 1 Satz 3, 4 BGB vgl. Felke, Kreditvertrieb über Internet, 175 ff.; Schwintowski in: Schwintowski/Schäfer, Bankrecht, § 15 Rz. 60 ff. sowie Reifner in: Derleder/Knops/Bamberger, Handbuch Bankrecht, § 11 Rz. 97.

455 Nach § 492 Abs. 1 Satz 2 BGB ist der Abschluss des Vertrags in elektronischer Form explizit ausgeschlossen. Kritisch dazu Felke, Kreditvertrieb über Internet, 196 ff., der die Gleichstellung von elektronischen Signaturen und der eigenhändigen Unterschrift für das Verbraucherdarlehensrecht fordert und die bestehende Ausnahme von der Gleichstellung der elektronischen Signatur in § 492 Abs. 1 Satz 2 BGB für europarechtlich unzulässig erachtet (vgl. wie vor, 214 ff.).

456 Zu den einzelnen Informationspflichten nach § 492 Abs. 1 BGB vgl. ausführlich Felke, Kreditvertrieb über Internet, 130 ff.; Schwintowski in: Schwintowski/Schäfer, Bankrecht, § 15 Rz. 68 ff. sowie Reifner in: Derleder/Knops/Bamberger, Handbuch Bankrecht, § 11 Rz. 115 ff.

rungen insgesamt nicht erfüllt, kann dies entsprechend dem abgestuften Sanktionssystem des § 494 BGB je nach vorliegendem Formmangel die Nichtigkeit des Vertrags zur Folge haben, soweit keine Heilung entsprechend den gesetzlichen Bestimmungen erfolgt.[457]

Hinsichtlich des Widerrufsrechts ergibt sich die Besonderheit, dass der Verbraucher kein Widerrufsrecht nach den neuen Fernabsatzvorschriften hat, sofern ihm ein solches bereits aufgrund §§ 495 i.V.m. 355 BGB zusteht.[458] Auf die gemäß den Fernabsatzvorschriften zu erteilenden Informationen, insbesondere auf die Belehrung über das Widerrufsrecht gemäß § 1 Abs. 1 Nr. 10 BGB-InfoV, hat dies jedoch keine Auswirkung, da der Verbraucher auch über das nach Verbraucherdarlehensrecht bestehende Widerrufsrecht zu unterrichten ist. Besonderheiten ergeben sich allerdings für den Fristlauf: bei einem im Fernabsatz geschlossenen Verbraucherdarlehensvertrag richtet sich dieser dann nicht nach dem Zeitpunkt der Widerrufsbelehrung, sondern abweichend nach der spezielleren und für den Verbraucher günstigeren fernabsatzrechtlichen Regelung in § 312d Abs. 2 BGB[459] sowie aufgrund des Schriftformerfordernisses zusätzlich weiterhin nach § 355 Abs. 2 Satz 3 BGB. Soll die Widerrufsfrist bereits mit Vertragsschluss zu laufen beginnen, so muss der Verbraucher von der Bank zuvor kumulativ alle in § 312c Abs. 2 BGB geforderten Informationen in Textform sowie entweder eine Vertragsurkunde, seinen schriftlichen Antrag oder eine Abschrift der Vertragsurkunde oder des Antrags übermittelt bekommen haben.[460]

Handelt es sich hingegen um einen im Fernabsatz vereinbarten Überziehungskredit nach § 493 BGB, so gelten hierfür zum einen erleichterte produktspezifische Informations- und Bestätigungspflichten.[461] Zum anderen steht dem Kunden regelmäßig kein Widerrufsrecht nach Verbraucherdarlehensrecht zu.[462] Infolgedessen findet die Ausnahmeregelung des § 312d Abs. 5 Satz 1 BGB keine Anwendung, da der Verbraucher in diesem Fall nicht mehr durch ein anderes Widerrufsrecht geschützt ist. Dies hat wiederum zur Folge, dass dem Verbraucher für den im Fernab-

Ausführlich zu den fernabsatzrechtlichen Informationspflichten bezogen auf den Verbraucherdarlehensvertrag siehe Dörrie, ZBB 2005, 121, 125 ff.

457 § 494 Abs. 1, 2 BGB. Vertiefend zu den Rechtsfolgen einer Pflichtverletzung siehe Felke, Kreditvertrieb über Internet, 135 ff.; Schwintowski/Schäfer, Bankrecht, § 15 Rz. 97 ff. sowie überdies Reifner in: Derleder/Knops/Bamberger, Handbuch Bankrecht, § 11 Rz. 135 ff.

458 Vgl. § 312d Abs. 5 Satz 1 BGB. Siehe ausführlich zum Widerrufsrecht bei im Fernabsatz geschlossenen Verbraucherdarlehensverträgen Dörrie, ZBB 2005, 121, 132 ff. sowie Nocke, FLF 2005, 114 ff. Insbesondere zur Anwendbarkeit des § 312d Abs. 6 BGB auf Verbraucherkreditverträge vgl. Nocke, FLF 2005, 114, 116 f.

459 Vgl. § 312d Abs. 5 Satz 2 BGB.

460 Vgl. dazu Dörrie, ZBB 2005, 121, 133 sowie Nocke, FLF 2005, 114 f.

461 § 493 Abs. 1 Satz 2 – 5 BGB. Zu den Pflichtangaben beim Überziehungskredit vgl. Felke, Kreditvertrieb über Internet, 138 f. und Schwintowski in: Schwintowski/Schäfer, Bankrecht, § 15 Rz. 91 ff.

462 § 495 Abs. 3 BGB.

satz vereinbarten Überziehungskredit ein Widerrufsrecht nach den neuen Fernabsatzvorschriften zusteht, über das er entsprechend zu belehren ist.

6. Kritische Betrachtung der Neuregelungen

Die Notwendigkeit einer umfassenden Regelung des Fernabsatzes von Finanzdienstleistungen wird in der Literatur höchst unterschiedlich beurteilt. Während einige einen Regelungsbedarf für den Vertriebsweg Fernabsatz bei Finanzdienstleistungen gänzlich in Frage stellen und rein produktbezogene Regelungen befürworten,[463] sprechen sich andere uneingeschränkt dafür aus.[464] In Anbetracht der unterschiedlichen Ausgestaltung von Finanzdienstleistungen und den Besonderheiten der Vertriebsform Fernabsatz erscheint jedoch eine differenzierte Betrachtungsweise angemessen.

6.1 Informationspflichten

Die Auferlegung von umfassenden Informationspflichten im Bereich der Finanzdienstleistungen erscheint auch in der vorgeschriebenen Art und Weise grundsätzlich notwendig und sachgerecht. So dürfte z.B. die zunehmende Privatisierung der Altersvorsorge dazu führen, dass viele in Geldanlagen unerfahrene Verbraucher sich in Zukunft mit Finanzprodukten auseinandersetzen müssen. Gerade bei Fernabsatzgeschäften sind die Verbraucher dann darauf angewiesen, dass ihnen der Anbieter alle maßgeblichen Informationen erteilt, die sie für eine überlegte Entscheidung über den Vertragsschluss benötigen, denn die Verbraucher selbst können sich die notwendigen Informationen zumeist nur mit unverhältnismäßigem Aufwand beschaffen.[465] Der Anbieter kann dies jedoch mit vergleichsweise geringer Anstrengung leisten.[466]

Bei immateriellen Gütern wie Finanzdienstleistungen ist die vollständige Kenntnis über die Produktmerkmale und die Vertragsbestimmungen von größter Bedeutung, da sich diese nicht wie Waren durch bloßen Augenschein auf ihre Qualität und Nutzen hin untersuchen lassen. Liegen dem Verbraucher nur unvollständige Informationen vor, besteht die Gefahr, dass er unter einem falschen Eindruck einen Vertrag abschließt, obwohl dieser eventuell überhaupt nicht seinen Bedürfnissen ent-

463 So dezidiert Schirnding, FLF 1999, 11, 12, 17 und Hartmann, Die Bank 1999, 163. Dahingehend auch Nocke, FLF 2005, 73.

464 So etwa Hoppmann, VersR 1999, 673, 674. Im Ergebnis bereits auch Präve, VersR 1993, 1066, 1067, 1069 f.

465 Vgl. dazu auch oben Kapitel 3.2.1. Wegen Ihrer Bedeutung sind die Informationspflichten dabei grundsätzlich zwingendes Recht zu Gunsten der Verbraucher (§ 312f Satz 1 BGB).

466 Ebenso Felke, Kreditvertrieb über Internet, 127.

spricht.[467] Bei Verträgen mit langen Bindungsfristen und hohen finanziellen Belastungen würde dies besonders schwer wiegen.

Ein wichtiger Aspekt im sensiblen Bereich der Finanzdienstleistungen ist ebenso die Seriosität der Anbieter und das Vertrauen der Verbraucher in diese. Auch hier versucht die FFARL die gebotene Transparenz und Sicherheit durch geeignete Informationspflichten zu gewährleisten.[468]

Zur Erreichung eines hohen Verbraucherschutzniveaus ist es des Weiteren zu Recht erforderlich, dass der Verbraucher schon vor Abgabe seiner bindenden Vertragserklärung über die jeweiligen Informationen dauerhaft verfügt. Denn eine nur telefonisch erteilte oder auf der Website dargestellte Information ist mangels körperlicher Fixierung nicht beständig und hätte ebenso wie eine im Nachhinein erteilte Information nur einen geringen Nutzen. Sofern hinsichtlich des Zeitpunkts der Informationserteilung Kritik an der deutschen Umsetzung geübt wird,[469] erscheint diese nicht gerechtfertigt, zumal sich durch die abweichende Formulierung eine substantielle, für die Anbieter nachteilige zeitliche Verschiebung der Informationserteilung nicht feststellen lässt.[470] Auch wäre eine Verbraucherinformation, die erst nach der Abgabe einer verbindlichen Willenserklärung durch den Verbraucher erfolgt, für diesen von geringem Nutzen.[471]

Jedoch droht der mit den umfassenden Informationspflichten verfolgte Schutzzweck allmählich ins Gegenteil umzuschlagen. So wird der klassische Regelungsansatz des europäischen Gesetzgebers im Verbraucherschutzrecht, den Schutz durch Informationen zu gewährleisten, in der Literatur trotz grundsätzlicher Befürwortung mittlerweile zunehmend kritisch betrachtet und vor einem Übermaß an Informationen gewarnt.[472] In der Tat erscheinen Informationen eher dann aufnehmbar und sinnvoll, wenn sie möglichst wenig überflüssige Angaben, sondern vielmehr wenige

467 So auch Hoppmann, VersR 1999, 673, 674.

468 Der zwielichtige Vertrieb von Finanzdienstleistungen aus Briefkästen heraus dürfte damit entschieden erschwert werden. Zumindest wird eine Rechtsverfolgung erheblich erleichtert. Vgl. dazu auch Reich, EuZW 1997, 581, 584.

469 Kritisch zu der von der FFARL abweichenden Formulierung die Stellungnahmen des Zentralen Kreditausschuss (Hrsg.), Stellungnahme zum Gesetzentwurf, 5 f. und Bitkom (Hrsg.), Stellungnahme zum Gesetzentwurf, 2 f.

470 So auch die Begründung der Bundesregierung in BT-Drs. 15/2946, 20.

471 Vgl. BT-Drs. 15/2946, 20.

472 Kritisch etwa Nocke, FLF 2005, 73, 76; Vander, MMR 2005, 139, 142; Felke/Jordans, WM 2004, 166, 167; Felke, Kreditvertrieb über Internet, 149; Klein/Schoppmann/Schwander/Wengler, Kreditwirtschaftlich wichtige Vorhaben der EU, 149; Härting/Schirmbacher, CR 2002, 809, 812; Koch/Maurer, WM 2002, 2443, 2481, 2491; Grigoleit, NJW 2002, 1151, 1155; Hadding, ÖBA 2001, 105, 109; Gaertner/Gierschmann, DB 2000, 1601, 1602; Martinek in: Grundmann, Systembildung und Systemlücken, 511, 522 f.; Schirnding, FLF 1998, 11, 16. Kritisch ebenso Bitkom (Hrsg.), Stellungnahme zum Gesetzentwurf, 3. Auch der Bundesrat weist in seiner Stellungnahme zum Gesetzentwurf auf diese Gefahr im Rahmen der Umsetzung der Informationspflichten in die BGB-InfoV hin, vgl. BR-Drs. 84/04 (Beschluss), 8. Vgl. vertiefend zur Informationsverarbeitungsfähigkeit der Empfänger von Informationen die Studie von Kind, Die Grenzen des Verbraucherschutzes durch Information, Berlin 1998.

überschaubare und auf das Wesentliche beschränkte Kernpunkte enthalten. In Anbetracht von bis zu 40 Seiten[473] umfassenden Informationsschriften erscheint es jedoch zweifelhaft, ob der Verbraucher mit der Fülle der Informationen nicht überflutet wird und die relevanten Informationen daher gar nicht mehr bewusst wahrnimmt. Hierdurch wird der durch die Informationspflichten angestrebte Schutzzweck massiv gefährdet und wirkt im Ergebnis kontraproduktiv.

Der Kritik insbesondere von *Hartmann* und *Schirnding* ist dahingehend zuzustimmen, dass bereits vor dem Erlass der FFARL bzw. deren Umsetzung in nationales Recht Verbraucher bei Fernabsatzgeschäften im Finanzbereich nicht ohne Schutz waren. So existierten trotz der Ausnahme von Finanzdienstleistungen von der allgemeinen Fernabsatzrichtlinie für die im Privatkundengeschäft wichtigsten Finanzdienstleistungen auch bereits bisher weit reichende Schutzvorschriften, die den Verbrauchern unabhängig von der jeweiligen Vertriebsform einen angemessenen Schutz gewähren.[474] So bestehen für Verbraucherdarlehensverträge[475], Versicherungsverträge[476] sowie beim Erwerb von Investmentanteilen[477] sowohl Informationspflichten als auch Widerrufsrechte, durch die sich der Verbraucher von dem geschlossenen Vertrag wieder lösen kann. Auch bei Wertpapiergeschäften bestehen

473 In diesem Umfang etwa die Informationen zu einem Girovertrag bei der Dresdner Bank AG (vgl. Fußnote 400). Bei der DAB Bank AG umfassen die Fernabsatzinformationen für ein Girokonto einschließlich der AGB immerhin 25 Seiten. Vgl. <http://www.dab-bank.de>, zuletzt besucht am 17.12.2004.

474 Dahingehend auch Pützhoven, Verbraucherschutz im Fernabsatz, 53. Vgl. zusammenfassend BT-Drs. 14/2658, 32 sowie Schmidt-Räntsch, <http://www.vur-online.de/beitrag/11.html>, II. 2.b). Vgl. dazu auch Kriegner, Die Fernabsatz-RL für Finanzdienstleistungen, 53 ff.

475 §§ 492, 495 BGB. Vgl. dazu oben Kapitel 5.6.3.

476 So bestehen bei Versicherungsverträgen vorvertragliche Informationspflichten nach § 10a VAG. Hat der Verbraucher als Versicherungsnehmer diese Informationen bei Antragsstellung nicht oder nicht vollständig erhalten, so steht ihm gemäß § 5a VVG ein Widerspruchsrecht zu. Andernfalls steht ihm sowohl bei Nicht-Lebensversicherungen mit einer Laufzeit von über einem Jahr ein Widerrufsrecht (§ 8 Abs. 4 VVG) als auch bei Lebensversicherungen ein Rücktrittsrecht (§ 8 Abs. 5 VVG) zu. Vgl. ausführlich dazu Hoppmann/Moos in: Kröger/Gimmy, Hanbuch Internetrecht, 145, 155 ff. und Schimikowski, Versicherungsvertragsrecht, 25 ff. Insbesondere zu § 10a VAG siehe Präve, VW 1995, 90 ff. Kritisch zum Nebeneinander der neuen Informationspflichten nach § 48b VVG und den bereits bestehenden nach § 10a VAG Schneider, VersR 2004, 696, 671 f.

477 So sind dem Anleger beim Erwerb von in- oder ausländischen Investmentanteilen vor Vertragsschluss nach § 121 Abs. 1 InvG die maßgeblichen Verkaufsunterlagen (insbesondere ein vereinfachter sowie ein ausführlicher Verkaufsprospekt) kostenlos zur Verfügung zu stellen sowie ihm eine Durchschrift seines Antrags auszuhändigen oder eine Kaufabrechnung zu übersenden. Ebenso steht dem Anleger ein zweiwöchiges Widerrufsrecht zu, falls der Vertrag infolge „mündlicher Verhandlung außerhalb der ständigen Geschäftsräume“ der Vertriebsperson geschlossen wurde (§ 126 Abs. 1 InvG). Das InvG ist zum 01.01.2004 in Kraft getreten und fasst die entsprechenden bisherigen Regelungen des KAAG und des AuslInvG zusammen, die mit dem InvG abgelöst wurden. Einen Überblick über das InvG geben Köndgen/Schmies, WM 2004, Sonderbeilage 1, 1 ff. Zu den bis 31.12.2003 geltenden Vorschriften des KAAG sowie des AuslInvG vgl. Kronenburg in: Derleder/Knops/Bamberger, Handbuch Bankrecht, § 51 Rz. 36 ff. sowie Rz. 156, 162.

nach dem WpHG wie dargelegt bereits umfangreiche Informationspflichten. Ebenso ist bei Kontoverträgen eine Information des Kunden bereits durch § 675a BGB i.V m. § 12 BGB-InfoV sichergestellt. Zudem besteht für den Kunden bei diesen Verträgen jederzeit die Möglichkeit den Vertrag ohne Einhaltung einer Kündigungsfrist entsprechend der vertraglichen Vereinbarung zu kündigen.[478]

Diese bestehenden Informationspflichten werden durch die neuen Fernabsatzvorschriften nun aber um absatzformspezifische Angaben ergänzt, wodurch das Schutzniveau bei diesen Finanzdienstleistungen insgesamt weiter angehoben wird.

Soweit Finanzdienstleistungen, für die bereits bisher produktspezifische Informationspflichten bestanden haben, im elektronischen Geschäftsverkehr angeboten werden, stellen die neuerlichen Fernabsatzvorschriften hinsichtlich der dahingehend geforderten vertriebsformspezifischen Informationen allerdings keinen allzu großen Neuheitsgehalt dar. Neu ist jedoch, dass die Anbieter jenen Teil der Informationen aus § 312e und § 6 TDG, der in gleicher Weise nunmehr in den fernabsatzrechtlichen Informationen enthalten ist, dem Kunden nicht mehr lediglich zur Verfügung stellen müssen, sondern ihm diese dauerhaft in Textform übermitteln müssen.

6.2 Widerrufsrecht

So berechtigt die Informationspflichten sind, so fraglich erscheint hingegen die generelle abatzformbezogene, produktunabhängige Gewährung eines Widerrufsrechts beim Fernabsatz von Finanzdienstleistungen. Denn das typische Defizit beim Warenkauf im Fernabsatz, das darin besteht, dass die gekaufte Ware vor Vertragsschluss nicht in natura zu sehen ist und daher eine Prüfung der Geeignetheit meist erst nach Erhalt der Ware möglich ist, ist bei Finanzdienstleistungen aufgrund ihrer „Unsichtbarkeit“ nicht gegeben.[479] Hat der Verbraucher wie gefordert alle maßgeblichen Informationen vor Abgabe seiner Vertragserklärung in Textform und in der gebotenen transparenten Darstellung erhalten, so konnte er anhand dieser Angaben die Eigenschaften und den Nutzen der Finanzdienstleistungen genau beurteilen. Er verfügte über die notwendige Entscheidungsgrundlage für das Eingehen einer vertraglichen Verpflichtung, womit es ihm ohne weiteres möglich sein muss, eine fundierte und wohl überlegte Entscheidung zu treffen.[480]

478 Vgl. die Kündigungsrechte des Kunden nach Nr. 18 AGB-Banken.

479 Ebenso Reuter, Der Fernabsatz und seine rechtliche Ausgestaltung, 185. Ähnlich auch Schirnding, FLF 1998, 11, 12 und 16.

480 So auch Hartmann, Die Bank 1999, 163, 165 und ähnlich Felke, Kreditvertrieb über Internet, 153. Davon geht im Grundsatz wohl auch der deutsche bzw. europäische Gesetzgeber aus, denn anders als beim Kauf von Waren beginnt der Lauf der Widerrufsfrist bei Dienstleistungen nach erfolgter Belehrung bereits mit Vertragsschluss zu laufen. Andernfalls müsste der Beginn der Frist an den für den Verbraucher erkennbaren Beginn der Dienstleistungsausführung geknüpft sein. Dahingehend auch Grundmann, Europäisches Schuldvertragsrecht, 233, nach dessen Auffassung der Fernabsatz bei Dienstleistungsverträgen demnach kein gesteigertes ver-

Ebenso greift der weitere Schutzzweck des Widerrufsrechts, den Verbraucher vor einem übereilten Vertragsschluss aufgrund einer Überrumpelung durch den Anbieter zu schützen, nicht durch. Abgesehen von telefonischer Kommunikation dürfte im Fernabsatz, insbesondere beim Online-Banking, kaum die Möglichkeit bestehen, den Verbraucher durch kommunikative Einflussnahme zum Vertragsschluss zu drängen.[481] Diesbezüglich ist hingegen eher zu überlegen, ob dem Verbraucher nicht beim Vertragsschluss in der Filiale ein Widerrufsrecht gewährt werden sollte, da sich der Kunde hier vermutlich primär auf die Aussagen des Beraters verlassen wird und die zusätzlich ausgehändigten Informationen – soweit dies überhaupt erfolgt – vielfach ohne größere Beachtung entgegennehmen wird.[482]

Sofern mitunter auf das erhöhte Risiko unüberlegter und vorschneller Vertragsabschlüsse im Fernabsatz – insbesondere im Internet – hingewiesen wird,[483] darf diese „Gefahr“ jedoch nicht einseitig auf die Anbieter abgewälzt werden. Denn der Verbraucher wird im Rahmen der Informationspflichten ebenso darüber unterrichtet, wie der Vertrag zustande kommt, sodass er sich der Tragweite seines Handelns bewusst sein muss. Der Verbraucherschutz muss sich auch hier am Leitbild des mündigen Bürgers orientieren, weshalb eine gewisse Eigenverantwortung des Verbrauchers gefordert werden kann.

Somit wäre der einzige Zweck des Widerrufsrechts, dem Verbraucher eine zusätzliche Bedenkzeit zu gewähren, innerhalb der er nochmals abwägen kann, ob er die Finanzdienstleistung wirklich in Anspruch nehmen will.[484] Es erscheint jedoch nicht gerechtfertigt, dem Anbieter bei sämtlichen im Fernabsatz vertriebenen Finanzdienstleistungen trotz einer lückenlosen Erfüllung der Informationspflichten einen zweiwöchigen Schwebezeitraum zuzumuten. Der Verbraucher ist bereits durch die umfangreichen Informationen, die ihm die Konsequenzen eines Vertragsschlusses verdeutlichen, vor der Gefahr eines unbedachten Vertragsschlusses ausrei-

triebstypspezifisches Verbraucherrisiko darstelle. Anders dagegen Pfeiffer/Schögel/Wolff in: Bräutigam/Leupold, Online-Handel, A II Rz. 123, wonach bei Finanzdienstleistungen eine Qualitätseinschätzung durch den Verbraucher vor deren Durchführung nur in geringem Umfang möglich sei.

481 Ebenso Koch/Maurer, WM 2002, 2443, 2481, 2491; Kriegner, Die Fernabsatz-RL für Finanzdienstleistungen, 187; Hartmann, Die Bank 1999, 163, 166; Schoppmann, Kreditwesen 1998, 512, 513 und Pichler in: Lucius/Zakostelsky, Internetbanking, 27, 38. Anders dagegen ohne Begründung Hoppmann, VersR 1999, 673, 674, einschränkend jedoch wiederum wie vor, 673, 677.

482 Dahingehend auch Reuter, Der Fernabsatz und seine rechtliche Ausgestaltung, 225 f., der aufgrund der neuen Informationspflichten den Kunden im Fernabsatz gegenüber demjenigen, der Verträge in der Filiale abschließt, für unangemessen privilegiert erachtet und daher fordert, die Regelungen der FFARL zum Schutz der Verbraucher auf sämtliche Finanzdienstleistungsverträge zwischen Verbrauchern und Anbietern zu erweitern, ungeachtet ob diese im Fernabsatz geschlossen werden oder bei persönlichem Kontakt.

483 Vgl. etwa Borges, ZIP 1999, 130, 133 und Burki, SJZ 2001, 391, 392.

484 Ebenso MüKo/Wendehorst, § 312d BGB Rz. 2; Kriegner, Die Fernabsatz-RL für Finanzdienstleistungen, 188; Fuchs, ZIP 2000, 1273, 1280 f. und Schirnding, FLF 1998, 11, 16.

chend geschützt.[485] Aufgrund der Vorgabe, dass dem Verbraucher die Informationen in Textform rechtzeitig vor Abgabe seiner Vertragserklärung übermittelt werden müssen, wird der Verbraucher zudem regelmäßig im Sinne einer Bedenkzeit ausreichend Gelegenheit haben, die Vertragsbedingungen eingehend zu prüfen.[486] Es erscheint unangemessen, zum einen berechtigterweise hohe Anforderungen an die Informationspflicht des Anbieters zu stellen, um das fernabsatztypische Informationsdefizit auf Seiten des Verbrauchers auszugleichen, zum anderen darüber hinaus jedoch unabhängig von einer erfolgten Informationserteilung zusätzlich ein generelles Widerrufsrecht vorzusehen.[487]

Abgesehen davon erscheint der Praxiswert des Widerrufsrechts recht fraglich. Da der Vertrag sich trotz der erfolgten Informationserteilung aus Sicht der Anbieter aufgrund des generellen Widerrufsrecht in einem zweiwöchigem Schwebezustand befindet, werden diese, soweit dies möglich ist, zur Vermeidung einer Rückabwicklung wohl kaum vor Ablauf dieser Frist mit der Ausführung der Dienstleistung beginnen – zumindest wenn hierfür ein höherer anfänglicher Bearbeitungsaufwand nötig ist, der im Zuge der Rückabwicklung eventuell nicht erstattet werden muss.[488] Somit reduziert sich das Widerrufsrecht oftmals in der Tat auf eine zusätzliche Überlegungsfrist, wobei es fraglich ist, welche zusätzlichen Erkenntnisse der Verbraucher über die jeweilige Finanzdienstleistung in diesem Zeitraum gewinnen kann, da eine weitere Beurteilung anhand der praktischen Durchführung der Dienstleistung in diesen Fällen ja entfällt.[489] Allenfalls könnte er in diesem Zeitraum den Vertrag mit anderen Angeboten vergleichen, wozu er in der Regel jedoch – gerade im Internet – bereits vor Vertragsschluss uneingeschränkt die Möglichkeit hatte.[490]

Daher erscheint es eher angebracht, das Widerrufsrecht in Abhängigkeit von der vollumfänglichen Erfüllung der Informationspflichten sowie den Risiken des jeweiligen Produkts zu gewähren, auch wenn Gründe der Rechtsvereinheitlichung für die Einrichtung eines Widerrufsrechts für alle Finanzdienstleistungen sprechen mögen.

Soweit der Verbraucher wie z.B. durch einen Verbraucherdarlehensvertrag langfristig und mit hohen finanziellen Belastungen an einen Vertrag gebunden ist, muss ihm trotz der vorherigen Kenntnis sämtlicher Bedingungen eine befristete Möglichkeit gegeben werden, sich von dem Vertrag zu lösen. Da eine Fehlentscheidung hier unmittelbar auf die persönliche Lebensführung des Verbrauchers durchschlägt, muss

485 Ebenso Koch/Maurer, WM 2002, 2443, 2481, 2491.

486 Dahingehend auch Reuter, Der Fernabsatz und seine rechtliche Ausgestaltung, 200.

487 Ähnliche Kritik auch von Schirnding, FLF 1998, 11, 16.

488 So beispielsweise hinsichtlich der Abschlussgebühr bei Bausparverträgen.

489 Ebenso Kriegner, Die Fernabsatz-RL für Finanzdienstleistungen, 188, der infolgedessen einen zeitlich weitergehenden Schutz der Verbraucher auch während der Vertragsausführung fordert.

490 Vgl. auch Hoppmann, VersR 1999, 673, 677, der darauf hinweist, dass der Verbraucher gerade beim Fernabsatz Produkte und Dienstleistungen besonders gut und innerhalb kürzester Zeit vergleichen könne. Aus diesem Grund hält allerdings Kriegner das Widerrufsrecht letztlich für gerechtfertigt, da der Verbraucher in dieser „Erprobungsphase“ zusätzliche Informationen oder alternative Angebote einholen könne (vgl. Kriegner, Die Fernabsatz-RL für Finanzdienstleistungen, 189).

das Interesse des Anbieters an der Wirksamkeit des Vertrags zurücktreten.[491] Soweit allerdings Verträge wie z.B. Sparpläne betroffen sind, die weniger komplex sind und bei denen dieses Risiko nicht besteht oder wenn dem Kunden ohnehin eine jederzeitige Kündigungsmöglichkeit aufgrund der vertraglichen Vereinbarung zusteht, ist dem Verbraucherschutz durch die vollumfängliche Informationserteilung genüge getan. Um eventuelle Abgrenzungsschwierigkeiten dabei so gering wie möglich zu halten, könnte eine Positivliste erstellt werden, in der die jeweiligen Finanzdienstleistungen enthalten sind, für die ein Widerrufsrecht besteht. Freilich gibt es für den deutschen Gesetzgeber hierfür keine Gestaltungsmöglichkeit, da er diesbezüglich an die Vorgaben der FFARL gebunden ist.

Trotz des insbesondere mit Wertpapiergeschäften verbundenen Risikos ist die Ausnahme dieser Verträge vom Widerrufsrecht sachgerecht und daher zu begrüßen. Da die Ausnahmeregelung vom Widerrufsrecht jedoch unabhängig davon gilt, ob der Verbraucher alle Informationen nach § 312c Abs. 1, 2 BGB erhalten hat, insbesondere unabhängig von der Unterrichtung über das *Nicht*bestehen des Widerrufsrechts und der Erteilung des vorgeschriebenen Risikohinweises, ist es gerade in diesem Bereich zum Schutz des Verbrauchers vor finanziellen Risiken unerlässlich, dass eine lückenlose Erfüllung der Informationspflichten sichergestellt ist. Denn eine Verletzung der Informationspflichten ist zumindest fernabsatzrechtlich nicht mehr effektiv sanktioniert, da die Verlängerung der Widerrufsfrist mangels Bestehen eines Widerrufsrechts ausscheidet. Allerdings sollte die Bank dennoch tunlichst ihren Informationspflichten nachkommen, da Verstöße zum einen kollektivrechtlich verfolgt werden können[492] und sie sich zum anderen gegenüber ihren Kunden haftbar machen könnte und wegen der Verletzung von Aufklärungs- und Beratungspflichten zum Ersatz des hieraus entstandenen Schadens verpflichtet werden könnte.[493]

Hinsichtlich des produktunabhängigen Widerrufsrechts erscheint die noch im ersten Richtlinienvorschlag enthaltene Regelung sachgerechter, in der danach unterschieden wurde, ob der Verbraucher den Vertrag ohne oder in voller Kenntnis der Vertragsbedingungen geschlossen hat.[494] Dem folgend sollte dem Verbraucher auch

491 Dies erkennt auch uneingeschränkt Schirnding, FLF 1998, 11, 12 an. Dazu ebenso Koch/Maurer, WM 2002, 2443, 2481, 2491 und Hoppmann, VersR 1999, 673, 674.

492 Eine wichtige Rolle wird daher den klagebefugten Verbraucher- und Wirtschaftsverbänden zukommen, in deren Hand es mitunter liegen wird, die vollständige Informationserteilung sicherzustellen.

493 So kam es wegen Verletzung der Aufklärung- und Beratungspflichten in der Vergangenheit bereits zu Aufsehen erregenden Urteilen, vgl. grundlegend BGHZ 123, 126 = BGH NJW 1993, 2433 („Bond-Anleihe“). Zur Haftung der Banken bei Verletzung von Aufklärungs- und Beratungspflichten vgl. Steuer in: Horn/Lwowski/Nobbe, FS Schimansky, 793 ff.; Bamberger in: Derleder/Knops/Bamberger, Handbuch Bankrecht, § 44 Rz. 169 ff. sowie mit Nachweisen zur jüngeren Rechtsprechung Köndgen NJW 2004, 1288, 1297 und Ellenberger, WM 2001, Sonderbeilage 1.

494 Art. 4 des ersten Richtlinienvorschlags (ABl. EG Nr. C 385 vom 11.12.1998, 10, 13). Vgl. dazu Hoppmann, VersR 1999, 673, 677 und Riesenhuber, WM 1999, 1441, 1445.

jetzt nur stets dann ein Widerrufsrecht zustehen, wenn er aufgrund der unzulänglichen Informationserteilung nach § 312c Abs. 2 BGB den Inhalt des Vertrags nicht richtig einschätzen konnte und es sich infolgedessen nach Vertragsschluss herausstellt, dass die Finanzdienstleistung nicht seinen Bedürfnissen gerecht wird.

Dann muss es dem Verbraucher als Konsequenz möglich sein, sich ohne große Auseinandersetzung mit dem Anbieter wieder von dem ungeeigneten Vertrag zu lösen. Durch § 355 Abs. 3 Satz 3 BGB hat der Verbraucher dazu solange zeitlich unbegrenzt die Möglichkeit, wie er nicht über sämtliche geforderten Informationen in Textform verfügt.[495] Jedoch sprechen Gründe der Rechtssicherheit fast schon zwingend für eine zeitliche Begrenzung des Widerrufsrechts für die Fälle, in denen bei erfolgter Widerrufsbelehrung „nur" bestimmte Mitteilungspflichten nach § 312c Abs. 2 Nr. 1 BGB mangelhaft sind.[496] Zwar liegt es stets in der Hand des Anbieters, durch eine nachgeholte Informationserteilung zu jedem Zeitpunkt die Widerrufsfrist in Gang zu setzten. Jedoch hat die Bank keine erkennbare Möglichkeit, sich die Gesetzeskonformität ihrer Informationserteilung vorab bestätigen zu lassen. So dürfte es angesichts der Fülle der gemäß § 312c Abs. 1, 2 Nr. 1 BGB i.V.m. § 1 BGB-InfoV zu erteilenden Informationen trotz redlicher Bemühungen der Anbieter nicht nur theoretisch der Fall sein, dass das Widerrufsrecht des Verbrauchers nicht erlischt.[497]

495 Anders dagegen Kriegner, Die Fernabsatz-RL für Finanzdienstleistungen, 192, der ein Widerrufsrecht nur dann für gerechtfertigt hält, wenn auch die Vorabinformationen nach Art. 3 FFARL bzw. § 312c Abs. 1 BGB nicht hinreichend zur Verfügung standen. Dies erscheint jedoch nicht sachgerecht, da der Verbraucher hierauf eben keinen dauerhaften Zugriff hat. Anders auch Pichler in: Lucius/Zakostelsky, Internetbanking, 27, 38 sowie Koch/Maurer, WM 2002, 2443, 2481, 2491, die ein produktunabhängiges, absatzformbezogenes Widerrufsrecht gänzlich ablehnen.

496 Ebenso Schirnding, FLF 1998, 11, 16, der in jedem Fall eine absolute Rücktrittsfrist befürwortet sowie Nocke, FLF 2005, 114, 115, die ein unbegrenztes Widerrufsrecht als eine zu starke Sanktion erachtet. Sachgerecht erscheint hier der von Micklitz eingeschlagene Weg, eine Klassifizierung in wesentliche und weniger wesentliche Pflichten vorzunehmen (vgl. Hk-VertriebsR/Micklitz, § 312c BGB Rz. 136 ff.). Denn es ist schwer vorstellbar, dass sich nach längerer Laufzeit des Vertrags für den Verbraucher insbesondere bei Angaben, die den konkreten Vertrag überhaupt nicht direkt betreffen (wie z.B. die Angabe über die Hauptgeschäftstätigkeit oder die Handelsregisternummer der Bank), sich derart neue Erkenntnisse über den jeweiligen Vertrag ergeben, die ein berechtigtes Interesse an einem Widerruf des seit längerer Zeit laufenden Vertrags begründen könnten. Dahingehende Kritik auch von Dörrie, ZBB 2005, 121, 131 und 134 f.

497 So auch Brück von Oertzen, CBL Web-Document 1/2004. Dem Verbraucher könnte dahingehend im Streitfall empfohlen werden, irgendwelche mehr oder minder schweren Mängel in der Informationserteilung zu finden, um sich auch noch nach erheblich späterer Zeit als der normalen Widerrufsfrist vom Vertrag lösen zu können. So auch Grigoleit, NJW 2002, 1151, 1155 und Dörrie, ZBB 2005, 121, 131 und 134 f., der in diesem Zusammenhang von der Gefahr einer „wahren Jagd auf unvollständige oder fehlerhafte Informationen" spricht und ein dahingehendes Korrektiv fordert. Ähnlich auch Lorenz, Der Schutz vor dem unterwünschten Vertrag, 168 (zur Widerrufsbelehrung nach HaustürWG a.F.).

7. Fazit

Aufgrund der zunehmenden Bedeutung des Fernabsatzes von Finanzdienstleistungen erscheint die Ausdehnung der Fernabsatzvorschriften auf den Finanzbereich und die damit einhergehende Anhebung des Verbraucherschutzniveaus angebracht. Die Vielzahl der Schutzvorschriften, welche teilweise parallel Anwendung finden, ermöglicht es jedoch weder den Verbrauchern noch den Anbietern, die Rechte bzw. Pflichten klar zu umreißen. Einzelne Regelungen, insbesondere hinsichtlich des Widerrufsrechts, gehen dabei über das erforderliche Schutzmaß hinaus.

Daher sieht das Bild auf Seiten der Anbieter freilich anders aus. Deren Schlussfolgerung aus den neuen Fernabsatzvorschriften könnte in etwa lauten: „Schlecht informiert ist halb widerrufen." Aufgrund der aufgezeigten Rechtsfolgen bei unzureichender Informationserteilung kann den Banken aus diesem Grund nur dringend empfohlen werden, sehr genau auf die Vollständigkeit der erteilten Informationen zu achten. Unüberwindbare Hindernisse für den Vertrieb werden hierdurch zwar nicht aufgestellt. Jedoch ist insbesondere bei reinen Direktbanken, deren Absatz hauptsächlich über das Internet erfolgt, zunächst eine umfassende Überarbeitung der Internetseiten erforderlich. Aber auch die internen Prozesse müssen an die neuen Vorgaben angepasst werden. Um nachweisen zu können, dass der Verbraucher entsprechend den gesetzlichen Anforderungen informiert wurde, wird ein umfangreiches Dokumentationssystem erforderlich sein. Insgesamt dürfte der Verwaltungsaufwand für Geschäfte im Fernabsatz im Ergebnis erheblich ansteigen.

Welche negativen Folgen sich für die Verbraucher daraus ergeben werden, bleibt abzuwarten. Jedoch wird bereits in der Gesetzesbegründung darauf hingewiesen, dass aufgrund der Umsetzungsnotwenigkeiten bei den Anbietern Auswirkungen auf das Verbraucherpreisniveau nicht auszuschließen seien. Auch die Branchenverbände sowie die betroffenen Banken rechnen mit zum Teil erheblichen Zusatzkosten.[498]

Dass die Umsetzung der Neuregelungen für die Banken einen wohl nicht unerheblichen Aufwand darstellt, zeigt schon die Tatsache, dass viele Banken, die die Möglichkeit eines Vertragsschlusses via Internet anbieten, trotz der zweimonatigen Verzögerung wenige Tage vor dem Inkrafttreten des Gesetzes die neuen Fernabsatzvorschriften noch nicht in ihre Online-Systeme integriert hatten, etwa um dadurch einen Wettbewerbsvorteil durch höheren Verbraucherschutz zu erlangen.[499] Auch

498 Vgl. Zentraler Kreditausschuss (Hrsg.), Stellungnahme zum Gesetzentwurf, 2 sowie o.V., Handelsblatt vom 27.10.2004, 24.

499 Eigene stichprobenartige, nicht repräsentative Untersuchung am 05.12.2004 bei den folgenden acht Banken, die im Internet Vertragsunterlagen für ein Girokonto zum Abruf bereit halten und einen Vertragsschluss mittels Postident-Verfahren anbieten: comdirect bank AG (http://www.comdirect.de), Allgemeine Deutsche Direktbank AG (http://www.ing-diba.de), DAB Bank AG (http://www.dab-bank.com), Cortal Consors S.A. (http://www.cortal-consors.de), Deutsche

kurz nach dem Inkrafttreten des Gesetzes wurden die Anforderungen der neuen Fernabsatzvorschriften bei Online-Vertragsschlüssen nur zögerlich umgesetzt.[500]

Gemäß Art. 20 der FFARL prüft die Kommission im Anschluss an die Umsetzung der Richtlinie in den einzelnen Mitgliedstaaten, ob der Binnenmarkt für Finanzdienstleistungen hinsichtlich des Vertriebs dieser Dienstleistungen funktioniert. Wie sie bereits selbst vorgibt, sollte die Kommission dabei sowohl diejenigen Schwierigkeiten analysieren, die sich Verbrauchern und Anbietern beim Erwerb oder der Vermarktung von Finanzdienstleistungen aufgrund der FFARL stellen, als auch besonderes Augenmerk auf diejenigen Probleme legen, die sich aus den ergangenen unterschiedlichen einzelstaatlichen Bestimmungen ergeben.[501]

Postbank AG (http://www.postbank.de), Dresdner Bank AG (http://www.dresdner-bank.de), Deutsche Bank Privat- und Geschäftskunden AG (http://www.deutsche-bank.de/pbc) und Commerzbank AG (http://www.commerzbanking.de). Von diesen acht Banken erfüllten zum Untersuchungszeitpunkt lediglich die Dresdner Bank AG und die Deutsche Bank Privat- und Geschäftskunden AG bereits die Anforderungen der neuen Fernabsatzvorschriften.

500 So wurde bei den in Fußnote 499 genannten Banken bei einer erneuten Untersuchung zum damaligen Zeitpunkt bei der Commerzbank AG die Funktion, die Vertragsunterlagen für eine Girokontoeröffnung von der Internetseite der Bank herunterzuladen, mit einem Hinweis auf die neuen Fernabsatzvorschriften vorübergehend inaktiv geschaltet. Auch bei der DAB Bank AG wurden die Fernabsatzinformationen in die online abrufbaren AGB integriert, jedoch wurde der Kunde im Rahmen des Online-Dialogs, nach dessen Beendigung die Vertragsunterlagen für den anschließenden Abruf durch den Kunden erstellt werden, hierauf nicht ausdrücklich hingewiesen. Auch in den Vertragsunterlagen selbst fand sich kein Hinweis auf die fernabsatzrechtlichen Informationen. Eigene Untersuchung am 17.12.2004 bei den in Fußnote 499 genannten Banken.

501 Vgl. die dahingehende Kritik bei Klein/Schoppmann/Schwander/Wengler, Kreditwirtschaftlich wichtige Vorhaben der EU, 137.

Literaturverzeichnis

Adams, Jürgen

Store-Banking – erfolgreich anders sein, in: Schmoll, Anton/Ronzal, Wolfgang (Hrsg.), Neue Wege zum Kunden: Multi Channel Banking, Wien 2001, 205 – 240.

Aigner, Dietmar/Hoffmann, Dietrich

Virtuelle Kaufhäuser: Auswirkungen des Fernabsatzgesetzes, MMR Beilage 8/2001, 30 – 34.

Ambros, Hans

Multi-Channel – Strukturwandel im Retail Banking, in: Schmoll, Anton/Ronzal, Wolfgang (Hrsg.), Neue Wege zum Kunden: Multi Channel Banking, Wien 2001, 183 – 204.

Artz, Markus

Anmerkung zu BGH, Urteil v. 23.10.2001 – Aktz. IX ZR 63/01, JZ 2002, 457 – 460.

Assmann, Heinz-Dieter/Schneider, Uwe (Hrsg.)

Wertpapierhandelsgesetz – Kommentar, 3. Auflage, Köln 2003 (zitiert: Assmann/Schneider/Verfasser).

Ausfelder, Richard

Die Einführung von Telefonbanking als Vertriebswege-Entscheidung von Kreditinstituten, Frankfurt a. M., Berlin, Bern, New York, Paris, Wien 1996.

Balzli, Beate/Schmitt, Jörg

Raubzug im Netz, Der Spiegel Heft 36/2004, 78 – 79.

Bamberger, Heinz Georg/Roth, Herbert (Hrsg.)

Kommentar zum Bürgerlichen Gesetzbuch, München 2003 (zitiert: Bamberger/Roth/Verfasser).

Baumbach, Adolf/Hefermehl, Wolfgang

Wettbewerbsrecht: Gesetz gegen den unlauteren Wettbewerb, Preisangabenverordnung, 23. Auflage, München 2004 (zitiert: Baumbach/ Hefermehl/Verfasser).

Becker, Werner/Krück, Ursula

Finanzportale – Chancen für Kunden und Banken, economics – Internet-Revolution und „New Economy", DB Research, 26.09.2000; online abrufbar unter <http://www.dbresearch.de/PROD/DBR_INTERNET_DEPROD/PROD0000000000018670.pdf>, zuletzt besucht am 24.11.2004.

Berenbergbank (Hrsg.)

Geschichte bis 1716, <http://www.berenbergbank.de/berenbergbank/geschichte.html>, zuletzt besucht am 26.08.2004.

Birkelbach, Jörg

Cyber-Finance: Finanzgeschäfte im Internet, Wiesbaden 1998.

Birkelbach, Jörg

TV-Banking – der visuelle Weg zum Kunden, Die Bank 2002, 752 – 754.

Birkelbach, Jörg/Link, Axel (Hrsg.)

Finanzplaner TV : Banken auf dem visuellen Weg zum Kunden, Wiesbaden 2003.

BITKOM – Bundesverband Informationswirtschaft, Telekommunikation und neue Medien e.V. (Hrsg.)

Daten zur Informationsgesellschaft: Status quo und Perspektiven Deutschlands im internationalen Vergleich, Edition 2004, Berlin 2004.

BITKOM – Bundesverband Informationswirtschaft, Telekommunikation und neue Medien e.V. (Hrsg.)

Stellungnahme zum Entwurf eines Gesetzes zur Änderung der Vorschriften über Fernabsatzverträge bei Finanzdienstleistungen vom 22.4.2004 BT-Drucks. 15/2946; online abrufbar unter <http://www.bitkom.org/files/documents/BITKOM_Stellungnahme_28.06.04.pdf>, zuletzt besucht am 24.11.2004.

Bodewig, Theo

Die neue europäische Richtlinie zum Fernabsatz, DZWir 1997, 447 – 455.

Boos, Karl-Heinz/Fischer, Reinfrid/Schulte-Mattler, Hermann (Hrsg.)

Kommentar zu KWG und Ausführungsvorschriften, 1. Auflage, München 2000 (zitiert: Boos/Fischer/Schulte-Mattler/Verfasser).

Borges, Georg

Verträge im elektronischen Geschäftsverkehr: Vertragsabschluss, Beweis, Form, Lokalisierung, anwendbares Recht, München 2003.

Borges, Georg

Verbraucherschutz beim Internet-Shopping, ZIP 1999, 130 – 136.

Bräutigam, Peter/Leupold, Andreas (Hrsg.)

Online-Handel: Betriebswirtschaftliche und rechtliche Grundlagen; Einzelne Erscheinungsformen des E-Commerce, München 2003 (zitiert: Verfasser in: Bräutigam/Leupold, Online-Handel).

Brandl, Ernst/Hohensinner, Erik

Finanzdienstleistungen im Fernabsatz, ÖBA 2003, 52 – 55.

Brechmann, Winfried

Die richtlinienkonforme Auslegung: zugleich ein Beitrag zur Dogmatik der EG-Richtlinie, München 1994.

Brönneke, Tobias

Abwicklungsprobleme beim Widerruf von Fernabsatzgeschäften, MMR 2004, 127 – 133.

Brück von Oertzen, Martin

Der aktuelle Gesetzentwurf zur Änderung von Vorschriften über Fernabsatzverträge über Finanzdienstleistungen, CBL Web-Document 1/2004, <http://www.rechtsinformatik.jura.uni-sb.de/cbl/comments/cbl-comment_2004001.html>, zuletzt besucht am 24.11.2004.

Brunner, Werner/Lutz, Stefan

Internet-Banking im „Konzert der Vertriebswege“, in: Schmoll, Anton/Ronzal, Wolfgang (Hrsg.), Neue Wege zum Kunden: Multi Channel Banking, Wien 2001, 253 – 268.

Bülow, Peter/Artz, Markus

Fernabsatzverträge und Strukturen eines Verbraucherprivatrechts im BGB, NJW 2000, 2049 – 2056.

Bullinger, Hans-Jörg/Engstler, Martin/Jordan, Lucas

Szenario Finanzdienstleistungsmarkt 2000plus - Chancen für kleine und mittlere Filialbanken: Trendstudie, Stuttgart 2000.

Bundesverband deutscher Banken e.V. (Hrsg.)

Banken 2004: Fakten, Meinungen, Perspektiven, Berlin 2004; online abrufbar unter <http://www.bankenbericht.de/pdf/Bb_gesamt_2004.pdf>, zuletzt besucht am 27.08.2004.

Bundesverband deutscher Banken e.V. (Hrsg.)

Internet und Online-Banking: Warum Offliner Offliner sind – Zugangsbarrieren bei der Online-Nutzung (Online-Monitor III), 2003; online abrufbar unter <http://www.bdb.de/pic/artikelpic/022004/2_Thesen_Ergebnisse_OLM_ III.pdf>, zuletzt besucht am 27.08.2004.

Bundesverband deutscher Banken e.V. (Hrsg.)

Einkaufen via Internet: Stand und Perspektive des E-Commerce (Online-Monitor IV), 2004; online abrufbar unter <http://www.bankenverband.de/pic/artikelpic/082004/um0408_pg_OLM_I V.pdf>, zuletzt besucht am 24.11.2004.

Burki, Domino

E-Banking: Fernabsatz von Finanzdienstleistungen in der EU, SJZ 2001, 391 – 396.

Canaris, Claus-Wilhelm

Bankvertragsrecht, 3. Auflage, Berlin, New York 1988.

Claessens, Stijn/Glaessner, Thomas/Klingebiel, Daniela

Electronic Finance: A New Approach to Financial Sector Development? Washington 2002; online abrufbar unter <http://www.worldbank.org/wbi/banking/finsecpolicy/financeforum2002/pdf/claessens-efinance.pdf>, zuletzt besucht am 08.09.2004

Cristea, Sever

EU-Richtlinie zum Fernabsatz von Finanzdienstleistungen: der Entwurf und seine Rechtsfolgen, Kreditwesen 2002, 58 – 61.

Danco, Anne

Die Novellierung der Verbraucherkreditrichtlinie, WM 2003, 853 – 861.

Dauner-Lieb, Barbara/Dötsch, Wolfgang

Ein „Kaufmann“ als „Verbraucher“? – Zur Verbrauchereigenschaft des Personengesellschafters, DB 2003, 1666 – 1668.

Derleder, Peter/Knops, Kai-Oliver/Bamberger, Heinz Georg (Hrsg.)

Handbuch zum deutschen und europäischen Bankrecht, Berlin, Heidelberg 2004 (zitiert: Verfasser in: Derleder/Knops/Bamberger, Handbuch Bankrecht).

Dilg, Ines Alice/Friedrichsen, Mike/Przyklenk, Günther

Mobile Banking-Konzepte im internationalen Vergleich: Grundlagen für eine mobilen Vertriebskanal, Stuttgart 2004; online abrufbar unter <http://www.hdm-stuttgart.de/news/news20040813100933/stuttgarter_beitraege11.pdf>, zuletzt besucht am 30.08.2004.

Domke, Frank

Nachholung gesetzlicher Informationspflichten bei Fernabsatzverträgen über Finanzdienstleistungen: Kein unbefristetes Widerrufsrecht des Verbrauchers, DB 2005, 228 – 230.

Downes, Noemi/Heiss, Helmut

Sprachregulierung im Vertragsrecht: Europa- und internationalprivatrechtliche Aspekte, ZVglRWiss 98 (1999), 28 – 35.

Drygala, Tim

Die Vollharmonisierung des Vertriebsrechts für Finanzdienstleistungen im Fernabsatz, in: Schneider, Uwe u.a. (Hrsg.), Deutsches und europäisches Gesellschafts-, Konzern- und Kapitalmarktrecht: Festschrift für Marcus Lutter zum 70. Geburtstag, Köln 2000, 1563 – 1583.

Dübbers, Robert

Das neue „Einwurf-Einschreiben“ der Deutschen Post AG und seine juristische Einordnung, NJW 1997, 2503 – 2504.

Eder, Florian/Maier, Angela

Kunden fallen auf Konto-Netzattacke herein, FTD vom 26.08.2004, 15.

Ehrhardt-Rauch, Andrea

Überblick über die geplanten Gesetzesänderungen im Zusammenhang mit Fernabsatzverträgen bei Finanzdienstleistungen, VuR 2003, 341 – 343.

Eimeren, Birgit van/Gerhard, Heinz/Frees, Beate

Internetverbreitung in Deutschland: Potenzial vorerst ausgeschöpft? Media Perspektiven 2004, 350 – 370.

Ellenberger, Jürgen

Die neuere Rechtsprechung des Bundesgerichtshofes zu Aufklärungs- und Beratungspflichten bei der Anlageberatung, WM 2001, Sonderbeilage 1/2001.

Elßner, Christof/Schirmbacher, Martin

Die Gesellschaft bürgerlichen Rechts als Verbraucher? – Zur Verbrauchereigenschaft anderer als natürlicher Personen, <http://www.vur-online.de/beitrag/48.html>, zuletzt besucht am 02.11.2004.

Engstler, Martin/Praeg, Claus-Peter/Dold, Claudia/Günther, Jochen

IT-Szenarien Finanzdienstleister 2002plus, Stuttgart 2002.

Ernst, Stefan

Beweisprobleme bei E-Mail und anderen Online-Willenserklärungen, MDR 2003, 1091 – 1094.

Escher, Markus

Elektronische Zahlungen im Internet – Produkte und Rechtsfragen, in: Lehmann, Michael (Hrsg.), Electronic Business in Europa – Internationales, europäisches und deutsches Online Recht, München 2002, 585 – 624.

European Central Bank (Hrsg.)

Report on financial structures, 2002; online abrufbar unter <http://www.ecb.int/pub/pdf/other/reportfinancialstructures2002en.pdf>, zuletzt besucht am 24.11.2004.

Fehrenbacher, Oliver/Herr, Gunther

Die BGB-Gesellschaft – eine natürliche Person im Sinne des Verbraucherschutzrechts?, BB 2002, 1006 – 1010.

Felke, Klaus

Anmerkung zu EuGH, Urteil v. 13.12.2001 – Rs. C-481/99 (Heininger), MDR 2002, 226 – 228.

Felke, Klaus

Rechtsfragen des Kreditvertriebs über Internet, München 2003.

Felke, Klaus/Jordans, Roman

Der Referentenentwurf für die Umsetzung der Fernabsatzrichtlinie für Finanzdienstleistungen, WM 2004, 166 – 171.

Felke, Klaus/Jordans, Roman

Umsetzung der Fernabsatz-Richtlinie für Finanzdienstleistungen, NJW 2005, 710 – 712.

Finke, Tilmann

Der Fernabsatz von Finanzdienstleistungen an Verbraucher: Zur Umsetzung der Richtlinie 2002/65/EG in das deutsche Recht, Baden-Baden 2004.

Freitag, Robert

Sprachenzwang, Sprachrisiko und Formanforderungen im IPR, IPRax 1999, 142 – 148.

Freund, Torsten

Der Vorschlag einer EU-Richtlinie über den Verbraucherschutz bei Vertragsschlüssen im Fernabsatz, in: Herrmann, Harald/Berger, Klaus Peter/Wackerbarth, Ulrich (Hrsg.), Deutsches und Internationales Bank- und Wirtschaftsrecht im Wandel, Berlin, New York 1997, 228 – 254.

Fuchs, Andreas

Das Fernabsatzgesetz im neuen System des Verbraucherschutzrechts, ZIP 2000, 1273 – 1287.

Gaertner, Reinhard/Gierschmann, Sybille

Das neue Fernabsatzgesetz, DB 2000, 1601 – 1606.

Gößmann, Wolfgang/van Look, Frank

Die Banküberweisung nach dem Überweisungsgesetz, WM 2000, Sonderbeilage 1/2000.

Gößmann, Wolfgang

Der Zugang der elektronischen Willenserklärung, in: Häuser, Franz u.a. (Hrsg.), Festschrift für Walter Hadding zum 70. Geburtstag am 8. Mai 2004, Berlin 2004, 819 – 832.

Gößmann, Wolfgang

Rechtsfragen neuer Techniken des bargeldlosen Zahlungsverkehrs (Geldkarte, Kreditkarte) in: Horn, Norbert/Schimansky, Herbert (Hrsg.), Bankrecht 1998, Köln 1998, 67 – 123.

Gößmann, Wolfgang

Aspekte der ec-Karten-Nutzung, WM 1998, 1264 – 1273.

Grabitz, Eberhardt/Hilf, Meinhard (Hrsg.)

Das Recht der Europäischen Union: Kommentar, Stand: 15. EL Januar 2000, München 2000 (zitiert: Verfasser in: Grabitz/Hilf, Das Recht der Europäischen Union).

Graumann, Sabine/Neinert, Florian

Monitoring Informationswirtschaft: 7. Faktenbericht 2004, München 2004; online abrufbar unter <http://www.bmwa.bund.de/Redaktion/Inhalte/Downloads/7-faktenbericht-monitoring-infowirtschaft,property=pdf.pdf>, zuletzt besucht am 26.08.2004.

Grigoleit, Hans Christoph

Besondere Vertriebsformen im BGB, NJW 2002, 1151 – 1158.

Gross, Ulrich

Rechtliche Aspekte zum System „Geldkarte“, in: Horn, Norbert/Lwowski, Hans-Jürgen/ Nobbe, Gerd (Hrsg.), Bankrecht – Schwerpunkte und Perspektiven: Festschrift für Herbert Schimansky, Köln 1999, 165 – 181.

Groß, Wolfgang

Bookbuilding, ZHR Band 162 (1998), 318 – 339.

Gruber, Michael

Die Richtlinie über den Fernabsatz von Finanzdienstleistungen an Verbraucher, in: Graf, Georg/ Gruber, Michael (Hrsg.), Rechtsfragen des Internetbanking, Wien 2002, 118 – 139.

Grundmann, Stephan

Europäisches Schuldvertragsrecht: das europäische Recht der Unternehmensgeschäfte, Berlin u.a. 1999.

Grundmann, Stephan

Grundsatz- und Praxisprobleme des neuen Überweisungsrechts, WM 2269 – 2284.

Hadding, Walther

Die Fernabsatzrichtlinie für Finanzdienstleistungen, ÖBA 2001, 105 – 111.

Härting, Niko

Fernabsatzgesetz: Kurzkommentar, Köln 2000 (zitiert: Härting, FernAbsG).

Härting, Niko

Fernabsatz – Änderungen durch das Schuldrechtsmodernisierungsgesetz, MDR 2002, 61 – 66.

Härting, Niko/Schirmbacher, Martin

Fernabsatzgesetz – Ein Überblick über den Anwendungsbereich, die Systematik und die wichtigsten Regelungen, MDR 2000, 917 – 922.

Härting, Niko/Schirmbacher, Martin

Finanzdienstleistungen im Fernabsatz, CR 2002, 809 – 817.

Härting, Niko/Schirmbacher, Martin

Fernvertrieb von Finanzdienstleistungen an Verbraucher: Umsetzung der Fernabsatzrichtlinie für Finanzdienstleistungen, DB 2003, 1777 – 1782.

Härting, Niko/Schirmbacher, Martin

Finanzdienstleistungen im Fernabsatz: Neues Recht für das Online-Banking, CR 2005, 48 – 53.

Hagemeister, Hans-Otto

Die neue Bundesanstalt für Finanzdienstleistungsaufsicht, WM 2002, 1773 – 1780.

Hartmann, Wulf

Richtlinienvorschlag zum Fernabsatz von Finanzdienstleistungen, Die Bank 1999, 163 – 167.

Hassemer, Michael

Elektronischer Geschäftsverkehr im Regierungsentwurf zum Schuldrechtsmodernisierungsgesetz, MMR 2001, 635 – 640.

Hauptverband des Deutschen Einzelhandels (Hrsg.)

E-Commerce-Umsatz 2004: 13 Milliarden Euro erwartet, 19.11.2003, <http://www.hde.de/servlet/PB/menu/1021965/index.html>, zuletzt besucht am 03.09.2004.

Hauptverband des Deutschen Einzelhandels (Hrsg.)

HDE-Konjunkturumfrage: Einzelhandel Frühjahr 2004; online abrufbar unter <http://www.einzelhandel.de/servlet/PB/show/1026930/grafiken%20konjunktur%20frhjahr_2004.pdf>, zuletzt besucht am 06.09.2004.

Hein, Thomas

Rechtliche Fragen des Bookbuilding nach deutschem Recht, WM 1996, 1 – 7.

Heinemann, Friedrich/Schüler, Martin

Integration der Märkte für Finanzdienstleistungen in der EU, Kreditwesen 2002, 680 – 685.

Heiss, Helmut

Die Richtlinie über den Fernabsatz von Finanzdienstleistungen an Verbraucher aus der Sicht des IPR und des IZVR, IPRax 2003, 100 – 104.

Hellner, Thorwald/Schröter, Jürgen/Steuer, Stephan/Weber, Ahrend (Hrsg.)

Bankrecht und Bankpraxis, Loseblattsammlung, Stand: 62. EL Juni 2004, Köln 2004 (zitiert: Verfasser in: Hellner/Steuer, BuB).

Herwig, Volker

Zugang und Zustellung in elektronischen Medien, MMR 2001, 145 – 149.

Hoffmann, Markus

Der Diskussionsstand zur Reform der Verbraucherkreditrichtlinie, BKR 2004, 308 – 315.

Hoenike, Mark/Hülsdunk, Lutz

Die Gestaltung von Fernabsatzangeboten im elektronischen Geschäftsverkehr nach neuem Recht – Gesetzesübergreifende Systematik und rechtliche Vorgaben vor Vertragsschluss, MMR 2002, 415 – 420.

Hoeren, Thomas/ Sieber, Ulrich (Hrsg.)

Handbuch Multimedia-Recht: Rechtsfragen des elektronischen Geschäftsverkehrs, Stand: Februar 2004, München 2004 (zitiert: Verfasser in: Hoeren/Sieber, HMR).

Hoffmann, Markus

Der Diskussionsstand zur Reform der Verbraucherkreditrichtlinie, BKR 2004, 308 – 315.

Hofmann, Christian

Die Zahlungsverpflichtung des Kartenemittenten gegenüber dem Unternehmer – ec-Karte, GeldKarte und Kreditkarte im Vergleich, BKR 2003, 321 – 330.

Holztrattner, Manfred

Online-Banking : neue Geschäftsfelder für Österreichs Banken, in: Graf, Georg/Gruber, Michael (Hrsg.), Rechtsfragen des Internetbanking, Wien 2002, 9 – 55.

Hoppmann, Carsten/Moos, Flemming

Rechtsfragen des Internet-Vertriebs von Versicherungsdienstleistungen in: Kröger, Detlef/Gimmy, Marc André (Hrsg.), Handbuch zum Internetrecht: Electronic Commerce – Informations-, Kommunikations- und Mediendienste, 2. Auflage, Berlin u.a. 2002, 145 – 176.

Hoppmann, Carsten

Der Vorschlag für eine Fernabsatzrichtlinie für Finanzdienstleistungen, VersR 1999, 673 – 682.

Infineon Technologies AG (Hrsg.)

Halbleiter – Technische Erläuterungen und Kenndaten, 2. Auflage, München 2001.

Kahle Irene/Schäfer, Dieter/Timm, Ulrike

Informationstechnologie in Haushalten – Ergebnisse einer Pilotstudie für das Jahr 2003 (hrsg. vom Statistischen Bundesamt – Pressestelle), Wiesbaden 2004.

Kamanabrou, Sudabeh

Die Umsetzung der Fernabsatzrichtlinie, WM 2000, 1417 – 1426.

Karsch, Werner

Die 100 größten Banken in Deutschland: Positionswechsel in den Institutsgruppen, Die Bank 2003, 498 – 500.

Karsch, Werner

Mobile Banking vor dem Durchbruch in Deutschland, Die Bank, 09/2004, 70 – 72.

Kessal-Wulf, Sibylle

Die Gesellschaft bürgerlichen Rechts als „Verbraucher“, in: Jickeli, Joachim/Kreutz, Peter/Reuter, Dieter (Hrsg.), Gedenkschrift für Jürgen Sonnenschein, Berlin 2003, 671 – 685.

Klamt, Angelika/Koch, Christian

Das neue Überweisungsgesetz, NJW 1999, 2776 – 2779.

Klein, Germaine/Schoppmann, Henning/Schwander, David/Wengler, Christoph

Kreditwirtschaftlich wichtige Vorhaben der EU, Berlin, Brüssel 2003.

Knöfel, Susanne

Auf dem Weg zu einem neuen Schuldrecht für den Fernabsatz von Finanzdienstleistungen, ZGS 2004, 182 – 187.

Koch, Christian/Maurer, Peter

Rechtsfragern des Online-Vertriebs von Bankprodukten – behindern gesetzliche Regelungen den elektronischen Geschäftsverkehr?, Teil 1: WM 2002, 2443 – 2453; Teil 2: WM 2002, 2481 – 2494.

Kocher, Eva

Neue Vorschriften für den Fernabsatz von Finanzdienstleistungen an Verbraucher, DB 2004, 2679 – 2684.

Köndgen, Johannes

Die Entwicklung des privaten Bankrechts in den Jahren 1999-2003, NJW 2004, 1288 – 1301.

Köndgen, Johannes/Schmies, Christian

Die Neuordnung des deutschen Investmentrechts, WM 2004, Sonderbeilage 1/2004.

Koenig, Christian/Haratsch, Andreas

Europarecht, 4. Auflage, Tübingen 2003.

Krebs, Peter

Verbraucher, Unternehmer oder Zivilpersonen – Zur Einordnung einer BGB-Gesellschaft und anderen „Verbänden" ohne eigenes Gewerbe oder selbständige berufliche Tätigkeit, DB 2002, 517 – 520.

Kriegner, Johann

Die Fernabsatz-Richtlinie für Finanzdienstleistungen an Verbraucher, Linz 2003.

Krüger, Thomas/Büttner, Michael

Elektronische Willenserklärungen im Bankgeschäftsverkehr: Risiken des Online-Banking, WM 2001, 221 – 231.

Kümpel, Siegfried

Rechtliche Aspekte der neuen GeldKarte als elektronische Geldbörse, WM 1997, 1037 – 1042.

Laker, Michael/Wübker, Georg/Baumgarten, Jens

E-Banking: Technologisch perfekt, aber am Kunden vorbei?, Die Bank 2001, 430 – 434.

Landwehr, Dominik,

Haltbarkeit von Speichermedien: Kein Backup für die Ewigkeit, Infoweek 14/2001, 21 – 28; online abrufbar unter <http://www.peshawar.ch/tech/infoweek-storage-april2001.htm>, zuletzt besucht am 24.11.2004.

Lettl, Tobias

Rechtsfragen des Direktmarketings per Telefon und E-mail, GRUR 2000, 977 – 984.

Livonius, Hilger von

Aktuelle Rechtsfragen des Vertriebs von Finanzprodukten, BKR 2005, 12 – 20.

Lorenz, Stephan

Der Schutz vor dem unerwünschten Vertrag: Eine Untersuchung von Möglichkeiten und Grenzen der Abschlußkontrolle im geltenden Recht, München 1997.

Lütcke, Jens

Fernabsatzrecht: Kommentar zu den §§ 312b – 312f BGB, München 2002 (zitiert: Lütcke).

Mai, Gerald

Wertpapierhandel im Internet: Besondere Rechte und Pflichten der Vertragsparteien im Rahmen von Internet-Brokerage, CR 2002, 200 – 208.

Mang, Frank

E-Banking ist im Kommen: Zwischen Innovation und Kostendruck, <http://www.legamedia.net/dy/articles/article_15724.php>, zuletzt besucht am 24.11.2004.

Mankowski, Peter

Verbraucherschutzrechtliche Widerrufsbelehrung und Sprachrisiko, <http://www.vur-online.de/beitrag/19.html>, zuletzt besucht am 24.11.2004.

Mankowski, Peter

Zum Nachweis des Zugangs bei elektronischen Erklärungen, NJW 2004, 1901 – 1907.

Mankowksi, Peter

Schwebende Unwirksamkeit unter § 361a BGB – Probleme, Reaktionsmöglichkeiten, Kritik und Korrektur, WM 2001, Teil I: 793 – 802, Teil II: 833 – 843.

Martinek, Michael

Unsystematische Überregulierung und kontraintentionale Effekte im Europäischen Verbraucherschutzrecht oder: Weniger wäre mehr, in: Grundmann, Stefan (Hrsg.), Systembildung und Systemlücken in Kerngebieten des Europäischen Privatrechts: Gesellschafts-, Arbeits- und Schuldvertragsrecht, Tübingen 2000, 511 – 557.

Martis, Rüdiger

Die Anwendbarkeit des Verbraucherkreditgesetzes, MDR 1998, 1189 – 1197.

Marx, Claudius/Bäuml, Oliver

Die Information des Verbrauchers zum Widerrufsrecht im Fernabsatz – „klar und verständlich“?, WRP 2004, 162 – 167.

Meents, Jan Geert

Ausgewählte Probleme des Fernabsatzgesetzes bei Rechtsgeschäften im Internet, CR 2000, 610 – 616.

Meents, Jan Geert

Verbraucherschutz bei Rechtsgeschäften im Internet: Anwendung und Wirkung klassischer Instrumentarien des Verbraucherschutzrechts und der europäischen Fernabsatz-Richtlinie, Köln 1998.

Meub, Michael

Fernabsatz und E-Commerce nach dem neuen Recht, DB 2002, 359 – 363.

Metz, Rainer

Der Fernabsatz von Finanzdienstleistungen – Verbraucherpolitische Defizite, in: Krämer, Ludwig/Micklitz, Hans-Wolfgang/Tonner, Klaus (Hrsg.), Law and diffuse interest in the European legal order: liber amicorum Norbert Reich, Baden-Baden 1997, 603 – 621.

Meyer, Wilhelm

Stand bankenrelevanter EU-Gesetzgebung, WM 2000, 266 – 268.

Meyer, Wilhelm

„EU-Distanzrichtlinie“: Bankgeschäfte ausgenommen, Bankinformation 9/1996, 69 – 70.

Micklitz, Hans-Wolfgang

Fernabsatz und E-Commerce im Schuldrechtsmodernisierungsgesetz, EuZW 2001, 133 – 143.

Micklitz, Hans-Wolfgang

Teil D: Vertragsmodalitäten, in: Micklitz, Hans-Wolfgang/Pfeiffer, Thomas/Tonner, Klaus/ Willingmann, Armin (Hrsg.), Schuldrechtsreform und Verbraucherschutz, Baden-Baden 2001, 191 – 247.

Micklitz, Hans-Wolfgang/Ebers, Martin

Der Abschluss von privaten Versicherungsverträgen im Internet, VersR 2002, 641 – 660.

Micklitz, Hans-Wolfgang/Reich, Norbert

Umsetzung der EG-Fernabsatzrichtlinie – Im Blickpunkt: Referentenentwurf eines Fernabsatzgesetzes, BB 1999, 2093 – 2100.

Micklitz, Hans-Wolfgang/Tonner, Klaus

Vertriebsrecht: Haustür-, Fernabsatzgeschäfte und elektronischer Geschäftsverkehr; Handkommentar, 1. Auflage, Baden-Baden 2002 (zitiert: Hk-VertriebsR/Verfasser).

Mielk, Holger

Die wesentlichen Neuregelungen der 6. KWG-Novelle – Teil I, WM 1997, 2200 – 2210.

Mülbert, Peter

Außengesellschaften – manchmal ein Verbraucher?, WM 2004, 905 – 915.

Münchener Kommentar zum Bürgerlichen Gesetzbuch (hrsg. von Rebmann, Kurt)

Band 2a: Schuldrecht, Allgemeiner Teil, §§ 241 – 432, 4. Auflage 2003, München 2003; Band 1: Allgemeiner Teil, §§ 1 - 240, AGB-Gesetz, 4. Auflage 2001, München 2001 (zitiert: MüKo/Verfasser).

Neubacher, Bernd

Konsorten unter dem Hammer, Börsen-Zeitung vom 05.06.2004, 8.

Neuner, Jörg

Privatrecht und Sozialstaat, München 1998.

Nobbe, Gerd

Die Rechtsprechung des Bundesgerichtshofs zum Überweisungsverkehr, WM 2001, Sonderbeilage 4/2001.

Nocke, Cordula

Anhebung des Verbraucherschutzniveaus im Fernabsatz: Neue Regelungnen für Finanzdienstleistungen, Teil 1: FLF 2005, 73 – 77, Teil 2: FLF 2005, 114 – 118.

o.V.

Direktgeschäft wird für Banken teurer, Handelsblatt vom 27.10.2004, 24.

Ott, Stephan

Informationspflichten im Internet und ihre Erfüllung durch das Setzen von Hyperlinks, WRP 2003, 945 – 955.

Ottens, Morag

Internet-Nutzung von Privatpersonen und Unternehmen, Eurostat – Statistik kurz gefasst, Thema 4: Industrie, Handel und Dienstleistungen, Nr. 16/2004, Luxembourg 2004; online abrufbar unter <http://europa.eu.int/comm/eurostat/Public/datashop/print-product/DE?cata-logue=Eurostat&product=KS-NP-04-016-__-N-DE&mode= download>, zuletzt besucht am 30.08.2004.

Palandt, Otto (Begr.)

Bürgerliches Gesetzbuch – Kommentar, 63. Auflage, München 2004 (zitiert: Palandt/Verfasser).

Petzel, Erhard/Weisser, Norman

Studie zum FuE-Bedarf bei Finanzdienstleistern 2003 – Analyse und Auswertung, Bruchsal 2003; online abrufbar unter <http://www.i-u.de/departments/ba/workingpaper/wp16_2003.pdf>, zuletzt besucht am 24.11.2004.

Pfeiffer, Thomas

Die Geldkarte - Ein Problemaufriß, NJW 1997, 1036 – 1039.

Pichler, Herbert

Österreichs Kreditwirtschaft, in: Lucius, Otto/Zakostelsky, Andreas (Hrsg.), Internetbanking: von der Euphorie zur Normalität, Wien 2002, 27 – 39.

Piepenbrock, Hermann-Josef/Schmitz, Peter

Fernabsatzgesetz: Neuer Rechtsrahmen für E-Commerce, K&R 2000, 378 – 386.

Pischulti, Helmut

Direct Banking – Quo vadis? in: Schmengler, Hans Joachim/Fleischer, Arnulf (Hrsg.), Marketing Praxis – Jahrbuch 1999, Düsseldorf 1999, 178 – 185.

Präve, Peter

Die Informationspflichten des Versicherers nach § 10a VAG, VW 1995, 90 – 97.

Präve, Peter

Fernabsatz von Versicherungen, Teil I: VW 1999, 1410 – 1414; Teil II: VW 1999, 1511 – 1516.

Pützhoven, Andreas

Europäischer Verbraucherschutz im Fernabsatz: Die Richtlinie 97/7/EG und ihre Einbindung in nationales Verbraucherrecht, München 2001.

Ranke, Johannes

M-Commerce - Einbeziehung von AGB und Erfüllung von Informationspflichten, MMR 2002, 509 – 515.

Rassier, Frank

Chronik: Direktbanken in Deutschland 1965-2003, <http://www.modern-banking.de/chronik.htm>, zuletzt besucht am 30.09.2004.

Reich, Norbert

Die neue Richtlinie 97/7/EG über den Verbraucherschutz bei Vertragsabschlüssen im Fernabsatz, EuZW 1997, 581 – 589.

Reich, Norbert/Nordhausen, Annette

Verbraucher und Recht im elektronischen Geschäftsverkehr (eG), Baden-Baden 2000 (zitiert: Verfasser in: Reich/Nordhausen, Verbraucher und Recht im eG).

Reich, Norbert/Micklitz, Hans-Wolfgang

Europäisches Verbraucherrecht, 4. Auflage 2003, Baden-Baden 2003 (zitiert: Verfasser in: Reich/Micklitz, Europäisches Verbraucherrecht).

Reichert, Winfried

Der Zugangsnachweis beim Einwurf-Einschreiben, NJW 2001, 2523 – 2524.

Reifner, Udo

Konsumentenkreditrichtlinie im Europaparlament – Zurück zu den Siebzigern?, <http://www.vur-online.de/beitrag/65.html>, zuletzt besucht am 24.11.2004.

Reifner, Udo

Finanzdienstleistungen und Verbraucherschutz in der Europäischen Harmonisierung, in: Grundmann, Stefan (Hrsg.), Systembildung und Systemlücken in Kerngebieten des Europäischen Privatrechts: Gesellschafts-, Arbeits- und Schuldvertragsrecht, Tübingen 2000, 577 – 612.

Reifner, Udo

Schuldrechtsmodernisierungsgesetz und Verbraucherschutz bei Finanzdienstleistungen, ZBB 2001, 193 – 200.

Reuter,Manfred

Der Fernabsatz und seine rechtliche Ausgestaltung in der europäischen Union, Frankfurt a.M. 2003.

Riehm, Thomas

Das Gesetz über Fernabsatzverträge und andere Fragen des Verbraucherrechts, JURA 2000, 505 – 513.

Riesenhuber, Karl

Fernabsatz von Finanzdienstleistungen im europäischen Schuldvertragsrecht – Zum Richtlinienvorschlag der Kommission vom 14.10.1998, WM 1999, 1441 – 1451.

Riesenkampff, Philipp

Beweisbarkeit der form- und fristgemäßen Übermittlung durch Telefaxgeräte, NJW 2004, 3296 – 3299.

Ring, Gerhard

Neue Entwicklungen im Fernabsatz: Erstreckung auf Finanzdienstleistungen, in: Burkhardt, Thomas/Körnert, Jan/Walther, Ursula (Hrsg.), Banken, Finanzierung und Unternehmensführung: Festschrift für Karl Lohmann zum 65. Geburtstag, Berlin 2004, 321 – 347.

Risse, Jörg/Lindner, Nicola

Haftung der Banken nach dem neuen Überweisungsrecht, BB 1999, 2201 – 2207.

Rössel, Markus

Finanzdienstleistungen im Fernabsatz: Anhebung des Verbraucherschutzniveaus durch aktuelle Gesetzesänderungen, Der IT-Rechts-Berater 2004, 236 – 240.

Roßnagel, Alexander (Hrsg.)

Recht der Multimedia-Dienste – Kommentar zum IuKDG und zum MDStV, Loseblattsammlung, Stand: Dezember 2003, München 2004 (zitiert: Verfasser in: Roßnagel, RMD).

Roßnagel, Alexander/Pfitzmann, Andreas

Der Beweiswert von E-Mail, NJW 2003, 1209 – 1214.

Roth, Gregor/Groß, Marco

Pflichtangaben auf Geschäftsbrief und Bestellschein im Internet, K&R 2002, 127 – 135.

Rott, Peter

Informationspflichten in Fernabsatzverträgen als Paradigma für die Sprachenproblematik im Vertragsrecht, ZVglRWiss 98 (1999), 382 – 409.

Rott, Peter

BB-Gesetzgebungsreport: Die Umsetzung der Richtlinie über den Fernabsatz von Finanzdienstleistungen im deutschen Recht, BB 2005, 53 – 64.

Rottenburg, Franz von

Rechtsprobleme beim Direktbanking, WM 1997, 2381 – 2393.

Rühl, Giesela

Die Kosten der Rücksendung bei Fernabsatzverträgen: Verbraucherschutz versus Vertragsfreiheit?, EuZW 2005, 199 – 202.

Russenschuck, Viola

Die Auszahlung von Bargeld an Automaten nach deutschem Zivilrecht, Berlin 2002.

Sakowski, Klaus

Online-Banking und -Broking: Rechtliche Aspekte, <http://www.sakowski.de/onl-r/onl-r20.html>, zuletzt besucht am 02.11.2004.

Schartner, Peter

Internetbanking – Technischer Hintergrund, in: Lucius, Otto/Zakostelsky, Andreas (Hrsg.), Internet-banking: von der Euphorie zur Normalität, Wien 2002, 220 – 242.

Schieb, Jörg

Bankraub per E-Mail, Stern Heft 34/2004, 130 – 131.

Schimansky, Herbert/Bunte, Hermann-Josef/Lwowski, Hans-Jürgen (Hrsg.)

Bankrechts-Handbuch, 2. Auflage, München 2001 (zitiert: Verfasser in: Schimansky/Bunte/Lwowski, Bankrechts-Handbuch).

Schirnding, Clemens Graf

Zur geplanten EG-Richtlinie „Fernverträge über Finanzdienstleistungen“, FLF 1998, 11 – 17.

Schmidt, Klaus Oliver

Call Center: vom Standardgeschäft zur Beratung, Bank und Markt 9/2004, 19 – 22.

Schmidt-Räntsch, Jürgen

Einführung zu: Gesetzliche Neuregelung des Widerrufsrechts bei Verbraucherverträgen, ZIP 2002, 1100 – 1103.

Schmidt-Räntsch, Jürgen

Zum Gesetz über Fernabsatzverträge und andere Fragen des Verbraucherrechts sowie zur Umstellung von Vorschriften auf Euro, <http://www.vur-online.de/beitrag/11.html>, zuletzt besucht am 24.11.2004.

Schmutz, Alexandra

Integration des Internet-Banking in das Vertriebssystem einer Bank, in: Lucius, Otto/Zakostelsky, Andreas (Hrsg.), Internetbanking: von der Euphorie zur Normalität, Wien 2002, 110 – 131.

Schneider, Christian

Umsetzung der Fernabsatzrichtlinie 2002/65/EG im VVG – Anmerkungen zum Regierungsentwurf und zur VVG-Reform, VersR 2004, 696 – 705.

Schneider, Christian

Der Vertrieb von Versicherungen über das Internet: nach Inkrafttreten der EG-Richtlinie über den Fernabsatz von Finanzdienstleistungen, Berlin 2004.

Schönke, Adolf/Schröder, Horst

Strafgesetzbuch: Kommentar, 23. Auflage, München 1997 (zitiert: Schönke/Schröder/Verfasser).

Schoppmann, Henning

Verbraucherschutz bei Finanzdienstleistungen in der EU, Kreditwesen 1998, 512 – 515.

Schütt, E.

Anmerkung zu BGH, Urteil v. 23.10.2001 – Aktz. IX ZR 63/01, MDR 2002, 224 – 225.

Schulte, Thomas/Schulte, Ulrich

Informationspflichten im elektronischen Geschäftsverkehr - wettbewerbsrechtlich betrachtet, NJW 2003, 2140 – 2142.

Schwintowski, Hans-Peter/Schäfer, Frank

Bankrecht: Commercial Banking – Investment Banking, 2. Auflage, Köln, Berlin, Bonn, München 2004 (zitiert: Verfasser in: Schwintowski/Schäfer, Bankrecht).

SevenOne Interactive/IP NEWMEDIA/Lycos Europe (Hrsg.)

@-facts monthly, September 2004; online abrufbar unter <http://www.ip-newmedia.de/ downloads/_facts_monthly_09_04.pdf>, zuletzt besucht am 24.11.2004.

Speyer, Bernhard

Der unvollendete Binnenmarkt für Finanzdienstleistungen in: Schwarze, Jürgen (Hrsg.), Wirtschaftsverfassungsrechtliche Garantien für Unternehmen im europäischen Binnenmarkt, Baden-Baden 2001, 73 – 82.

Spindler, Gerald

Das Gesetz zum elektronischen Geschäftsverkehr - Verantwortlichkeit der Diensteanbieter und Herkunftslandprinzip, NJW 2002, 921 – 927.

Steins, Clemens Tobias

Entwicklung der Informationspflichten im E-Commerce durch Rechtsprechung und Schuldrechtsreform, WM 2002, 53 – 60.

Steins, Clemens Tobias

Anmerkung zu OLG Frankfurt/M., Beschluss vom 17.4.2001 - 6 W 37/01, MMR 2001, 530 – 531.

Stern, Frank

Langzeitarchivierung: Digitale Amnesie, Allianz-Journal 3/2004, 53.

Steuer, Stephan

Haftung für fehlerhafte Anlageberatung – Eine unendliche Geschichte, in: Horn, Norbert/Lwowski, Hans-Jürgen/Nobbe, Gerd (Hrsg.), Bankrecht – Schwerpunkte und Perspektiven: Festschrift für Herbert Schimansky, Köln 1999, 793 – 820.

Thot, Norman/Gimmy, Marc André

Vertragsschluss im Internet, in: Kröger, Detlef/Gimmy, Marc André (Hrsg.), Handbuch zum Internetrecht: Electronic Commerce – Informations-, Kommunikations- und Mediendienste, 2. Auflage, Berlin u.a. 2002, 3 – 38.

Tilmann, Winfried

Der „verständige Verbraucher“, in: Erdmann, Willi/Gloy, Wolfgang/Herber, Rolf (Hrsg.), Festschrift für Henning Piper, München 1996, 481 – 494.

Timmerbeil, Sven

Der neue § 355 III BGB - ein Schnellschuss des Gesetzgebers?, NJW 2003, 569 – 570.

Ultsch, Michael

Zugangsprobleme bei elektronischen Willenserklärungen - Dargestellt am Beispiel der Electronic Mail, NJW 1997, 3007 – 3009.

Vander, Sascha

Eingriffe in das allgemeine Fernabsatzrecht - Gesetz zur Änderung der Vorschriften über Fernabsatzverträge bei Finanzdienstleistungen, MMR 2005, 139 – 144.

Verbraucherzentrale Bundesverband e.V. (Hrsg.)

Stellungnahme des Verbraucherzentrale Bundesverband e.V. (vzbv) zum Referentenentwurf des Bundesministeriums der Justiz (BMJ) vom 7. Mai 2003 zur Änderung der Vorschriften über Fernabsatzverträge bei Finanzdienstleistungen; online abrufbar unter <http://www.vzbv.de/ mediapics/stellungnahme_fernabsatz-vertraege.pdf>, besucht am 26.08.2004.

Wagner, Rudolf

Symbiose von Internet- und klassischem Banking, Sparkasse 2000, 423 – 426.

Waldenberger, Arthur

„Alles schwebend unwirksam“ – Distanzgeschäfte nach dem Referentenentwurf eines Fernabsatzgesetzes, K&R 1999, 345 – 354.

Wendehorst, Christiane

Das neue Gesetz über Fernabsatzverträge und andere Fragen des Verbraucherrechts, DStR 2000, 1311 – 1318.

Westphalen, Friedrich Graf von

Die Novelle zum AGB-Gesetz, BB 1996, 2101 – 2106.

Wiesgickl, Margarete

Rechtliche Aspekte des Online-Banking, WM 2000, 1039 – 1050.

Will, Martin

Neue europarechtliche Regelungen für Finanzdienstleistungen unter besonderer Berücksichtigung des Fernabsatzes, in: Gorning, Gilbert (Hrsg.), Rechtliche Aspekte der Vermögensverwaltung, Frankfurt a.M. 2003, 155 – 206.

Willamowski, Marcus

Bookbuilding – Die marktorientierte Emission von Aktien nach deutschem und U.S.-amerikanischem Recht, Köln, Berlin, Bonn, München 2000.

Willingmann, Armin

Auf dem Weg zu einem einheitlichen Vertriebsrecht für Waren und Dienstleistungen in der Europäischen Union? – Die Richtlinie über den Verbraucherschutz bei Vertragsabschlüssen im Fernabsatz (97/7/EG), VuR 1998, 395 – 402.

Wilmer, Thomas/Hahn, Harald

Fernabsatzrecht: Kommentar und systematische Darstellung, Heidelberg 2002.

Wings, Heinz

Sparda-Bank Hamburg geht auf Sendung: Premiere für TV-Banking, Geldinstitute 10/2002, 12 – 13.

Wübker, Georg/Hardock, Petra

Online Banking: Weit verbreitet, doch kaum genutzt? Die Bank 2002, 376.

Zentraler Kreditausschuss (Hrsg.)
Stellungnahme des Zentralen Kreditausschusses zum Entwurf der Bundesregierung für ein „Gesetz zur Änderung der Vorschriften über Fernabsatzverträge bei Finanzdienstleistungen" vom 28.01.2004; online abrufbar unter <http://www.bdb.de/pic/artikelpic/032004/RA071-Anl.pdf>, besucht am 26.08.2004.

Rechtsprechungsverzeichnis

Entscheidungen des EuGH

Datum	Rechtssache	Fundstelle
10.04.1984	Rs. 14/83	Slg. 1984, I-1891 (von Colson/Karmann)
13.11.1990	Rs. C-106/89	Slg. 1990, I-4135 (Marleasing)
19.11.1991	verb. Rs C-6/90 u. C-9/90	Slg. 1991, I-5357 (Francovich)
16.12.1993	Rs. C-334/92	Slg. 1993, I-6911 (Wagner Miret)
14.07.1994	Rs. C-91/92	Slg. 1994, I-3325 (Faccini Dori)

Entscheidungen des BGH

Datum	Aktenzeichen	Fundstelle
13.05.1987	VIII ZR 137/86	BGHZ 101, 49
25.10.1989	VIII ZR 345/88	GRUR 1990, 46
06.07.1993	XI ZR 12/93	BGHZ 123, 126
07.12.1994	VIII ZR 153/93	NJW 1995, 665
26.09.1997	V ZR 29/96	NJW 1998, 302
05.10.1999	XI ZR 296/98	NJW 2000, 359
23.10.2001	XI ZR 63/01	BGHZ 149, 80
07.11.2001	VIII ZR 13/01	BGHZ 149, 129
09.04.2002	XI ZR 91/99	NJW 2002, 1881
25.06.2002	XI ZR 239/01	NJW-RR 2002, 1344
04.07.2002	I ZR 55/00	NJW 2002, 3396
31.10.2002	I ZR 132/00	NJW-RR 2003, 1481
05.11.2002	XI ZR 381/01	NJW 2003, 582
12.11.2002	XI ZR 47/01	NJW 2003, 422
21.10.2004	III ZR 380/03	NJW 2004, 3699

Entscheidungen des BAG

Datum	Aktenzeichen	Fundstelle
14.08.2002	5 AZR 169/01	NZA 2003, 158

Entscheidungen der Oberlandesgerichte

Gericht	Datum	Aktenzeichen	Fundstelle
OLG Bremen	18.09.1990	3 U 43/90	NJW-RR 1991, 365

Entscheidungen der Oberlandesgerichte

Gericht	Datum	Aktenzeichen	Fundstelle
OLG Frankfurt	17.04.2001	6 W 37/01	MMR 2001, 529
OLG Hamburg	13.06.2002	3 U 168/00	MMR 2002, 677
OLG München	07.03.2002	29 U 5688/01	MMR 2002, 463
OLG München	25.01.2001	29 U 4113/00	MMR 2001, 536

Entscheidungen der Land- und Amtsgerichte

Gericht	Datum	Aktenzeichen	Fundstelle
AG Paderborn	03.08.2000	51 C 76/00	NJW 2000, 3722
LG Kleve	22.11.2002	5 S 90/02	NJW-RR 2003, 196
LG Nürnberg-Fürth	07.05.2002	2 HK O 9434/01	NJW-RR 2002, 1721
LG Potsdam	27.07.2000	11 S 233/99	NJW 2000, 3722